成语说史系列

成语说

资治通鉴

7 隋唐气象

刘 娟◎著

人民文学出版社

图书在版编目(CIP)数据

成语说《资治通鉴》. 7, 隋唐气象/刘娟著. —
北京：人民文学出版社，2023
  （成语说史系列）
  ISBN 978-7-02-017975-6

  Ⅰ. ①成… Ⅱ. ①刘… Ⅲ. ①《资治通鉴》-少儿读
物 Ⅳ. ①K204.3-49

  中国国家版本馆 CIP 数据核字(2023)第 079813 号

责任编辑 胡司棋 邱小群
装帧设计 李苗苗

出版发行 人民文学出版社
社   址 北京市朝内大街 166 号
邮政编码 100705

印   制 上海盛通时代印刷有限公司
经   销 全国新华书店等

字   数 314 千字
开   本 720 毫米×1000 毫米 1/16
印   张 26
版   次 2023 年 7 月北京第 1 版
印   次 2023 年 7 月第 1 次印刷

书   号 978-7-02-017975-6
定   价 98.00 元

如有印装质量问题，请与本社图书销售中心调换。电话:010 - 65233595

　　为响应国家关于"传承发展中华优秀传统文化，增强国家文化软实力"的伟大战略，将博大精深的中华传统文化普及到少年儿童群体中，我们倾力打造"成语说史"系列图书，最先推出的便是这套《成语说〈资治通鉴〉》。

　　《资治通鉴》是中国第一部编年体通史，共294卷，300多万字，与《史记》合称"史学双璧"，是了解中国古代历史的必读书，虽已经司马光之手，"删削冗长，举撮机要"，但仍"网罗宏富，体大思精"，令人望而生畏。而成语是中国独有的语言资源，是连通文史的钥匙，短小精悍的形式承载着丰厚的历史文化内涵，体现了中华民族积淀千年的智慧和核心价值观。为了让孩子们读懂并喜欢上《资治通鉴》，了解成语背后的历史语境，从而更好地掌握和运用成语，我们精心制作了这套《成语说〈资治通鉴〉》。

　　《成语说〈资治通鉴〉》共8册，是一套连续的历史故事集，通过成语这个载体把卷帙浩繁的大部头史书变成358个引人入胜的故事，鲜活地演绎了从周威烈王二十三年（公元前403年）到后周世宗显德六年（公元959年）共1362年的朝代更替、历史兴衰、人事沧桑。

考虑到少年儿童的认知水平和阅读特点，在尊重历史的大前提下，这套书对史料进行了科学的剪裁，用通俗易懂的语言，通过大量的人物对话，模拟事件发生的场景，把历史上的重要人物和重大事件生动地呈现出来。在这里，历史不是一个个事件和人名组成的，而是有着丰富的细节。

为了避免让整个历史读起来碎片化，这套书尤其注重历史事件的连续性和系统性，按照时间的顺序，讲究由小故事串起大事件，用大事件演绎大时代。故事与故事之间，相互承传、次序分明，有条不紊地把历史推向纵深，帮助少年儿童真实、立体地感知历史发展的脉络，进而树立"通史"意识：历史是连贯的，有继承，有发展。

一千多个成语既是帮助读者打开厚重"通史"之门的钥匙，也是记录历史故事的载体，甚至是历史故事本身。"成语+通史"的组合，无疑是一种全新的探索，为中华优秀传统文化的传承提供了一种新颖的形式。

此外，这套书还针对重要的历史地名做了相应的注释，帮助少年儿童从空间坐标上更好地理解时间坐标上的历史。

简言之，这套《成语说〈资治通鉴〉》采用"点—线"结合的呈现方式，以成语为媒介，循序渐进地展现了中国古代历史的整体面貌。"点"是具体、生动的历史事实，"线"是历史发展的基本线索，以"线"穿"点"，以"点"连"线"，让孩子们在掌握历史事实的基础上，通过史事之间的相互关系，建立时序意识和时空观念，获得对历史发展的整体性认识。

历史不仅是一门学科，一类知识，更是一种定义，了解历史对个人乃至国家都具有重要意义。历史学家钱穆先生曾经说过这样的话："任何一国之国民，尤其是自称知识在水平线以上之国民，对其本国已往历史，应该略有所知。否则最多只算一有知识的人，不能算一有知识的国民。"

有鉴于此，我们希望通过这套《成语说〈资治通鉴〉》，帮助我们的孩子更好地了解中国历史，学习中国传统文化，做一个真正的中国人。

目录

〖 神色自若 〗

《资治通鉴·陈纪八》

后父大前疑坚，位望隆重，天元忌之，尝因忿谓后曰："必族灭尔家！"因召坚，谓左右曰："色动，即杀之。"坚至，神色自若，乃止。

译 文

杨皇后的父亲杨坚担任大前疑，地位尊贵，深孚众望。天元皇帝一直猜忌他，有一次发怒时对杨皇后说："我一定要将你家灭族。"于是传令召杨坚进宫，对左右侍从说："他如果变了脸色，就立即把他杀死。"杨坚来到以后，神情淡定，毫无异样，天元皇帝才没有杀他。

外公抢了外孙的皇位

"可爱的好老头哟，只可惜您的继承人太弱了。"

北周武帝宇文邕在宫中举办宴会，一向耿直的内史王轨借着祝酒的机会，用手捋着宇文邕的胡须，说出了心中长久以来的担忧。

宇文邕雄才大略，堪称一代英主，太子宇文赟（yūn）却资质平平，还喜欢亲近小人。宇文赟曾跟随王轨远征吐谷浑，在那些小人的唆使下，干了不少违法乱纪的事。王轨觉得他没有仁君的风范，回朝后就建议宇文邕废掉太子。宇文邕也有此意，可是，次子宇文赞也没有才能，其他儿子年纪又小，难当大任，所以他最终没有更换太子，而是嘱咐心腹宇文孝伯对太子严加管教。此外，宇文邕还命令东宫的官员记录太子的言行，每月定期汇报。一旦太子犯了错，宇文邕就亲自抡起棍棒，将他痛打一番。挨打次数多了，宇文赟就学乖了，从此刻意掩饰自己真实的言行，以致宇文邕以为他痛改前非了。

而王轨的话就像一盆冷水浇头，顿时让宇文邕清醒过来，他放下酒杯，责备宇文孝伯："每当我问您太子最近的表现时，您总是说他没有什么过失。如果没什么过失，王轨怎么会这样说，原来您一直在骗我！"

宇文孝伯朝宇文邕拜了两拜，说："父子之间的事，其他人不好多说什么。何况，臣知道陛下不会割慈忍爱，更换太子，所以就不敢说话了。"

宇文邕听了，沉默了好大一会儿，才对宇文孝伯说："希望您尽力辅佐太子吧！"

王轨却不依不饶："太子不配做一国之主。普六茹坚貌有反相，太子恐怕对付不了。"

宇文邕知道太子平庸，可是也不希望他被贬得这么低，至于王轨口中的普六茹坚，倒是真的让他怀疑过。

普六茹坚本名杨坚，出身于关中的望族弘农杨氏。他的父亲杨忠跟随北周的奠基人宇文泰东征西讨，因功获赐鲜卑姓氏普六茹，官至柱国，封隋国公。杨忠死后，杨坚继承了爵位。宇文邕对杨坚特别好，还聘他的女儿为太子妃。齐王宇文宪却对宇文邕说："普六茹坚相貌异常，臣每次看到他，都茫然失措。恐怕他不甘居于人下，请及早把他除掉！"经他这么一说，宇文邕也有点儿不放心，就悄悄地把相士来和找去询问。来和虽然也看出杨坚有帝王之相，但是为了给自己留条后路，就欺骗宇文邕说："隋国公为人本分，是个忠臣。"宇文邕听完便释怀了。没想到现在王轨旧话重提，他就很不高兴地说："这都是天命，又能怎么办！"

一年后，北周平灭北齐，北齐的范阳王高绍义逃往突厥，在佗钵可汗的支持下称帝。流亡的北齐遗民纷纷前去投奔。很快，高绍义就拉起了一支队伍，又联合突厥兵马，经常侵犯北周边境。宇文邕很愤怒，亲率五路大军征讨突厥，谁知他病倒在路上，只好下令停止军事行动。几天后，宇文邕病情加重，便返回长安，当晚就去世了，年仅三十六岁。第二天，太子宇文赟即位，他就是周宣帝。这一年，是公元 578 年。

宇文赟一登基，就暴露出自己的真面目，他抚摸着以前被棍棒所打留下的伤痕，指着宇文邕的棺椁破口大骂："死得太晚了！"

刚办完国丧，宇文赟就盘算着要巩固自己的地位，便拿功高震

主的齐王宇文宪开刀，捏造了一个谋逆的罪名，将他绞死。一同被处死的还有名将王兴、独孤熊等人。接着，宇文赟又诛杀了王轨，逼死宇文孝伯、宇文神举等重臣元老，还将赵王宇文招、陈王宇文纯、滕王宇文逌（yōu）等有能力的亲王赶出了京城。

摆平了心腹大患之后，宇文赟开始寻欢作乐。为了方便享乐，宇文赟干脆传位给年仅七岁的太子宇文阐，即静帝，他自己则称天元皇帝。

宇文赟喜欢美色，一下子立了五位皇后，还在全国大选美女。他又酷爱郊游，经常早出晚归，弄得那些陪侍的臣子苦不堪言。穷极无聊时，宇文赟会将鸡倒挂着，听它鸣叫，以为乐事。大臣们常常几个月见不到他的面，即使见了，他也只是聊聊哪里有好吃的好玩的。

就这么毫无节制地玩乐了两年后，宇文赟的身体越来越差，脾气也越来越暴躁，总是疑神疑鬼，觉得别人要抢皇位。杨坚虽然因为女儿是皇后的缘故，晋升为大前疑①，但是由于"貌有反相"，也免不了遭到猜忌。有一天，宇文赟冲杨皇后说："我一定要将你家灭族。"然后召杨坚进宫，并吩咐左右侍从："一会儿普六茹坚来了，如果他的脸色不对，你们就立即杀死他。"结果，杨坚来了以后，神色自若，毫无异样，宇文赟只好作罢。

俗话说："躲得过初一，躲不过十五。"杨坚意识到留在京城太危险，就悄悄拜访宇文赟的宠臣郑译，对他说："我想离开京城，到地方上去，你能不能帮我一把？"郑译和杨坚过去是同窗，关系很好，他满口答应："隋公您德高望重，天下归心，我当然希望您前途无量。这点儿小事，包在我身上。"正好北周准备攻打南陈，郑译就

---

① 北周宣帝时设置的官职，为四辅官之首，是主要的执政大臣。

推荐杨坚担任扬州总管。结果将要出发时，杨坚却害了脚病，没有马上成行。

过了两天，宇文赟突然病危，便召宠信的小御正①刘昉（fǎng）与御正大夫颜之仪前去，想向他们托付后事，不过这时他已经说不出话来了。刘昉为人狡黠，见静帝年幼，而杨坚声名显赫，便背着颜之仪，与郑译等人商议，邀请杨坚辅政。

一开始，杨坚拒绝了，刘昉恼了，就说："您要是不想干，我就自己干。"杨坚这才答应。随后，刘昉等人对外宣称杨坚接到皇帝诏命，进宫侍疾。

当天晚上，宇文赟就驾崩了。刘昉等人又伪造诏书，让杨坚总管全国的军队。不久，杨坚又被任命为左大丞相，总领百官。就这样，军权朝政都落到杨坚手里。

杨坚执政后，革除了许多苛刻残暴的政令，又提倡节俭，并且身体力行，因此得到朝野内外的称赞。渐渐地，大权在握的杨坚有了篡位的心思，开始清除异己。他担心赵王宇文招等五王在地方发动叛乱，就以千金公主②将要远嫁突厥为由，征召他们入京，并不准他们擅自回封地。

宇文招察觉到杨坚有篡位的苗头，就邀请他来家中吃饭，打算趁机除掉他。宇文招把宴会场所设在自己的内室里，并在那里埋伏了几十名精兵，命令他们一听见暗号，就冲出来刺杀杨坚。等他差不多安排妥当时，杨坚在心腹元冑、堂弟杨弘的陪伴下也到了，他们身后跟着一群侍卫，抬着几只大箱子。一进屋，杨坚就朗声道："王爷屈尊相邀，下官甚是不安，特备酒席一桌，聊表心意。"

---

① 北周仿《周礼》，以天官大冢宰、地官大司徒、春官太宗伯、夏官大司马、秋官大司寇、冬官大司空为六卿。小御正是天官府御正司次官，辅助御正中大夫掌本司事务。周武帝建德二年（公元573年）不设置中大夫了，于是成为长官，宣帝大象元年（公元579年）复置中大夫后，仍为副职。主要职责是宣发诏命、参议刑罚爵赏及军国大事。
② 赵王宇文招之女，之前被宇文赟封为千金公主，许给了突厥可汗，突厥可汗便派人前来迎娶。

　　宇文招一愣："前来赴宴居然自带酒水？这是怕我下毒啊。"但他马上满脸堆笑，对杨坚说道："哎呀，丞相太客气了啊。既然如此，恭敬不如从命，来人，把丞相带来的酒菜摆上去。"说完，引着杨坚等人来到内室。

　　主宾双方落座后，宇文招扫了一眼杨坚身后的侍卫，说道："天气炎热，内室狭小，要不在隔壁另开几席，请勇士们在那里就座用餐？"

杨坚打量了一下内室，确实拥挤了些，便与杨弘、元胄交换了一下眼神，说道："还是王爷想得周到。"然后挥了挥手，让侍卫们退了出去，但杨弘和元胄没有出去，而是坐在门口，眼睛都不眨地留意着酒席上众人的一举一动。

一开始，杨坚也是神经绷紧，提防着宇文招，但几杯酒下肚后，他便放松了戒备，开怀畅饮起来。宇文招见状，命人端上一盘切好的瓜，他用随身小佩刀挑起一块，笑着说："这是本王特意命人从西域搞来的甜瓜，香甜可口，请丞相尝尝。"说完送到杨坚的嘴边。杨坚笑眯眯地张口吃下，连声说："不错，不错！"

宇文招心下大喜，又挑起一块，往杨坚口里送，准备借机刺杀他。坐在门口的元胄见了，一个箭步蹿上前去，用手挡开了宇文招递上的瓜，然后对杨坚说道："府里有事，请您尽快回去。"

宇文招恼怒地呵斥元胄："本王正与丞相畅饮，你是什么人，竟敢打扰我们的雅兴？给我退下！"

元胄双目怒睁，提刀站在杨坚身旁，并不理睬元胄。杨坚依然醉醺醺的样子，呵呵笑道："他是大将军元胄。"

宇文招被元胄的气势震住了，他干笑了几声，说道："今日本王诚心诚意请丞相饮酒，将军不必多疑。来，本王敬将军一杯。"说着命人端上满满一杯酒。

元胄接过酒，一饮而尽。宇文招也仰脖喝下，却假装被酒呛到，咳了起来。只见他站起身，一边咳，一边对杨坚说："喝得太猛了，丞相稍待，本王去去就来。"说完，站起身想退到内室。

一直冷眼旁观的元胄担心有变，他假装关心，上前搀着宇文招，暗中却一用力，把宇文招按回座位上。

"我好渴，你到厨房取碗水来。"宇文招又想支开元胄。但元胄没有动。正在这时，门口传来一声喊："滕王驾到！"滕王宇文逌是宇文招的弟弟，这次宴请杨坚，宇文招请他作陪，原本想多一个帮手，却不知为何他竟然迟到了。

杨坚忙起身相迎，元胄趁机上前，对他耳语道："情况不妙，快走！"杨坚不以为然地说："军队都在我的手里，他能把我怎么样？"

元胄急道："他虽然没有军队，但找几十个勇士总是能办到，一旦动起手来，我们并没有必胜的把握。我元胄并不怕死，但死在这里，就太不值得了。"但是杨坚醉得有点儿厉害，没理他，转而与落座后的滕王对饮起来。元胄无奈，只好死死地盯着宇文招等人。宇文招也没有死心，一直在寻找下手的机会。

时间一点点过去，又是几番推杯换盏后，机警的元胄突然听到内室后面有兵器甲胄相撞发出的叮当声，他暗道不好，立即上前对杨坚说："相府公事繁忙，您怎么能在这里逗留这么久！"然后不由分说地拉起杨坚，用力往门外推。杨弘见势，也一个箭步跨出，护着杨坚快步离去。

宇文招等人意识到事情暴露了，便拔出刀，想要追赶杨坚，却被元胄用身体堵住了门。宇文招等人看着铁塔一样的元胄，不敢硬来，双方就这样对峙着。元胄估计杨坚差不多到了王府门口，才抽身追了上去。看着元胄远去的背影，宇文招气急败坏，一掌打在门上，顿时鲜血淋漓。

回到自己的相府，杨坚清醒了不少，他重赏了元胄。过了几天，杨坚就以谋反的罪名，处死了宇文招等人。随后，他又派名将韦孝宽出兵打败了柱国大将军尉迟迥，消灭了对自己有威胁的劲敌。

公元 581 年，隋王杨坚逼外孙静帝禅位，北周灭亡。杨坚即位，建立了隋朝，定都长安。杨坚就是隋文帝。

成语学习①

神色自若

自若，像原来的样子。指沉着镇定。

造　句：	见他一副神情自若的样子，她
	心中的疑虑渐渐消除。
近义词：	从容不迫、不慌不忙
反义词：	惊慌失措、手足无措

---

① 这个故事的原文里还有成语"深根固本"（使根基深固而不可动摇）、"天下归心"（老百姓心悦诚服）。

【 天无二日 】

《资治通鉴·陈纪十》

沙钵略大喜，乃立约，以碛（qì）为界，因上表曰："天无二日，土无二王，大隋皇帝真皇帝也，岂敢阻兵恃险，偷窃名号！今感慕淳风，归心有道，屈膝稽颡（sǎng），永为藩附。"

译 文

沙钵略可汗十分高兴，就与隋朝订立盟约，以沙碛作为两国的分界，因此上表说："天上没有两个太阳，地上没有两个君王，大隋皇帝是真正的皇帝，我岂敢再凭恃险隘，阻兵抗命，窃取名号，妄称天子！今日因羡慕淳朴风俗，归心有道之君，情愿屈膝跪拜，永远做大隋的藩附属国。"

长孙晟一箭双雕

当初，匈奴的一个叫阿史那的部落，从高昌迁移到金山^①南部居住，臣服于北方强族柔然，世世代代做柔然人的打铁奴。由于金山的形状像头盔，而当地的风俗称头盔为"突厥"，于是他们以此为号，自称"突厥"。

等到阿史那土门担任首领时，突厥的实力强大起来。公元552年，土门率军东征，击败柔然，自立为伊利可汗，建立突厥汗国。而土门的弟弟阿史那室点密则向西扩张，将势力拓展到里海^②一带，被封为西部可汗。

土门去世后，其子科罗继任，自称乙息记可汗。同一年，科罗也死了，他没有立自己的儿子摄图，而是传位给弟弟燕都，即木杆可汗。木杆可汗很有军事才能，在位二十年，消灭柔然，打败契丹，痛击吐谷浑，开疆拓土，威服塞外诸国。他去世时，也没有立自己的儿子大逻便，而是传位给弟弟，即佗钵可汗。

佗钵可汗为免纷争，就封摄图为小可汗，管理突厥东部；封弟弟的儿子为步离可汗，统治突厥西部。此时强盛的突厥已经对中原的局势产生影响，北周与北齐都想借助突厥的兵力抗衡对方，就争相送去大量的财物。佗钵可汗因此非常骄傲，扬言道："只要周国与齐国这两个儿子经常孝敬我，我就不会贫穷！"

---

① 即阿尔泰山。
② 位于欧洲和西南亚之间。

公元 581 年，即杨坚建隋的这一年，佗钵可汗病死了。临终前，出于对当年木杆可汗舍子传己的感恩，他叮嘱儿子庵逻："你要让位给大逻便。"佗钵可汗死后，大臣们遵照其遗嘱，准备拥立大逻便为可汗。但是，大逻便的母亲出身微贱，各部落首领不服，而庵逻因为母亲出身高贵，深受国人敬重。正当大臣们僵持不下时，摄图从东部匆匆赶来，对大臣们说："如果拥立庵逻，我一定率部效忠于他；如果拥立大逻便，我必定坚守边境，与他兵戎相见。"由于摄图在他这一辈人中最年长，且英勇果敢，国人都不敢反对，于是立庵逻为大可汗。

到手的大可汗之位就这么飞了，大逻便非常愤怒，经常派人去辱骂庵逻。庵逻制服不了他，就把大可汗之位让给了摄图，这就是沙钵略可汗。沙钵略可汗封庵逻为第二可汗。大逻便还是不服气，跑去对沙钵略可汗说："你我都是可汗的儿子，各自继承父亲的事业。现在你当了大可汗，地位尊崇，而我却没有任何地位，您觉得这样公平吗？"沙钵略可汗怕他闹事，便封他为阿波可汗，回去统领他原来的北面部落。

此时，西部可汗室点密已经去世，他的儿子达头可汗名义上受沙钵略可汗的管辖，其实已经取得独立地位。此外，在贪汗山①还有阿波可汗的弟弟贪汗可汗。这样，突厥汗国就出现了五汗并立的局面。

一场汗位争夺战就此告终，沙钵略可汗成为大赢家，可是，他却怏怏不乐。因为杨坚建立隋朝之后，对突厥非常冷淡。这天，沙钵略可汗正在盘算着怎么教训隋朝，却见千金公主哭哭啼啼地走了进来。

---

① 即今新疆中部天山东支博格达山。

一年前，千金公主远嫁突厥，成为佗钵可汗的可贺敦①。佗钵可汗死后，她依照突厥的风俗成为沙钵略可汗的妻子。沙钵略可汗见她哭得伤心，便关切地问："你怎么了？"千金公主抹了抹眼泪，恨恨地说："杨坚灭了宇文氏宗族，夺走宇文氏的江山，请您出兵为宇文氏复仇！"

沙钵略可汗正愁没借口对隋朝出兵呢，听了她的话，马上召集大臣，对他们说："我是周室的女婿，现在杨坚抢了周室的江山，我却不能制止，以后还怎么面对我的可贺敦呢？"于是约上原北齐营州刺史高宝宁，一起入侵隋朝。

隋文帝打算先灭南陈，再北伐突厥，统一全国，所以这时他已经发兵南征了，没想到突厥突然跑来搅局。他忧心忡忡，下令沿着边境增修要塞屏障，加固长城，又任命上柱国阴寿镇守幽州，京兆尹虞庆则镇守并州，以防备突厥。

眼见大战一触即发，就在这时，一个关键性的人物站了出来，他就是长孙晟（shèng）②。

长孙晟是洛阳人，读书不多，却生性机敏，曾经护送千金公主去突厥完婚。佗钵可汗听说他箭法高超，有心试探，便带着他去打猎。当时空中正好有两只雕争吃一块肉，佗钵可汗就给了他两支箭。结果，长孙晟一箭射穿两只雕③。佗钵可汗赞叹不已，便让他在突厥待了整整一年，希望贵族子弟学到他的箭术。长孙晟因此结识了沙钵略的弟弟突利设。突利设很得民心，因而遭到沙钵略的猜忌，他便想与长孙晟结盟。长孙晟就和他到处游猎，趁机察看突厥的山川地形，了解各部落的强弱情况。

---

① 古代鲜卑、柔然、突厥、回纥、蒙古等民族对可汗妻子的称呼。
② 唐太宗李世民的皇后长孙氏的父亲。
③ 后人从这个故事中提炼出成语"一箭双雕"，原指射箭技术高超，一箭射中两只雕，后比喻做一件事达到两个目的。

所以，一听说突厥兴兵入侵，长孙晟就上书隋文帝："华夏还未统一，突厥就跑来捣乱，如果我们发兵攻打，条件还不成熟，如果置之不理，他们又没完没了。我有一个制胜的计划，希望能与您面谈。"隋文帝大喜，立即召见了他。

长孙晟便详细地向隋文帝分析起突厥国内的情况："首先，西边的达头可汗实力强大，地位却低下，表面上臣服于沙钵略可汗，其实彼此之间裂痕很深，只要我们施以离间计，他们必定自相残杀；其次，突利设虽然深受国人拥戴，却被沙钵略可汗猜忌，心里一直不安；第三，阿波可汗在达头与沙钵略之间左右摇摆，还没决定跟谁。针对这种情况，我们应该远交近攻，离间强大势力，联合弱小势力。"

"具体应当怎么做呢？"隋文帝问道。

长孙晟拿来一支笔，绘下突厥的山川地理，然后一边指点着地图，一边说："我们先派出使节联系达头可汗，劝他联合阿波可汗，沙钵略可汗见势，一定会撤回军队，转而防守西部地区。接下来，我们用心结交实力弱小的突利设，再联络奚、契丹等小部落，逼沙钵略在东部加强防守。这样，突厥国内便会互相猜忌，上下离心。等到时机成熟，我们定能出兵一举灭掉突厥。"

隋文帝见长孙晟对突厥的情况了如指掌，十分惊奇，便采纳了他的全部建议：先派人出使突厥西部，赐给达头可汗一面绣有狼头的大旗①，表示尊崇；达头可汗的使者来到长安，隋朝官员把他的座位安排在沙钵略可汗使者的前面，以激怒沙钵略可汗；任命长孙晟为车骑将军，前往突利设的部落，劝他率部臣服隋朝。没多久，沙钵略可汗就被孤立了。

---

① 突厥人以狼为图腾。

第二年春天，隋文帝撤回准备攻打陈朝的军队，集中兵力对付突厥。沙钵略可汗不甘示弱，出动五个可汗的四十万兵马，向长城沿线直扑而来。一开始，突厥大军势不可挡，连连获胜，到当年冬天，已经侵入武威、天水、金城等郡。可就在沙钵略可汗想乘胜进一步南侵时，达头可汗却不同意了，他率领自己的人马撤退了。长孙晟又游说沙钵略可汗的侄子染干①，让他劝说伯父退兵。染干就谎称铁勒部在后方造反了，沙钵略大惊，于是退兵。

一场大规模的入侵就这样被长孙晟的"远交近攻、离强合弱"之计粉碎了。

开皇三年（公元583年），贼心不死的沙钵略可汗再次发兵南侵。隋文帝决心狠狠反击，就任命异母弟弟、卫王杨爽等人为行军元帅，兵分八路出塞抗击突厥。隋将李充带领五千骑兵偷袭，打得沙钵略可汗丢盔弃甲。与此同时，阴寿率领十万隋军出卢龙塞，击溃突厥的盟友高宝宁，而秦州总管窦荣定则率领三万人马，在凉州数次击败阿波可汗。

长孙晟当时在窦荣定军中担任偏将，他趁机对阿波可汗说："您和沙钵略可汗原本实力相当，可他是常胜将军，是国人心中的英雄，而您屡战屡败，是突厥的耻辱。这次回国之后，他肯定会借题发挥，强加罪名于您，好顺理成章占有您的辖区。到那时，您是他的对手吗？"

阿波可汗听了直冒冷汗，忙向长孙晟请教对策。

长孙晟说："现在达头可汗和隋朝联合，沙钵略可汗奈何不了他。您为什么不臣服于大隋天子，联合达头可汗，壮大自己的势力呢？这难道不比被沙钵略可汗侮辱、杀戮强吗？"阿波可汗连连点

---

① 《资治通鉴》里关于染干的身份，并不统一，有时说是沙钵略可汗的儿子，有时又说沙钵略可汗弟弟的儿子，也就是沙钵略可汗的侄子。

头，当即派使节随长孙晟入朝请和。

沙钵略可汗连败于隋军，也很恐惧，就向隋朝求和。千金公主见势不妙，上书请求改姓杨氏，认隋文帝做父亲。隋文帝很大度，封她为大义公主。在撤军回国的途中，沙钵略听说阿波可汗与隋朝结交，便举兵偷袭并占据了他的辖区，还杀了他的母亲。阿波可汗愤怒至极，但苦于实力不够，只好投奔了达头可汗。

在达头可汗的帮助下，阿波可汗一举打败沙钵略可汗，收复了失地。贪汗可汗闻讯，率众前来归附。不久，沙钵略可汗的弟弟地勤察，因为和沙钵略可汗有矛盾，也带领部众叛归阿波可汗。阿波可汗势力逐渐强盛，东抵都斤山，西越金山，这一广大地区的龟兹、铁勒、伊吾各国以及居住在西域的胡人部落都归附了他，号称西突厥。

自那以后，突厥汗国东西分裂，互相攻打，用兵不断。沙钵略可汗既为西突厥困扰，又畏惧逐渐强大的契丹，便派遣使者到隋朝告急，请求允许他迁徙到大漠南面暂住。隋文帝也不希望阿波可汗一家独大，就答应了沙钵略可汗的请求，命令晋王杨广发兵接应。

沙钵略可汗十分高兴，就与隋朝订立盟约，以大沙漠作为两国的分界，并上表说："天无二日，地无二主，大隋皇帝是真正的皇帝，我再也不敢出兵抗命，妄称天子了，以后我要永远做大隋的藩属国。"

成语学习①

天 无 二 日

　　天上没有两个太阳。一国不能同时有两个国君。比喻凡事应统于一，不能两大并存。

造　句：	在古代，一个国家如果同时出现
	两个君主，势必发生你死我活的
	战争，这就是所谓的天无二日。
近义词：	两雄不并立

---

① 这个故事的原文里还有成语"子子孙孙"（世世代代的意思）。

〖 众叛亲离 〗

《资治通鉴·陈纪十》

百姓流离，僵尸蔽野，货贿公行，帑（tǎng）藏损耗，神怒民怨，众叛亲离，臣恐东南王气自斯而尽。

译 文

天下百姓流离失所，僵尸遍野，朝野上下公开受赂，国家库藏日益耗费，天怒人怨，众人反对，亲信背离，我恐怕东南的王者之气从此而尽。

一场夺位闹剧

开皇二年（公元 582 年），为了集中兵力收拾突厥，隋文帝的南征行动戛然而止，这给了陈朝一个苟延残喘的机会。可是，陈朝皇室毫无忧患意识，忙于上演一出争权夺位的宫廷闹剧。

当时，陈宣帝得了重病，太子陈叔宝和始兴王陈叔陵、长沙王陈叔坚便一同入宫侍疾。

陈叔陵是太子陈叔宝的二弟，为人阴险狡诈。在皇宫中待了几日后，他就知道父皇病得很重，恐怕日子不多了，便想找机会除掉太子，自己做皇帝。

这天，陈叔陵守在陈宣帝的病榻边，心思却全在怎么才能除掉陈叔宝上面。想着想着，他下意识地摸了摸衣服上起装饰作用的木剑："要是能搞到一把真的利刃就好了，一下子就结果了他！"

就在这时，宫中掌管药品的官吏进来为病榻上的陈宣帝配药，陈叔陵的目光一下子被他托盘上的一把刀吸引了。

他立刻问道："这把刀用来干什么的？"

那名官吏一愣，回答道："是用来切药草的。"

陈叔陵心里一动："可以切药草，自然也可以切人头！"他拿起来端详，却发现刀刃不够锋利，便对那名官吏说："太钝了，应该磨一磨。"那名官吏尽管摸不着头脑，却连声答应。

没过几天，陈宣帝就驾崩了。一时间，号啕声四起，尤其太子陈叔宝哭得几乎要背过气去。陈叔陵想着此时正是下手的好机会，可惜事发突然，他还没来得及把切药刀弄到手。仓促之间，他命令随从到宫外取把剑进来。结果，那名随从不懂陈叔陵的心思，给他拿来了朝服上装饰用的木剑。陈叔陵一见，勃然大怒，当场发飙，骂道："蠢货！"

陈叔陵的叱骂声引起长沙王陈叔坚的注意。陈叔坚得知事情原委后，不由得起了疑心，开始暗中注意陈叔陵。

第二天，陈宣帝的遗体被装进棺材里，太子陈叔宝跪在地上痛哭。陈叔陵趁机从袖子里抽出藏好的切药刀，一步就蹿到陈叔宝的身后，只见寒光一闪，那把刀砍在了陈叔宝的脖子上。陈叔宝大叫一声，昏倒在地。

众人被眼前发生的一幕惊住了，都愣怔着，一动不动。眼见陈叔陵又举起刀，再次砍向陈叔宝，陈叔宝的生母柳皇后回过神来，尖叫着撞向陈叔陵。陈叔陵被撞得后退了几步，他恼怒极了，挥刀砍向护住儿子的柳皇后。柳皇后顿时浑身是血，瘫在地上。

危急时刻，陈叔宝的奶娘也扑了上去，她死命拽住陈叔陵的胳膊，使他无法再举刀。正在这时，陈叔宝苏醒过来，挣扎着爬起来，往外逃命。陈叔陵更急了，下意识伸手去抓他，结果只抓住一片衣角。虚弱的陈叔宝奋力一挣，衣衫"哗"的一声被撕开，如此才逃脱。

随后，陈叔坚也冲了上去，右手像铁钳一样死死地扼住陈叔陵的咽喉，左手则夺去他手中的刀。陈叔陵敌不过，被陈叔坚拖到一根柱子旁。陈叔坚环顾四周，想找根绳子，没找到，就用陈叔陵自己的衣袖将他绑在了柱子上。

此时陈叔宝已经被奶娘扶着逃到殿外，陈叔坚跑出去找他，请示如何处置陈叔陵。陈叔陵趁机挣脱衣袖，逃走了。他一回到王府，立即召集左右随从，赦免囚徒，招募百姓，纠集了大约一千人，准备攻进皇宫，诛杀陈叔宝。

陈叔坚没找到陈叔宝，得知陈叔陵逃走，知道他不会善罢甘休，就向柳皇后请示，以太子的名义征召右卫将军萧摩诃率兵围捕陈叔陵。

陈叔陵知道后惶恐不安，派了一名叫韦谅的记室参军到萧摩诃军营，对萧摩诃说："只要您站在我这边，等我做了皇帝，就任命您为辅政大臣。"

萧摩诃骗韦谅说："这么重要的事，必须让始兴王的心腹大将亲自来说，我才能听命。"于是陈叔陵又派亲信戴温、谭骐前去，却被萧摩诃抓起来斩首示众。

陈叔陵意识到自己败局已定，便带着一帮手下，想渡过秦淮河，投奔隋朝，不料途中遭到萧摩诃军队的截击。陈叔陵的手下丢盔弃甲，纷纷溃逃，陈叔陵本人则被萧摩诃的部下刺落马下，割了首级。

一场夺位的闹剧到此结束，太子陈叔宝登上皇位，他就是陈后主。当时陈后主的伤势很重，不能临朝听政，国事政务都由皇太后裁决处理，直到他痊愈，皇太后才归政。

差点儿掉脑袋的陈后主并没有珍惜来之不易的帝位，反而觉得人生无常，应及时行乐。

陈朝自陈霸先开国以来，皇宫陈设一直朴素节俭，陈后主嫌皇宫太过简陋，不配安置他的美人，便在光昭殿前修建临春、结绮、望仙三栋楼阁。每座楼阁都高达数十丈，连绵数十间屋子，窗户、壁带、悬楣、栏杆等都是用沉木和檀木制成，并用黄金、玉石或者珍珠、翡翠加以装饰，楼阁门窗均外挂珠帘，室内有宝床、宝帐，穿戴玩赏的东西更是精美瑰丽，世所罕见。每当微风吹过，沉木、檀木香飘数里。

陈后主自己居住在临春阁，张贵妃居住在结绮阁，另有龚贵嫔、孔贵嫔住在望仙阁，通过各楼阁之间的复道互相往来。后宫中不少得宠的美人，也都经常到三座楼阁上游玩宴乐。

张贵妃叫张丽华，在后宫众佳丽中最受陈后主宠爱。她有一头瀑布般的秀发，油光发亮，人又聪明颖慧，举止温雅，每当她顾盼凝视时，更显得光彩照人，看见的人都以为仙子来到凡间。陈后主整日和她腻歪在楼阁里，大臣们的奏章都由宦官呈进去，后主靠着松软的垫子，让张丽华坐在他的膝盖上，两人一起审批、裁决。张丽华的一句话，往往就能让文武大员或丢官或没命，以致公卿大臣都竞相奉承依附她。

都官尚书孔范还与孔贵嫔结拜为兄妹，凭借这层关系，他经常陪在陈后主左右。陈后主喜欢听好话，厌恶臣子说自己的过失，所以每当他做错了事，孔范就想方设法替他掩饰开脱。因此陈后主对孔范言听计从，大臣中有直言进谏的，孔范都会先强加一个罪名给他，再将他赶出朝廷。

孔范自诩文武全才，瞧不起武官，曾对陈后主说："在我看来，那些带兵打仗的将帅，只有匹夫之勇，要论深谋远虑，运筹帷幄，他们差得太远了！"陈后主有些疑惑，就问心腹施文庆怎么看。施文庆惧怕孔范，就随声附和。在场的另一名大臣司马申也拍孔范的马屁，说他见解高明。从此，将帅只要稍有过错，陈后主就会立刻削夺他们的兵权，把军队交给文官管理。这样一来，陈军将士都感到寒心，军队的战斗力也随之削弱。

陈后主对如何治理国家一窍不通，却喜欢文学，精通音律，经常招来孔范、江总等十余名大臣，一起在皇宫后庭游玩，饮酒赋诗，互相赠答，然后挑选其中特别艳丽的诗作，谱上新曲，再让宫女练习歌唱，分部演出。像什么《玉树后庭花》《临春乐》等，内容大都是赞美诸位妃嫔的容貌与举止。

一天，陈后主喝醉了酒，命侍中毛喜赋诗。毛喜为人刚直，不愿作淫词艳语，又怕陈后主怪罪，就假装发病，倒在地上，被抬出了宫。陈后主酒醒后，愤恨地对左右说道："毛喜这个老东西根本就没病，他是借此反对朕，朕要砍了他的脑袋！"幸亏秘书监① 傅绛（zēng）从旁劝解，陈后主才从轻发落，把毛喜贬到地方上做官。

傅绛是陈后主做太子时的东宫官员，后主即位后，他也得到晋升。由于傅绛恃才傲物，后主的宠臣很讨厌他，就诬陷他收受贿赂，后主便将他收捕下狱。

傅绛在狱中上书说："做帝王的，应该天不亮就起床，天黑了还没吃饭，爱民如子，节俭克制。但是，陛下近来沉湎于酒色，挥霍无度，像仇人一样厌恶忠直之士，对小人却亲近得很，尤其不把老百姓的命当回事，以致天下百姓流离失所，尸横遍野。我恐怕东南的王者之气很快就要完了。到时候，天怒人怨，众叛亲离，陛下可怎么办呢？"

陈后主读后勃然大怒，可是又念及旧情，想放他一马，就派人对傅绛说："朕打算赦免，你能改正以前的过错吗？"

傅绛回答说："我的心性就如同我的相貌，如果相貌能够改变，那么我的心性才能改变。"陈后主更加愤怒，二话不说将他赐死。

---

① 专掌国家藏书与编校工作的官员。

成语学习①

众叛亲离

众人反对，亲人背离。形容不得人心，完全孤立。

造　句：	知错不改，一意孤行，迟早会
	众叛亲离。
近义词：	不得人心、孤家寡人
反义词：	深得人心、口碑载道

---

① 这个故事的原文里还有成语"奇花异卉"（原意是指稀奇少见的花草。也比喻美妙的文章作品等）、"光彩溢目"（形容鲜艳耀眼）、"卖官鬻狱"（指收受贿赂，出卖官爵，枉法断狱）、"货赂公行"（公开用金钱、财物收买别人进行不正当的活动）、"负才使气"（指依恃才学，任性使气）、"未明求衣"（天没有亮就穿衣起床。形容勤于政事）、"日旰忘食"（天色已晚仍顾不上吃饭。形容专心致志，勤勉不懈）、"视如草芥"（比喻极端轻视）。

〖 一衣带水 〗

《资治通鉴·陈纪十》

　　隋主益忿，谓高颎曰："我为民父母，岂可限一衣带水不拯之乎！"

译　文

　　隋文帝更加愤怒，对高颎说："我作为天下百姓的父母，怎么能因为有长江这样一条衣带宽的水而不去拯救他们呢！"

隋文帝统一南北

　　江南的陈后主深居高阁、花天酒地的这些年，北方的隋文帝却立志削平四海，励精图治。天刚亮他就临朝听政，一直忙到天黑也不知疲倦。有大臣就进谏说："陛下只要制定国家的大政方针就行了，具体的事务交给宰相去处理。否则，容易折损寿命。"隋文帝虽然赞成他的意见，却依然勤勤恳恳，事必躬亲。在他的精心治理下，隋朝的政治逐渐清明。

　　当时，东、西突厥相互牵制，都没有精力对付隋朝，隋文帝就将征讨陈朝一事重新提上议程。清河公杨素、吴州总管贺若弼等人争相献上平陈之策，隋文帝读了很高兴，又问尚书左仆射高颎："你有什么好计谋？"

　　高颎精明强干，足智多谋，是隋文帝的心腹谋臣。对于如何攻灭陈朝，他显然酝酿已久，这时便答道："两国交战，拼的是实力。臣有两计，能够大大削弱陈朝的国力。"

　　隋文帝忙问："哪两计？快说！"

　　高颎从容说道："长江以北地区天气寒冷，庄稼成熟得晚，而江南地区的庄稼收获得要早一些。在江南快到收获季节时，我们可以征调少量军队，扬言要袭击他们，弄得他们没有心思收割庄稼。等到他们聚集起军队准备对抗时，我们就解甲散兵。这样反复搞几次，他们就习以为常，降低警惕心。等到我们真的调集大军进攻时，他们必然不会相信，这样我军就可以迅速渡过长江，打他个措手不及，并凭着高昂的士气一举获胜。"

隋文帝越听越兴奋，追问道："第二计呢？"

高颎接着说道："江南水浅土薄，房舍、仓库多用易燃的茅竹搭成。等到秋收时节，他们将稻米收回家中，我们就暗中派人纵火烧毁。这样不出数年，他们必定力竭财尽。"

隋文帝大为赞叹，便全部采纳。几年下来，陈朝官民果然被搞得疲惫不堪，国力严重下降。隋文帝觉得时机成熟，决定正式伐陈，他对高颎说："朕作为天下百姓的父母，怎么能受限于一衣带水而不去拯救他们呢？"

开皇八年（公元588年）三月，隋文帝下诏书说："陈叔宝盘踞着巴掌大的地方，却欲壑难填，劫夺乡民百姓，使他们倾家荡产，他自己却穷奢极侈，昼夜寻欢作乐。自古以来，还没有哪个帝王比他更昏庸腐败。每当听到有关江南百姓受苦受难的奏疏，朕都感到痛苦悲伤。因此，决定出师讨伐，诛灭暴君。"他还派使者给陈朝送去一份玺书，历数陈后主的二十条罪状，并命人抄写了三十万份，向江南地区广为散发。

这年冬天，隋文帝任命晋王杨广、秦王杨俊、清河公杨素三人为行军元帅，任命高颎为元帅府长史，率领韩擒虎、贺若弼等将，共五十多万隋军，兵分八路南征。

不久，隋朝的军队就开到了长江北岸，与陈朝的国都建康隔江相望。陈朝的戍边将领不断飞书，奏报朝廷，陈后主却若无其事地对身边的近臣说："建康历来是王者之地，天下王气都聚集于此。自立国以来，齐军曾经三次大举进犯，周朝也曾经两次大兵压境，结果怎么样？都大败而归！隋军又能拿我们怎么样呢？"

那帮佞臣立刻齐声附和："长江是隔绝南方和北方的一道天堑，敌军难道能飞渡不成？这不过是武将们想趁机建功，谎报边情紧急罢了。"

陈后主听后，哈哈大笑，认为他们说得很对，所以根本不加防备，每天照样赏乐观舞，纵酒宴饮，赋诗取乐不止。从此，前方的军情奏报全部被压下，有的甚至连封口都没有拆开，就被扔到一边。

直到隋军渡过长江，对建康形成东西夹击之势，告急文书飞来，陈后主才从醉生梦死中清醒过来，惊问身边人："隋军怎么就渡过长江了呢？"

原来，隋军主将贺若弼卖掉军中老马，大量购买陈朝的船只，并把这些船只藏起来，另外又买了五六十艘破船，停泊在小河内。陈朝派人暗中窥探，以为隋军没有渡江船只。贺若弼又让士兵在换岗的时候，高举旗帜，大声喊叫。陈朝以为是隋朝大军来到，急忙调集军队加强戒备，之后知道是隋兵换防交接，便又将调集来的军队解散。如此几番之后，陈朝就习以为常，不再当回事了。贺若弼又时常派军队沿江打猎，弄得人欢马叫。所以隋军渡江时，虽然动静很大，陈朝的守军却以为是日常动作，并不在意。

惊恐万分的陈后主来不及多想，赶紧召集公卿大臣进宫商议对策，最后他任命骠骑将军萧摩诃等人为都督，率军抵御隋军。为了补充兵员，陈后主还征发和尚、尼姑、道士等出家人服役。

当时建康城内还有十万军队，如果调度得当，足以抵挡一阵，等待地方上的援军到来，但是陈后主生性懦弱，又不懂军事，所有军情处置全部委任给平日里溜须拍马的那帮近臣。这帮人知道武将们痛恨自己，唯恐他们建立功勋后对自己不利，就对陈后主说："这些武将平时就满腹怨言，现在到了危急时刻，怎么可以完全信任他们呢？"陈后主于是把武将们的妻儿都接到宫中，作为人质。

正在前方浴血奋战的陈军将领听说后，都十分气愤，尤其萧摩诃的妻子竟被陈后主霸占。萧摩诃得知后，又惊又怒，完全没有心思打仗。

等到双方决战时，陈朝军队在白土冈摆开阵势，从南到北长达二十里，首尾进退互不知晓。隋军不费吹灰之力，就把陈军松散的长蛇阵冲得七零八落。

消息传到宫里，王公大臣吓得四散奔逃，只有尚书仆射袁宪没走。陈后主感叹地对袁宪说："平常我对你并不比别人好，今日却只有你还留在我的身边，对此我感到很惭愧。这不只是我失德无道所致，也是由于江东士大夫的气节全都丧失了。"说完，他惊慌失措地带着张丽华等人四下张望，想找个地方躲起来。

袁宪见陈后主一副丧家犬的样子，心里很难受，神情严肃地说道："事已至此，陛下还能躲到哪儿去呢？再说，隋军进来，也不会伤害陛下！我请求陛下把衣服穿戴整齐，端坐在正殿上，就像当年梁武帝见侯景那样。就是亡国，也不能丢了君王的脸面！"

陈后主没有理他，继续四处寻找藏身之处，嘴里说着："刀剑不长眼睛，我怎么能拿性命冒险？我自有办法！"只见他向景阳殿旁的那口井跑去。

袁宪苦苦哀求，并用身子挡住井口，但陈后主奋力推开他，不顾深浅，"扑通"跳进了井里，张丽华等人也跟着跳了下去。

不久，隋军杀进宫里，到处寻找陈后主。找来找去找不到，最后有几个士兵来到井边，往下探看时，听到井里传来细微的喘气声，便大声喊叫，但井下无人回答。一个士兵吓唬道："有没有人？再不回答，我们可要扔石头了！"

话音刚落，井下就传来"不要扔！不要扔！"的哀求声。士兵们往井里扔下绳子，把陈后主等人拉了上来。陈后主鼻青脸肿，浑身湿漉漉的，一上来就磕头求饶。

皇太子陈深当时才十五岁，却一点儿不惊慌，隋军士兵推门进去时，他端坐不动，还好言慰劳："你们一路上鞍马劳顿，辛苦了！"士兵们纷纷向他致敬。

建康被平定后，江南各郡有的投降，有的抵抗，抵抗的都被隋军平定。陈朝就这样亡了。自此，隋朝统一天下，结束了自两晋十六国以来长达三百年的南北分裂。

亡国之君陈叔宝被押送到长安后，并没有被杀死，隋文帝赏赐了许多金银财物给他，还让他和三品以上公卿大臣同班站立。而且，每当举行宴会，隋文帝怕引起他的亡国之悲，就禁止在宴会上演奏江南的音乐。

有一天，隋文帝问监护陈后主的官吏："陈叔宝最近怎么样？"

官吏回答说："陈叔宝说他没有官位，不方便参加朝会，希望能给他一个具体的官职。"

隋文帝愣了，叹息了一声，说道："陈叔宝真是没有一点儿心肝啊！"

官吏又说："他经常喝得大醉，很少有清醒的时候。"

隋文帝又一惊，便问："他每天喝多少酒？"

官吏回答："每天差不多能喝掉一石酒。"

隋文帝大惊，命令道："这样狂饮滥喝，怎么得了？以后禁止他喝那么多酒！"

不一会儿，隋文帝又感慨道："可惜啊，此人若能把吟诗作赋的心思分一半来治理国家，何至于到今天这个地步！当初我大军逼临建康，前线告急的文书雪片般飞到他跟前，他却不以为然，照样饮酒赋诗作乐。等到我军占领王宫，竟然看见那些告急文书扔在床下，根本就没有开封。实在可笑！陈朝的灭亡，实在是天意啊。算了，随他去吧，想喝多少就让他喝多少，不这样，他又怎么打发日子呢？"

没心没肝的陈朝亡国之君陈叔宝就这样在隋朝醉生梦死了十五年后才去世。

成语说 资治通鉴

一衣带水

一条衣带那样狭窄的水。现比喻仅隔一水，极其邻近。

造　句：	中日两国是一衣带水的邻邦，历史人文渊源深厚。
近义词：	近在咫尺、一水之隔
反义词：	天各一方、万水千山

---

① 这个故事的原文里还有成语"长江天堑"（形容长江地势险要，不可逾越）、"全无心肝"（比喻不知羞耻）。

〖 澡身浴德 〗

《资治通鉴·隋纪一》

　　诏曰:"今率土大同,含生遂性;太平之法,方可流行。凡我臣民,澡身浴德,家家自修,人人克念。"

译　文

　　隋文帝下诏书说:"如今天下大同,四海一家,黎民百姓得以任情随意,安居乐业;太平盛世的法律制度,得以传布天下。凡我大隋的臣民百姓,都要洁身自爱,沐浴德化,家家努力,弘扬德教,人人自觉,克制私欲。"

穿红裤子的大臣

统一南北之后，隋文帝下诏说："凡我大隋的臣民，都要澡身浴德，家家户户要努力弘扬德教，男女老少都自觉克制私欲。"并宣布解散军队，停止战事，将重心放到发展生产上来。

文帝知道老百姓盼着有地种、有饭吃，就将土地全部收归国有，然后再把土地分给每户人家，没人种的荒地也分给了百姓，并规定种几年就归他们所有。后来那些解散的军人也分到了地，实行军垦。这样，大家干起活来都特别卖力，庄稼的收成一年比一年好。

由于魏晋南北朝以来，户籍不清，国家税收也受到影响。文帝就下令整治户籍制度，清查瞒报户口。为了堵住瞒报的口子，他采取减少税赋、奖励生产的办法提振经济。几年下来，全国人口翻了一番，税收也越来越多，以至有关官员上奏说："国库已经满了，财物没地方存放，只好暂时堆放在外面的厢房里。"

文帝很惊讶，问道："朕对百姓征收很轻的税赋，又赏赐了在战争中为国出力的将士大量财物，为什么国库还会满呢？"

官员回答说："由于每年收入经常大于支出，所以国库里的财物没有减少。"

文帝便向全国下了一份诏书："粮食布帛这些东西，宁愿积蓄在民间、在百姓家里，也不要储藏于国家府库。今年河北、河东地区的田租可减征三分之一，军人应缴纳的份额可减征一半，全国各地成年男子应缴纳的调①全部免征。"

除了花大力气提振经济，文帝在政治上也有许多创举，包括开创了影响后世一千多年的三省六部制②，通过科举③考试来选官等。文帝尤其重视立法工作，立国之初，他就命高颎、杨素、裴政等大臣以北齐高氏的《齐律》为蓝本，重新修订法律，汇编成《开皇律》。《开皇律》革除了前代的残酷刑法，确立了死刑、流刑、徒刑、杖刑、笞刑等五刑制度，并规定"判决死刑的罪犯，必须呈奏三次，然后才能行刑"。此外，新律还正式确立"十恶"制度，规定对谋反（企图推翻统治）、谋大逆（企图毁坏皇室宗庙、陵墓、宫殿）、谋叛（企图叛国投敌）、恶逆（殴打或谋杀祖父母、父母等）、不道（杀死一家非犯死罪者三人等）、大不敬（偷盗皇帝衣物、指斥皇帝等）、不孝（不赡养或控告、咒骂祖父母和父母等）、不睦（殴打或控告丈夫等）、不义（杀死长官或师长等）、内乱（违反伦常的性行为）等十条罪状，绝不赦免或减刑。这一制度被此后的唐、宋、明、清各朝继承，不做修改。④

文帝深知，制定法律不易，认真实施更难，所以他主张严酷执法，重惩不法分子，即使是王子犯法，也能做到与庶民同罪。

文帝的三子、秦王杨俊早年统兵征战，为国家出了不少力，后来当上了并州总管，负责五十二州的军事。杨俊生活奢侈，花钱没有节制，不但违规修建府第，还经常向民间放贷收取高额利息，搞得民怨沸腾。文帝知道后，专程派人去调查，一下子处罚了一百多

---

① 即户调，按户征收的一种赋税。东汉末年开始征收，最初为政府临时征调的各种物品。建安九年（公元204年），曹操将其固定化，在每亩征田租粟四升外，又按户征收绢二匹、绵二斤，名为户调。到晋朝时，则规定户主为丁男（成年男子）的，每年上缴绢三匹，绵三斤；户主为妇女或次丁男（十五岁以下至十三岁，或六十一岁以上至六十五岁为次丁）减半。边郡缴三分之二，远地只缴三分之一。南北朝时数量上有所变化。隋初改为绢二丈。

② 三省指中书省、门下省、尚书省，尚书省下面又设吏部、户部、礼部、兵部、刑部、工部。三省互相牵制，由中书省取旨，门下省审议，尚书省执行。三省长官同为宰相，共议国政。

③ 以考试选拔官吏的制度。因分科取士，故名。

④ 成语"十恶不赦"就来源于此。

人。可是杨俊自认为是皇子，无人敢惹，依旧我行我素。文帝很生气，就罢免了他的所有官职，让他回京反省。

不少人为杨俊求情，左武卫将军刘昇就说："秦王只不过是破费了点儿国家的钱，为自己修建宅子而已，并不是什么太大的罪过，陛下对自己的亲儿子应当宽容些。"

文帝冷冷地瞧了刘昇一眼，问："他放债收利息，违不违法？"见他点头，文帝又问："既然违法，要不要处罚？"

"当然要处罚！"一旁的杨素抢着回答，但他话锋一转，接着说道："秦王的确犯了点儿小过错，应该处罚。不过，他毕竟是皇子，还请陛下看在父子情分上，从轻发落。"

文帝瞪了他一眼，大声道："朕难道只是皇子们的父亲，而不是天下百姓的君父？按你的意思，朕还得专门制定适用于皇子们的法令？"杨素被驳得张口结舌。

文帝秉承"法不阿贵"的主张，给当时的执法大臣们起到了很大的表率作用，同时也督促他们秉公执法。不过，文帝推崇法家思想，主张严刑重法，因此也有不顾法律规定任性断案的时候。

有一段时间，盗贼很多，文帝非常恼怒，下令凡是偷窃一文钱以上的人都要在闹市中被处死，然后暴尸街头。有三个人一起偷了一个瓜，事情败露后，三人都被立即处死。老百姓都很害怕，天一黑就上床睡觉，太阳高挂才敢起来，生怕弄出点儿差错，小命不保。

其实，大臣们的日子也不好过。他们的奏对①稍微不合文帝的心意，文帝就会对他们施以廷杖②，而且用的棍棒要比法律规定的粗得多。犯了大错的官员就不用说了，有的甚至当场就被

---

① 臣子当面回答皇帝提出的问题。
② 在朝堂上杖打大臣。

打死。

这样一来，很多官员都抱着"严酷就是能干"的想法。大理寺有个叫来旷的小官吏想投文帝所好，得到升职的机会，便上书说："现在执法官员对囚犯量刑太宽松，应当处罚得再重一点儿。"文帝觉得来旷很正直，打算提拔他，就让他参加早朝，并站在五品官员的行列中。

来旷以为得到圣宠，得意忘形，便想故伎重演，于是再次上书。这回，他盯上了自己的上司——大理寺少卿赵绰："赵绰滥用职权，把不该放的犯人放跑了。"

文帝一见赵绰的名字就愣了：赵绰执法公正，政绩考核连年为优等，是他一手提拔起来的，怎么可能带头犯法呢？不过，无风不起浪，文帝赶紧派人去调查，结果发现赵绰是冤枉的。文帝愤怒极了，下令将来旷处斩，并由赵绰执行。

没想到，赵绰急匆匆地赶来，一进殿，他就喊道："不能杀来旷！"文帝不可思议地看着他："来旷诬陷你，你反而替他求情？"

赵绰跪下奏道："依照我朝律法，他罪不至死。如果有法不依，滥用刑罚，以后谁还守法呢？"

文帝一愣，哼了一声，拂袖退入后殿。过了一会儿，他对侍从说："叫赵绰退下，朕不想再听他替来旷申辩。"

赵绰只好假称："臣还有别的事要奏报。"

文帝信以为真，让人引赵绰前来。一进去，赵绰就伏在地上说："臣犯了三项死罪：第一，臣身为大理寺少卿，没有管好来旷，导致他触犯了刑律；第二，来旷罪不当死，可臣不能以死相争；第三，臣没有别的事要奏，却哄骗陛下召见臣。"文帝的脸色渐渐缓和下来，便免了来旷的死罪，把他流放到广州去了。

谁知，没过多久，赵绰又因为执法的问题触怒了文帝。开皇年间，社会上流行着一种习俗：红色是吉祥的象征，穿红裤子的人能够官运亨通。文帝觉得这是妖术，就禁止各级官员在公开场合穿红色的裤子。

有一天，刑部侍郎辛亶（dǎn）穿着红色的裤子去官署，同僚就向文帝告发他。文帝气坏了："辛亶目无君王，马上处死，由赵绰监斩。"

结果，赵绰又替辛亶求起了情："辛亶没有犯法，不应当处死。"

文帝见赵绰公然抗旨，就敲了敲身边的刑杖，冲着他吼道："你爱惜辛亶的性命，难道不爱惜自己的性命吗？"当即命人将他推出去斩首。

在场官员都相顾失色，赵绰却高声说道："陛下可以杀臣，但是不能杀辛亶。"

很快，赵绰被押到刑堂，正准备行刑时，文帝派一个侍从来问他："你就要死了，后悔刚才的言行吗？"

赵绰把头朝刀下伸了伸，找到一个合适的位置，然后坦然回答道："臣一心执法，不敢爱惜自己的命。"

文帝听了侍从的回报，有所触动，就传令放了赵绰。第二天，文帝又向赵绰道歉，还赏赐了他布帛等物。

谁知，赵绰领了赏赐没几天，又把文帝气得差点儿冒了烟。当时朝廷严禁民间使用假钱，有两个人在集市上用假钱兑换官府铸的真钱，被巡查官抓获，并报告了朝廷，文帝下令将他们斩首。

赵绰觉得量刑太重，就对文帝说："使用假钱依律应该判处杖刑，不应当处死。"

文帝见赵绰又顶撞自己，就不耐烦地说："你不要管！"

赵绰认真地答道："臣是朝廷的执法官员，现在陛下要胡乱杀一个没犯死罪的人，臣怎么能不管呢？"

文帝额上青筋暴起："住口！你想撼动大树吗？"

几名大臣吓得手上的笏板差点儿掉落，赵绰却不慌不忙跪下："撼动树木算什么，臣希望自己的一片忠心能感动苍天！"

文帝死死地盯着赵绰的眼睛："天子的权威，你也敢冒犯吗？"

赵绰却挪动膝盖，向文帝的御座靠近。文帝见状，厉声呵斥："退下！"赵绰不肯退避，文帝便起身朝后殿走去。治书侍御史^①柳彧跟上去，恳切劝谏，文帝才没有将那两个犯人处死。

过了几天，文帝消了气，感叹地说："赵绰真是一名称职的执法官！"就召他进宫中谈话，又重重赏赐了他。

在赵绰等秉公执法的大臣的坚持下，隋朝百姓有法可守，文帝也免去不少过失。因此，文帝在位期间，国家安宁，人口大增，仓储丰实，法治进步，社会呈现出一片空前繁荣的景象，历史上把这段治世称为"开皇之治"。

---

① 隋朝以御史大夫为御史台长官，治书侍御史为次官，设有二人，实际主持台务，主要职责是依据法律审理疑狱。西汉宣帝时令侍御史二人治书（管理图籍文书），遂有其名。

澡身浴德

修养身心，使精神纯洁清白。

造　句：	"我奉劝您从此澡身浴德，一心向善，多为黎民百姓造福。"
	那名须发皆白的僧人对作恶多端的胡县令说。
近义词：	修身养性、修身洁行

〖 焉知非福 〗

《资治通鉴·隋纪二》

顷之，颎国令上颎阴事，称其子表仁谓颎曰："司马仲达初托疾不朝，遂有天下，公今遇此，焉知非福！"于是上大怒，囚颎于内史省而鞫（jū）之。

译 文

没多久，齐公高颎的国令上言告发高颎秘事，称高颎的儿子高表仁对高颎说："曹魏时太傅司马仲达起初借口有病不入宫朝见，后来夺取了天下。您如今也有此遭遇，又怎么知道这不是将来洪福齐天的征兆？"隋文帝异常愤怒，下令把高颎囚禁在内史省，进行审问。

皇帝也怕老婆

作为堂堂的一国之君，隋文帝杨坚拥有至高无上的权力，集天下所有人的生杀大权于一身，加上他主张严刑重法，对臣子们经常棍棒相加，因此大臣们见了他大气都不敢出。不过，常言道"一物降一物"，文帝也有害怕的人，那就是他的妻子独孤皇后。

独孤皇后是西魏重臣独孤信的女儿，家族世代尊贵昌盛，但她性情谦恭，喜欢读书学习，议论政事经常与文帝的意见不谋而合，所以文帝对她既爱又怕，因此宫中称文帝、独孤皇后为"二圣"。文帝每天上朝，独孤皇后都乘坐车子与他并排前往，一直送到文帝坐朝的大殿门口。她还派宦官观察文帝的一言一行，如果发现朝政处理得不当，就立即加以劝谏纠正。等文帝退朝后，她又与他一起返回寝宫。

群臣曾经上奏说："按照《周礼》规定，大臣妻子爵位品级的封赏，应该由皇后来发布，请求依照古代的制度办事。"独孤皇后却拒绝了："我不能开妇人干政这个头。"

有一次，独孤皇后的表兄弟崔长仁犯了法，应当斩首。文帝念在他是独孤皇后亲戚的分上，打算赦免他。独孤皇后却说："严格执法是国家的大事，怎么能徇私枉法呢？"崔长仁于是被依法处死。

独孤皇后生性节俭，宫中从不添置多余的东西。有一次，文帝让人配制止泻的药，要用到一两胡椒粉。这种东西平常宫中不用，所以找了一圈，最后还是没得到。文帝又曾经想赏赐柱国刘嵩的妻子一件织成的衣领，宫中也没有。

但是，所谓金无足赤、人无完人。在文帝眼中，独孤皇后什么都好，就是有一点让他头大。原来，独孤皇后生性爱忌妒，不允许文帝染指后宫其他妃嫔宫女，导致她们一见到文帝就躲得远远的。

有一天，文帝在仁寿宫见到一个宫女，长得非常漂亮，一下子就喜欢上了，当晚便悄悄召她去侍寝。然而，纸包不住火，独孤皇后很快就知道了这件事，她非常恼恨，趁文帝上朝的时候，派人把那个宫女给杀了。

文帝非常愤怒，但他又不敢冲独孤皇后发火，一气之下，一个人骑着马从皇宫出来，也不走正路，跑了二十多里，进到一个山谷中。

尚书左仆射高颎和尚书右仆射①杨素赶紧带着一批人骑马去追，最后在山谷里追上了。他们拉住文帝的马缰，苦苦劝他回宫。

文帝叹息了一声，说道："朕贵为天子，竟然连宠幸一个宫女的自由都没有，这个皇帝做得太窝囊了！"

高颎劝道："陛下怎么能因为一个妇人而舍弃天下呢？"

文帝心中的怒气这才稍有缓和，开始吐槽独孤皇后的善妒。高颎默默地听着，一直到半夜，文帝说累了，才回到宫中。

心急如焚的独孤皇后也一直坐在寝宫内等，见文帝回来，她又欢喜又难过，哭着请文帝原谅。高颎和杨素又好言劝解了一番，文帝才高兴起来。但是，一向自视甚高的独孤皇后得知高颎说自己只是一个妇人，十分不满，对他开始怨恨起来。

高颎为人聪明敏捷，有度量，懂军事，是个足智多谋的人。当年杨坚执掌北周政权时，知道他很能干，邀请他到自己的丞相府做

---

① 左、右仆射正式成为尚书省长官，与中书、门下省长官并为宰相。

事。高颎欣然接受，并说："纵使杨公大业不成，我也不怕遭到灭族之祸。"杨坚因此十分器重他，把他当作自己的左膀右臂，朝中政事无论大小，都会先和他商议，然后才公布实行。杨坚称帝数年来，天下升平，国泰民安，高颎的功劳不小。

有一次，文帝对高颎说："你就像一面镜子，每经过一次打磨，就会更加皎洁明亮。"所以，每当有人在文帝面前诋毁高颎时，文帝都会很生气，不是把说这话的人免官，就是用马鞭打死。

当时太子杨勇因为奢侈不检点，失去了文帝和独孤皇后的宠爱，而晋王杨广却日益博得他们的欢心，所以，文帝和独孤皇后暗地里都起了废掉杨勇、改立杨广为太子的念头。文帝曾经暗示过高颎："有神告诉晋王杨广的妃子，说晋王必定享有天下，你说该怎么办？"

高颎听了，长跪不起，回答道："嫡庶有别，长幼有序，自古立嫡不立庶，立长不立幼，太子是未来的皇帝，是国家的根本，怎么可以随便废黜呢？何况太子并没有太大的过错。"

独孤皇后听说后，知道高颎为人刚直，在废立问题上肯定不会站在自己这边，于是暗中打算把他赶出朝廷。

过了些日子，文帝想挑选一些东宫卫士到皇宫执勤，高颎就上奏说："如果陛下把强壮的卫士都选走，恐怕太子东宫的宿卫力量太弱。"

文帝一听，脸色大变："朕时常出外巡幸，所以身边的宿卫之士必须壮勇强健，而太子只要安坐东宫培养仁德，哪里用得着身强体壮的卫士！"高颎的儿子娶了太子杨勇的女儿，文帝觉得高颎因此才为太子说话，所以有点儿不高兴。

不久，高颎的夫人去世，独孤皇后便对文帝说："高仆射已经老了，最近又死了夫人，陛下要不要替他再娶一个？"

文帝把独孤皇后的话转告给了高颎。高颎凄然泪下，磕头谢恩，然后说："微臣已经年迈，退朝后，回到家就是诵读佛经而已。陛下哀怜我，微臣十分感激，但是说到再娶，实非微臣所愿。"

文帝只好作罢。不久，高颎的爱妾生了一个男孩，文帝听说后非常高兴，把这个消息告诉了独孤皇后。独孤皇后却一脸不悦，文帝纳闷，问她："你之前不是担心他孤独吗？现在好了，老来得子，他现在一定乐得合不拢嘴，你为什么反而黑着一张脸呢？"

独孤皇后冷冷说道："之前陛下打算为高颎张罗迎娶继室，他当时一口拒绝，说什么吃斋念佛，无意再娶。现在看来，压根就是口是心非，他当时心里装着爱妾，却哄骗陛下。这样的人，陛下以后怎么能再信任呢？"文帝听了，心里也老大不舒服，开始疏远高颎。

开皇十八年（公元598年），文帝决定讨伐高丽，任命汉王杨谅为元帅，高颎为元帅府长史，结果路上遇到连绵大雨，粮草供给跟不上，隋军只好还师。独孤皇后就对文帝说："高颎一开始就不愿意出征，陛下强派他去，我就知道他一定会无功而返。"文帝有点儿恼火。

这次军队出发前，文帝担心汉王杨谅年少，就把所有军务都委任给高颎，而高颎也因为文帝对他寄予厚望，所以怀着至公守正之心，对汉王杨谅的话大多不听从。杨谅因此痛恨高颎，回到长安后，他跑到独孤皇后那儿痛哭流涕，诬陷高颎："我差点儿被高颎杀掉。"文帝知道后，越发恼怒，觉得高颎越来越放肆，目无君上。

等到后来高颎带兵攻打突厥，打算进一步深入大漠，于是派人向朝廷请求增兵，文帝身边那些察言观色的近臣便开始造谣，说高颎图谋造反。虽然最后高颎打败突厥，班师还朝，文帝已然对他生起了戒备之心。

偏巧就在这时，凉州总管王世积因心怀不轨被朝廷处死。审问的时候，有一些宫禁中的事情，王世积说是从高颎那里听来的。文帝大惊，命人审查高颎。许多大臣站出来为高颎说话，文帝更加愤怒，将他们全都问罪，因此没有人再敢为高颎说情。高颎最后被免官，以齐公的身份归家闲居。

有一天，文帝喝酒时，想到高颎，便召他前去作陪。高颎见到文帝后，悲不自胜。文帝对高颎说："朕没有辜负你，这是你自作自受。"

此后，文帝经常告诫左右臣子："我对待高颎胜过自己的亲生儿子，即使不见他的面，他也好像时常在我的眼前。可自从他离开以后，我就把他完全遗忘了，好像从来没有过高颎这个人。所以，做人臣的不能要挟君主，自认为天下第一，不然没有好下场。"

然而事情并没有就此结束，没多久，又有人向文帝告发，说高颎的儿子对高颎说："以前晋宣帝司马懿借口有病不入宫朝见，结果夺了曹魏的天下。您如今也有这样的遭遇，又焉知非福呢？"

文帝怒不可遏，对群臣说："帝王难道是想做就能做的吗？连孔子这样的大圣之才，还不能得天下。高颎自比司马懿，是何居心？"当即下令把高颎囚禁起来审问，最终将他贬为平民。

成语学习 ①

焉 知 非 福

比喻一时虽然受到损失，也许反而因此能得到好处。也指坏事在一定条件下可变成好事。

造　句：	年轻时多经历挫折，不是坏事，
	所谓塞翁失马，焉知非福。
近义词：	因祸得福
反义词：	乐极生悲

---

① 这个故事的原文里还有成语"长幼有序"（指年长者和年幼者之间的先后尊卑。同"长幼有叙"）。

【 形于言色 】

成语说

资治通鉴

《资治通鉴·隋纪三》

　　素至东宫，偃息未入，勇束带待之，素故久不进以激怒勇；勇衔之，形于言色。

译　文

　　杨素到了东宫，停住不进。杨勇换好衣服等待杨素进来，杨素故意很久不进门，以此激怒杨勇。杨勇恼恨杨素，并在言行上表现出来。

杨广的夺嫡之路

隋文帝有五个儿子，杨勇、杨广、杨俊、杨秀、杨谅，全都是独孤皇后所生。大儿子杨勇在文帝受禅称帝不久就被立为太子。他性情仁厚，直率热忱，对事情往往有独到的见解，经常参与军国大事的决策，提出的批评与建议都很好，文帝很高兴，打算好好培养他。可是，杨勇偏偏犯了文帝的忌讳。

文帝崇尚节俭，厌恶铺张，他曾因仁寿宫建得太雄伟豪华，责备负责监工的杨素，说这样做是让天下百姓怨恨他。杨素吓得不轻，后来幸亏独孤皇后求情，文帝才没有怪罪他。

有一天，文帝见杨勇穿着一身华丽的铠甲，上面还加了精美的装饰，心里就很不高兴，告诫他说："自古以来，但凡喜好奢侈的帝王都是长久不了的。你作为皇位继承人，应当率先节俭。我赐给你一把我以前佩带的刀，一盒你做上士^①时常常吃的腌菜，希望你懂得我的良苦用心。"

然而，杨勇丝毫没有收敛，时间长了，文帝渐渐对这个大儿子产生了不满的情绪。

这年的冬至日^②，杨勇穿着华美的礼服在东宫接受百官的朝贺，场面十分热闹。文帝知道后，气冲冲地责问群臣："听说冬至那天朝廷内外百官都去朝见太子，这是什么礼法？"

---

① 士一级爵位的最高一等，其地位次于下大夫，高于中士。
② 二十四节气之一。在 12 月 21、22 或 23 日，这一天北半球白天最短，夜间最长，南半球相反。也称"冬节"。

有位大臣小心翼翼地回答道："百官到东宫只是去祝贺，并不是朝见。"

文帝于是下诏说："皇太子虽然是皇帝的继承人，但从礼义上讲也是臣子，接受百官朝贺，违背礼制。"从此，文帝对杨勇的宠爱有所衰减，并开始有了猜疑和戒心。

偏偏在这个时候，独孤皇后也对杨勇有了意见。杨勇有很多姬妾，他尤其宠爱一个姓云的美妾，和她连生了几个孩子，却对独孤皇后为他挑选的正妻元氏十分冷落。这一点又犯了独孤皇后的忌讳，觉得杨勇生活不检点。元氏因为一直不得宠，成天郁郁寡欢，突然就死了。独孤皇后便怀疑是杨勇与云氏合谋害死她的，大大责备了杨勇一番，之后便经常派人到东宫探查杨勇的过失。

杨勇日渐失去文帝与独孤皇后的宠爱，他的二弟、晋王杨广得到消息，心中暗暗高兴。杨广向来瞧不起哥哥，觉得自己无论是才干还是功劳，都远远超过他，一直很想取而代之。

既然父皇和母后一个喜欢节俭，一个看重专一，杨广便决定在这两方面伪装自己。他明明也有不少美妾，但平时只和王妃萧氏在一起，同出同进，俨然是一对恩爱夫妇。文帝和独孤皇后每次派人到杨广府上探视，无论来人身份高低，杨广必定和萧氏一起到门口迎接，盛情款待，走时还要送上一份厚礼。这些人回宫后，都会在文帝和独孤皇后面前称颂杨广，说他仁爱贤孝。文帝和独孤皇后听了十分欢喜。

有一天，文帝和独孤皇后到杨广的府上做客，杨广便将其他姬妾藏到别的房间里，只留下几个又老又丑的佣妇，穿着旧衣服在一旁伺候。他把房间里的屏帐都换成朴素的幔帐，把之前故意弄断琴弦、任其积满灰尘的琴摆放在显眼的地方。文帝看在眼里，喜在心中，以为杨广不好声色。从此，文帝和独孤皇后对杨广的喜爱超过其他几个儿子。

杨广知道，通过自己一系列煞费苦心的表演，文帝和独孤皇后情感的天平已经向自己这边倾斜，他必须趁热打铁，继续努力。

不久，杨广被任命为扬州总管。这天，他进宫向独孤皇后辞行，结果还没说几句话，突然放声大哭。独孤皇后吓一跳，忙问怎么回事。

杨广哭得泣不成声，断断续续地说："孩儿愚笨……待人接物从不留心提防，不知什么地方得罪了太子……他扬言要杀掉孩儿以解心头之恨……孩儿因此常常恐惧……担心哪一天会发生酒食中被投毒的事……"

独孤皇后怒火中烧，恨恨地说："勇儿越来越不像话了。当初我给他娶了元氏的女儿，他竟然不以夫妇之礼对待元氏，却宠爱那个姓云的，生下一堆猪狗一般的孩子。元妃被他们毒害，我还没有特别追究，如今他竟敢对你生出加害的念头！我活着他就敢这样，我死后，你们几个弟弟岂不全得死在他手下？我每每想到在你们父皇百年之后，你们兄弟几个要去向那个姓云的跪拜请安，心里就很痛苦！"杨广跪在地上，呜咽不止，独孤皇后也悲伤得不能自抑。这件事后，独孤皇后便有了废掉杨勇，改立杨广为太子的心思。

杨广暗喜，不过他清醒地认识到，自己离太子之位还有一段路要走，毕竟废立太子是事关江山社稷的大事，文帝一定会征求朝中重臣的意见，而宰相杨素是文帝最宠幸的大臣，说话极有分量，若能得到他的支持，自己的太子之位差不多就稳了。

于是，杨广找来心腹宇文述，商议拉拢杨素一事。宇文述说："杨素无论做什么事，都会先和弟弟杨约商量。要拉拢杨素，必须先拉拢他弟弟杨约，而杨约是我的老朋友，此事不难办。"杨广大喜，就给了宇文述很多金银珠宝，让他去收买杨约兄弟。

　　宇文述知道杨约好赌，便经常邀他一起赌博，而且每次都装作输了，把杨广送的金银珠宝全输给了他。杨约心里非常高兴，但嘴上还是要客套一下，宇文述趁机就说："这些珠宝都是晋王所赐。"

　　杨约大吃一惊，忙问："晋王为什么要这么做？"

　　宇文述就把杨广的意思告诉了杨约，并劝他说："你哥哥执掌大权多年，得罪的人肯定不少，包括现在的太子，一旦将来他登基，你们还能保有现在的地位吗？好在太子如今失宠，皇后甚至都有废掉太子的想法。如果你哥哥能劝皇上立晋王为太子，将来晋王登基，一定不会忘记你们的。到那时你们的地位就会像泰山一样稳固。"

宇文述的一席话，说得杨约连连点头，他立刻回去告诉了杨素。杨素听后大喜，拍着手说道："我还真没想到这些，幸亏你提醒我。"杨约接着说道："皇上对皇后言听计从，应该从皇后那儿入手。这事得尽快，迟了，一旦太子登基，一切都完了。"

几天后，杨素进宫参加宴会，在和独孤皇后闲聊时，他假装随意地说："晋王孝顺谦恭，跟皇上真的很像呢。"

独孤皇后听了，居然流下了眼泪："你说得很对，广儿非常孝顺，每次皇上和我派人去他那儿，他必定亲自远迎。每次被外派出去，他都会因为要离开我们而落泪。哪像勇儿整天沉溺在声色中，竟然还想对自己的兄弟动手！"

听到这儿，杨素已经明白皇后的心意，于是趁机说了太子杨勇的一堆坏话。独孤皇后听了很高兴，因为此时文帝虽然不满太子，却因为太子是他做平民时生的，又是长子，不忍心废黜。反对改立太子的高颎虽然被赶走了，但她需要更多朝臣的支持，于是派人给杨素送了很多财物，希望他向文帝进言，废掉太子，改立晋王杨广。

慢慢地，太子杨勇也知道了这场针对自己的阴谋，但他是个没有心机的人，除了忧虑害怕，想不出办法来。后来，他听信别人的建议，用巫术诅咒的法子，为自己祈求平安，还在东宫后园里建了一座很简陋的屋子，时常穿着布衣睡在草褥子上，想以此消灾避难。他的这些举动很快传到文帝耳朵里，文帝便派杨素去东宫探查情况。

太子杨勇得到通报后，早早换好衣服，准备迎接杨素。杨素到了东宫门口，故意磨磨蹭蹭，拖了很长时间才进去。杨勇果然恼火，并形于言色，说话生硬，一脸的不耐烦。

杨素立刻向文帝报告了太子的表现，并诬陷说："太子心有怨恨，臣担心将有变乱发生，请陛下多多防备！"文帝听了，脸色大变，对太子更加不放心了。独孤皇后也暗中派人监视太子的一举一动。晋王杨广还买通太子身边的人，让他暗中观察太子的动静，随时密报给杨素。

一时间，朝廷内外到处是对太子杨勇的议论、诽谤，文帝每天都能听到关于杨勇的罪过，于是对杨勇的反感日甚一日，终于下了废黜他的决心。

开皇二十年（公元600年），太子杨勇被废，囚禁在东宫。然而，被废后的杨勇坚持认为自己没罪，多次请求面见父皇，却始终得不到回音。走投无路的杨勇只好爬到树上，朝着文帝住的方向，扯着嗓子大声呼喊。声音传到文帝的耳朵里，文帝忙问："是勇儿在喊叫吗？"左右侍臣便报告了杨勇爬树喊冤的惨状。文帝听了，心里很不好受，毕竟父子之情尚存，就想重新审问一遍。杨素听说后，生怕翻案，赶紧劝说文帝："废太子已经疯了，陛下千万不要因为私情废了公心。"文帝也就打消了这个念头。一个月后，晋王杨广被立为太子。

成语学习①

形 于 言 色

指内心活动表露在脸上和言辞之中。

造　句：他是个心里藏不住事的人，一	
有风吹草动，就形于言色。	
近义词：喜形于色	
反义词：不动声色	

————————

① 这个故事的原文里还有成语"祸至无日"（形容灾祸马上就要降临）。

〖 事无巨细 〗

甲子，幸仁寿宫。乙丑，诏赏赐支度，事无巨细，并付皇太子。

译 文

甲子（二十七日），文帝驾临仁寿宫。乙丑（二十八日），文帝下诏凡赏赐、财政支出，大大小小事情都交付皇太子杨广处理。

"独孤误我!"

隋文帝的四子、蜀王杨秀,容貌奇特,有气魄,喜好武艺。文帝曾经多次对独孤皇后说:"杨秀肯定会不得好死,我活着他还不会出什么问题,要是他兄弟当政,他一定会造反。"

果然,听说太子杨勇被废黜,晋王杨广被立为太子,杨秀就愤愤不平,打算找个机会对付杨广。杨广听到风声,觉得弟弟杨秀终归是个祸患,就暗地让杨素搜罗杨秀的罪状,试图陷害他。

偏巧,身为益州总管的杨秀在蜀地这些年,干了好多违反规定的事情,比如他的车马被服都以皇帝的标准制作,还抓山中的獠人充作宦官。于是文帝下诏,要杨秀进京,好好接受审问。

杨秀知道进京准没好事,就以生病为由拖着不动身。总管司马源师劝他不要违抗圣旨。杨秀脸一板,斥责道:"这是我杨家的家事,跟你有什么相干!"

源师流着泪说:"皇上诏命下达已经很久了,您却一直拖着不肯去,朝廷肯定会对您有所猜疑。假如圣上震怒之下,又派来使者,大王您怎么解释呢?希望大王三思!"杨秀不听。

果然,不久朝廷怕杨秀生变,干脆任命原州总管独孤楷为益州总管前来代替他。独孤楷到了益州,杨秀还是不肯动身。独孤楷开导了许久,杨秀才上路。才走了四十余里,杨秀就后悔了,打算返回袭击独孤楷,后来探知独孤楷有所准备,他才作罢。

三个月后,杨秀到了长安,文帝不和他说话,第二天派了个使者严厉责备他:"秦王杨俊浪费财物,朕用父道教训他;现在杨秀残害百姓,我应该用为君之道制裁他。"于是把杨秀交给执法官员。

有个叫庆整的大臣就劝文帝:"现在,庶人杨勇已被废黜,秦王杨俊也死了①,陛下剩下的儿子不多了,何必这样呢?蜀王杨秀性格刚直,如果您对他太严厉了,恐怕……"

文帝勃然大怒,叫道:"让你多管闲事!来人呀,割掉庆整的舌头!"群臣苦苦求情,文帝才赦免了庆整,命令杨素等人审问杨秀。

太子杨广暗中命人制作偶人,偶人手脚被捆,铁钉穿心,上面写着文帝和汉王杨谅的姓名,以及乞求西岳②慈父圣母收去他们魂魄的话,秘密埋在华山下。

随后,杨素假模假样让人挖出偶人,诬陷杨秀用巫蛊术诅咒文帝:"杨秀把偶人埋在离京城不远的华山,称京城有妖异现象,连檄文都写好了,说什么指日就可以问罪,还制造蜀地的祥瑞征兆,妄图欺骗天下人。"

文帝气得发抖:"天底下哪有这样的人!"于是将杨秀贬为庶人,幽禁起来,不许他与妻儿见面。杨秀上表谢罪,请求能和爱子见上一面。文帝怒气冲冲地说:"你诅咒的杨坚、杨谅又是你的什么亲人!"

杨秀被囚禁后,太子杨广总算长舒了一口气,而实际操作者——杨素的权势越发显赫起来,朝臣中有不听话的,就被处死,甚至灭族,巴结奉迎他的,即使没有才能,也必定加官晋爵。渐渐地,朝廷内外的人多数屈服于杨素的威势,敢与他对抗的,只有大理卿梁毗等几人。

---

① 杨俊被召回京城后,既羞愧又恐惧,最终病重而死。
② 即华山,为"五岳"之一。"五岳"指中国的五大名山,即东岳泰山(在今山东泰安市北)、南岳衡山(在今湖南衡山县西北)、西岳华山(在今陕西华阴市南)、北岳恒山(在今河北曲阳县西北)、中岳嵩山(在今河南登封市北)。

梁毗担忧杨素专擅权柄，危害朝廷，就给文帝上了一封密奏，希望削弱杨素的权势，以免酿成大祸。奏表送上去，文帝勃然大怒，让人把梁毗抓了起来，他要亲自审问。

梁毗恳切地说："杨素仗着陛下的宠幸，专横一时，朝廷内外都是他的朋党。还有，当初太子杨勇、蜀王杨秀获罪被废黜的时候，满朝文武个个震惊惶恐，只有杨素看上去眉飞色舞。"文帝听了，默然无语，就放了他。

从此，文帝对杨素起了戒心，开始疏远他，下诏说："左仆射是国家重臣，怎么可以将精力浪费在处理那些琐碎小事上呢？只需要三五天到官署一次，讨论讨论国家大事就好了。"表面上是尊崇、优待杨素，实则一点点儿地剥夺他的权力。

杨素是何等精明之人，哪会不清楚文帝的用意，但他只能默默地等待机会，等待杨广登基，自己就可以翻盘。

仁寿四年（公元604年），文帝打算去仁寿宫①避暑。出发前，有个叫章仇太翼的术士极力劝他不要去。文帝不听，章仇太翼就说："这次去了，陛下恐怕回不来了！"文帝勃然大怒，把他关进监狱，准备回来再杀。

文帝驾临仁寿宫后，就下诏凡涉及赏赐、财政支出，事无巨细，统统交给太子杨广处理。然而，没多久他就开始感到身体不适，几个月后就病重不起。文帝这才相信章仇太翼的话，就命人把他放了，并下诏让杨素、兵部尚书②柳述、黄门侍郎元岩、太子杨广到仁寿宫来侍疾。

看着病入膏肓的父皇，杨广表面上装出悲伤的样子，心中却暗暗高兴："老头子占着皇位这么久了，如今终于要放手了，我得提前

---

① 距离长安三百里，是隋文帝杨坚的避暑离宫。
② 尚书省下设兵部的长官，掌管军事事务。

做好准备。"于是，他给杨素写了封信，询问登基事宜。

杨素在回信中拟了十几条皇帝驾崩后应注意和处理的事项。不知是杨素没交代清楚，还是送信的人昏了头，这封回信没送到太子杨广手中，却落入病榻上的文帝之手。文帝看后又气又怒，他没想到一向孝顺恭谨的太子竟然一门心思想着登基的事，而自己最宠幸的大臣杨素显然早就是太子的人。文帝似乎意识到自己做错了什么，一时急怒攻心，猛咳不止。

宫人们见势不好，吓得赶紧去找陈夫人。陈夫人是独孤皇后去世后文帝最宠爱的妃子。不一会儿，陈夫人来了。文帝看到她，心情稍微平复了些，但很快发现她脸色不对，就关切地问："你的脸色有点儿差，是不是这段时间照顾朕累着了？"

陈夫人欲言又止，最后轻轻地说："陛下多心了，臣妾很好。"文帝看出她没有说实话，便又问了一遍。

陈夫人一下子泪如雨下，抽噎着说道："刚刚臣妾更衣时，太子突然闯进来，调戏臣妾……"

文帝只觉胸口一闷，一口鲜血吐了出来，他愤怒地拍打着床沿："这样的畜生，怎么能把国家交给他？独孤误我啊！独孤误我啊！"可是，怨也好恨也罢，独孤皇后都听不到了。

文帝喘着粗气，吩咐道："快，召柳述、元岩前来见朕！"

柳述、元岩二人很快应召前来，文帝立刻命令他俩："快去把朕的儿子找来！"二人下意识准备去叫杨广。

文帝怒道："不是那个畜生，是朕的大儿子杨勇，快去把他接到仁寿宫来！"

在这节骨眼上要找杨勇，摆明了想让他复位！柳、元二人不敢怠慢，一出文帝的寝宫，立刻起草敕书，前往长安召杨勇前来。

杨素见文帝只召柳述、元岩前去，就直觉有什么事发生，所以他密切注意着柳、元二人的动静。当他得知文帝要召废太子杨勇前来时，惊出了一身冷汗，他凭着多年的政治经验，预感到文帝会有大动作，而这个动作显然对太子杨广不利，自己跟杨广是一条绳上的蚂蚱，杨广出事，自己也跟着完蛋。于是，他顾不得避嫌，立刻亲自去找太子杨广，告知此事。

杨广一听，暗道不好，便把自己调戏陈夫人的事告诉了杨素："是我太忘形了，一时鲁莽闯下大祸。父皇一定是想废掉我，重立杨勇为太子。"

杨素不愧是官场老手，他冷静地说道："如果只是这件事，皇上顶多把太子叫过去，责骂一顿，不至于要废掉太子。难道还有别的什么事？哦，对了，我给太子的回信，太子收到了吗？"

杨广摇头说："没有啊，我一直在等你的回信。"

杨素大叫一声："不好！"

杨广吓一跳，忙问："怎么了？"

杨素叹了口气："我一早就派人送出了回信……"

杨广"啊"了一声，颤声道："你的意思是，你的回信落在父皇的手里了？"

杨素神情黯然："很有可能。两件事凑到一起，皇上雷霆震怒……"

杨广已经六神无主，连声问道："怎么办？怎么办？"

杨素眼睛一眯，冷笑道："办法倒有一个，就怕太子下不了手……"

杨广一听，杀气顿起："我明白你的意思，坐以待毙不如先下手为强……"

杨广立刻找来心腹宇文述，命他火速追赶柳述、元岩。宇文述带着随从策马疾驰，在半道上截住二人，将诏书带回。看到诏书，杨广松了口气，暗自庆幸自己动作快，迟一步就万事皆休。接着，他迅速调来自己东宫的卫士，严守仁寿宫的每一道宫门，禁止任何人出入。

一切安排妥当后，他派另一个心腹张衡前往文帝的寝宫"侍疾"。张衡一进入文帝的寝宫，便找了个理由，将所有人赶到别的房间去了。没过多久，从文帝寝宫内传来呵斥怒骂的声音，紧接着是踢蹬床榻的声响，之后又悄无声息。

"皇上驾崩了！"张衡带着哭腔的一声喊打破了死一样的沉寂。很快，太子杨广一脸悲痛地出现在众人面前。

陈夫人与宫人们听说发生了变故，个个面面相觑，吓得脸色都变了。到黄昏时，太子杨广派使者送来一个小金盒，是赐给陈夫人的。

陈夫人十分惊恐，以为是毒药，不敢打开。使者催她，她才打开，只见里面有几枚同心结。宫人们都很高兴，互相说："这下好了，我们不会死了！"陈夫人却很生气，坐着不动，不肯致谢。众宫人为了活命，一起逼迫陈夫人，她才无奈地站起身来，向使者拜谢，接受了小金盒。当晚，太子杨广就在陈夫人那儿留宿。

过了几天，为文帝发完丧后，太子杨广如愿以偿地在仁寿宫即皇帝位，他就是历史上著名的暴君——隋炀（yáng）帝。他做的第一件事便是派人假传文帝的遗诏，前往长安将废太子杨勇赐死。

成语学习①

事 无 巨 细

事情不分大小。形容什么事都管。

造　句：只要涉及工作，事无巨细，他 都要亲自过问。	
近义词：事无大小、事必躬亲	

---

① 这个故事的原文里还有成语"汗马之劳"（指征战的劳苦，也指战功）、"严霜夏零"（由于受寒霜摧残，夏季的草木都凋零了。比喻无道的君王恣意暴虐）、"令行禁止"（下令行动就立即行动，下令停止就立即停止。形容法令严正，执行认真）。

〖 便宜从事 〗

《资治通鉴·隋纪四》

汉王谅有宠于高祖，为并州总管，自山以东，至于沧海，南距黄河，五十二州皆隶焉；特许以便宜从事，不拘律令。

译　文

汉王杨谅受到文帝的宠爱，他是并州总管，崤山以东到沧海，南至黄河，五十二州都隶属于并州。杨谅得到文帝特许，可以根据形势，酌情处理事情，不必拘泥于法律条文。

"抓你就像抓小鸡"

五个儿子中，隋文帝最疼小儿子、汉王杨谅。打一出生，杨谅就备受父母的宠爱，秦王杨俊出事后，他被任命为并州总管，西至崤山，东至大海，南至黄河，北至边界，都受他管，也就是说原来北齐的领土全成了他的地盘。文帝还特许他便宜从事，不受法律约束。

杨勇被废去太子之位后，杨谅一直闷闷不乐。等到杨秀也被贬为平民后，杨谅更加恐惧，所谓兔死狐悲，他担心有一天自己也会遭遇不测，就找了个借口，对文帝说："现在突厥正处于强盛时期，应该修整军备。"文帝很高兴，以为他一心为国，便同意了。于是，杨谅大规模地征发工匠，修造武器，又招募亡命之徒，大力培养心腹门客。

没承想，突厥人真的来进犯了，文帝就派杨谅率军抵御。可杨谅哪是突厥人的对手，很快就被打败，他属下的将领因罪被解职除名的达八十多人，都被流放到边远地区。杨谅因为这些人是他培养起来的得力干将，就请求文帝留下他们。

这下，文帝彻底看穿了小儿子的心思，发怒说："你作为藩王，只应恭敬地遵从朝廷的命令，怎么可以因为私人感情，置国家的法令于不顾？你这小子，一旦没了我，要想轻举妄动，人家抓你就像抓笼子里的小鸡一样，要那么多心腹有什么用呢？"

杨谅被训斥了一通后，并没有收敛，经常与王颎（kuǐ）、萧摩诃等心腹密谋。王颎是南梁名将王僧辩的儿子，为人洒脱，很有谋略，是杨谅的谘议参军。萧摩诃则是陈国降将。两个人都不得志，常常牢骚满腹，所以一个劲儿鼓动杨谅谋反。

这天，杨谅正在府中处理公务，突然传来一声"圣旨驾到"，他赶紧扔下手里的文书，三步并作两步跑出去跪接。

"皇上有旨，宣汉王杨谅进京面圣，即刻动身，不得耽误。"使者念完，将诏书递给杨谅。

杨谅恭敬地接过诏书，口中答道："儿臣领旨。"说完看了一眼诏书。不看不要紧，这一看之后，他脸色大变，暗道不好。

原来，疼爱小儿子的文帝和杨谅有一个秘密约定："要是朕召你，诏书上的敕字旁就会多一点，否则就是伪诏，你千万不可应召。"

杨谅刚刚那一眼，看的就是那个敕字，旁边并没有一点，他马上意识到出事了。

"我父皇身体好吗？饮食起居可有大碍？"他假装不经意地问来人。果然，来人闪烁其词，神态扭捏。

杨谅不动声色，把来人打发回京城后，他立刻召来几个亲信，让他们即刻进京，打探消息。不久，他们回来报告说，文帝已经驾崩，太子杨广登基即位。

杨谅一听父皇驾崩，顿时泪如雨下，跪在地上，久久不愿起身。

"朝廷内外都在传皇上死得不明不白……"一个亲信说道。

"啊？如何不明不白？快说！"杨谅急问。

"很多人怀疑是太子杨广和尚书左仆射杨素合谋害死了皇上。"

杨谅忽地站起身，双目圆睁，咬牙切齿道："之前我就怀疑大哥和四哥是二哥陷害的，如今他竟然对父皇下毒手……手足、父子他都可以不顾，这样的人怎么配做我的君主？"于是决定起兵造反。

总管司马皇甫诞反对，他流着泪说："以大王的兵力，绝对不是朝廷的对手，加上君臣的地位已定，我们起兵就是叛逆，一旦失败，大王恐怕想做个平民都不可能了。"

杨谅恨恨地说："杨广伪造父皇的玺书，召我进京，是想杀我，我没去，他必定不会放过我，我不能坐以待毙！况且并州是天下精兵的聚集地，我也有所准备，谁胜谁负，还不知道呢！"

王頍向杨谅建议："大王属下的不少将领官吏，其家属都在关西，要是用这些人，就应该长驱直入，直捣京师。如果只打算占领昔日北齐的地盘，割据一方，那么就要重用关东的将士。"

杨谅犹豫不决，不知怎样最好，于是两条计策并用。他本以为只要自己振臂一呼，他所统辖的五十二个州都会响应，没想到最后跟着他造反的只有十九个州。

然而，箭在弦上不得不发，杨谅决定拼个鱼死网破。部将裴文安主动请缨："我请求担任前锋，率领精锐部队闯过蒲津关，直捣京师。大王率领大军随后，以迅雷不及掩耳之势屯兵霸上。京师震动，没有时间调集军队，十天之内，大事可定。"杨谅大喜，立刻调度人马，兵分五路，四路攻取各地，一路由裴文安、纥单贵、王聃率领，直指京师。

一开始杨谅军队的势头十分迅猛，攻城略地，所向披靡。在攻取蒲津关所在的蒲州时，几百名精锐骑兵戴着妇人的面罩，诈称是杨谅的宫女返回京城，骗过守城的卫兵，得以进入蒲州，杀了蒲州守军一个措手不及。

然而，就在裴文安等人率领精锐部队距离蒲津关只有一百余里时，杨谅忽然改变计划，要求纥单贵拆断河桥，据守蒲州，并将裴文安召回。显然，杨谅的想法已经从一开始的直捣京师、全面作战，变成了割据自守、称霸一方。

接到命令的裴文安只好撤军，他叹息道："出兵作战必须行动迅速、攻其不备，在这样关键的时刻将我召回，给了敌人喘息的机会。唉，大势已去！"

果然，隋炀帝接到前线的军情奏报后，立刻调兵遣将，派杨素督领大军讨伐杨谅。杨素带兵打仗很有一套，他先是率领五千轻骑袭击蒲州，渡河时，船内铺了许多草，士兵们口中衔枚，悄无声息。结果，杨谅的军队没有防备，被打得七零八落，纥单贵逃走，王聃吓得献城投降。

杨谅命将领赵子开率领十万人马用栅栏堵塞山径小路，在高壁岭上屯兵据守。杨素让手下将领率兵对阵，他自己则带了一支精兵潜入山中，沿着悬崖深谷前进，出其不意地来到对方的北面营地，鸣鼓纵火。赵子开的军队不知所措，混乱中自相践踏，死伤了几万人。

杨谅听说后，大为恐惧，只好亲自上阵，率领近十万人在蒿泽①抵抗杨素。就在两军即将开战之际，突然天降大雨，杨谅便打算退守清源。王頍劝他不要撤退："杨素孤军深入，已经人困马乏，大王亲自率领精兵进攻，一定能将他打败。现在撤退，我们的士气必受影响，而敌军一定以为我们怯懦，必然士气高涨。"杨谅不听。

王頍意识到败局已定，便对他儿子说："情况很不妙，我军必败，你可要跟着我。"果然，杨谅的将士无心应战，纷纷逃跑，连萧摩诃也被杨素活捉。杨谅只好率领余下人马退守晋阳。杨素步步紧逼，包围了晋阳。杨谅束手无策，只好投降。

王頍想投奔突厥，结果走到山中，道路断绝，他知道自己跑不掉了，就交代他儿子说："我的韬略不亚于杨素，只因建议不被采

---

① 在今山西祁县西南、介休市东北。

纳，才走到这步田地。我不能被他们活捉，否则就成全了杨素那小子的名声。我死后，你千万不要去亲朋故友家。"说完就自杀了。结果，他儿子没听他的话，饿了几天实在受不了了，就跑到熟人家要吃的，最后被人抓住。

杨谅被押送到京城，群臣纷纷上奏，请求处死他。炀帝故作仁慈，说："这样我就没有亲弟弟了，我不忍心杀他。"于是将杨谅从宗室里除名，贬为平民。不过，杨谅最后还是被幽禁而死，受牵连被处死和流放的官民有二十多万家。

当初，文帝曾经骄傲地对群臣说："前代的皇帝往往宠爱姬妾，从而导致嫡子和庶子之间的争斗，有的因此而亡国。朕和皇后互敬互爱，没有别的姬妾，五个儿子是一母所生，是真正的骨肉手足。所以，朕从来没有这方面的忧虑。"又鉴于北周皇室诸王的力量太弱，他让几个儿子分别据守军事重镇，让他们都能独当一面。

没想到，到了文帝晚年，父子兄弟互相猜疑，上演了一幕幕骨肉相残的悲剧。原因是，文帝只知道嫡庶之分容易导致纷争，皇室力量微弱容易失去江山，却不懂得当诸侯王与皇帝势均力敌时，哪怕是一母所生的至亲骨肉，在权力面前，也不免相互倾轧（yà）和争斗。

成语学习①

便 宜 从 事

指可斟酌情势，不拘规制条文，不须请示，自行处理。

造　句：	"这次去海南，你便宜从事，
	尽快解决问题！"他叮嘱道。
近义词：	见机行事

---

① 这个故事的原文里还有成语"迅雷不及掩耳"（突然响起雷声，使人来不及掩耳。比喻事情或动作来得突然，使人来不及防备）、"长驱深入"（形容进军迅猛，不可阻挡）、"拂衣而去"（形容很生气，一甩袖子就走了）。

〖 吊民伐罪 〗

《资治通鉴·隋纪五》

今者吊民伐罪，非为功名。诸将或不识朕意，欲轻兵掩袭，孤军独斗，立一身之名以邀勋赏，非大军行法。

译 文

今天我们出征，是慰问受苦的人民，讨伐有罪的统治者，不是为了功名。诸将若是有人不理解朕的意图，想率领轻装部队搞突然袭击，孤军深入单打独斗，建立自身的功名以邀赏请封，这不符合大军征行之法。

隋炀帝三征粪土臣

当初，周武王灭掉商朝，纣王的叔父箕子不愿做周朝的臣子，便带领族人东走朝鲜，在那里建立政权，史称箕子王朝。战国时期，燕国曾经占领朝鲜，并设置官吏，修筑边防要塞。秦灭燕后，这一带成为辽东郡的外部边界。西汉初年，该地属燕国管辖。燕王卢绾谋反，逃入匈奴，其部将卫满率领千余人进入朝鲜，自立为王。到汉惠帝、吕后时期，辽东太守与卫满约定：卫满作为汉朝的外臣，保护汉朝边塞不被蛮夷部族侵扰；蛮夷部族首领想到汉朝晋见天子，卫满不得禁止。因此，卫满得以利用汉朝天威降服周围弱小部族，使其统治地域扩大到方圆数千里。王位传到卫满的孙子卫右渠时，卫氏朝鲜招降的汉朝逃亡之人越来越多，而卫右渠又从未到长安朝见过汉朝天子，他还阻挠朝鲜半岛南部的辰国国君前去晋见，并杀了汉朝派去劝说的使者。汉武帝有感于卫氏朝鲜对汉朝的威胁越来越大，于元封二年（公元前 109 年）发兵征讨，灭掉卫氏朝鲜，设置乐浪、临屯、玄菟、真番四郡。建昭二年（公元前 37 年），夫馀人高朱蒙在玄菟郡建立高句丽国，建都纥升骨城①，后迁都国内城②。东汉末年到魏晋时期，因遭公孙氏、毌丘俭、慕容皝等多次打击，高句丽的势力范围逐渐缩小，后又复兴，迁都平壤。南北朝时，高句丽一直与中原北朝各王朝通使往来，奉表进贡方物，接受册

---

① 今辽宁桓仁五女山城。
② 今吉林集安。

封。北齐乾明元年（公元 560 年），被封为高丽王，自此高句丽也称高丽。

高丽虽然向中原王朝称臣，却趁着中原地区连年征战，不断壮大势力，还悄悄地联合突厥、契丹等少数民族部落，妄图染指中原。杨坚建立隋朝后，高丽继续采取阳奉阴违的政策，表面称臣，却时不时侵扰隋朝边境。等到南陈被隋朝消灭，高丽国王高汤开始害怕起来，便加紧操练兵马，筹备粮草，防备隋朝军队打过来。

隋文帝听说后，就给高汤下发了一封国书，责备他说："你名义上是隋朝的藩属国，却没有臣子应有的忠诚。你别以为朕不知道你背地里干的那些事！你觉得你们辽河的宽广比起长江来怎么样？高丽的兵民比陈朝又如何？如果朕不是存有包容之心，只需随便派一位将帅率军前去问罪，根本用不着跟你多费口舌！之所以现在苦口婆心地劝导你，是希望你悔过自新。只要你痛改前非，遵守我朝的法令制度，就是朕的良臣。"

高汤收到文书后，吓得半死，准备向文帝谢罪，可他还没来得及上表，就得病去世了。他的儿子高元才继位几个月，就率部侵扰隋朝的辽西地区。文帝非常愤怒，下诏废黜高元的官爵，任命汉王杨谅为行军元帅，尚书左仆射高颎为元帅府长史，率领三十万大军，水陆并进，征伐高丽。

不料，天公不作美，陆军从临渝关出塞后，碰上连日大雨，道路泥泞，后方粮草不能及时供应，军中又流行起瘟疫，而水军途中也碰上大风浪，船只多被吹散沉没。隋军被迫还师，士兵死了十之八九。

高元也见好就收，派使节向隋朝廷谢罪认错，上表称自己是"辽东粪土臣子高元"。文帝见高元服软，自己好歹挽回了一点儿面子，于是下令罢兵。就这样，两国维持着时而紧张、时而和平的关系，一直到隋炀帝杨广继承皇位。

大业三年（公元607年），每年都要外出巡游的炀帝为了显示中国的强盛，决定巡视北塞，便来到已经归顺隋朝的东突厥启民可汗的地界上。

启民可汗也就是沙钵略可汗的侄子染干。沙钵略可汗死后，传位给弟弟突利设，即莫何可汗。不久，莫何可汗去世，东突厥人拥立沙钵略可汗的儿子为都蓝可汗，隋朝则支持他的侄子染干。都蓝可汗很生气，就与西突厥联合起来对抗隋朝，并击败染干。染干逃往长安，被文帝封为启民可汗。后来，都蓝可汗被部下杀死，东突厥暴发内乱，西突厥的达头可汗趁机统一东、西突厥。文帝为了消除西突厥的威胁，派杨素击溃达头可汗，又设计分化西突厥的各个部落，让他们归附启民可汗。从此，达头可汗不知所终，启民可汗则死心塌地效忠隋朝。

隋炀帝的到来，让启民可汗受宠若惊，他亲自除草，领着族人开辟出一条长三千里、宽一百步的御道，以迎接炀帝。偏偏这时高丽也派使者前来，启民可汗不敢隐瞒，就报告了炀帝。

炀帝很不高兴，心想："高丽使者不曾到我天朝来出使，却跑到突厥来表示诚意，这是什么意思？是不满我的统治吗？"

黄门侍郎裴矩看出了炀帝的恼怒，就说："高丽本是箕子的封地①，汉、晋时是中国的郡县，如今却不称臣，成了一个国家。先帝生前征伐高丽，却由于杨谅不成器，以致无功而返。如今陛下君临天下，怎么能不让它归化中国呢？"

炀帝便召见高丽使者，对他说："朕因为启民可汗诚心地尊奉中国，所以亲自来到他的营帐。你回去告诉高丽王，如果他懂得朕的

---

① 后来周武王正式将朝鲜封给箕子，箕子也曾从朝鲜回到国都觐见周武王，路过殷商都城废墟时，箕子悲从中来，作了《麦秀》一诗抒发亡国之痛："麦秀渐渐兮，禾黍油油。彼狡僮兮，不与我好兮！"

养育之恩，早日来朝见，朕会像对待启民一样对待你们。否则，朕将率领启民去巡视你们的国土！"

高元虽然很害怕，但并没有来朝见。炀帝很生气，开始计划讨伐高丽，他下诏在山东设置机构，专门负责养马，供应军队使用，又征发了六十多万民夫运米，储存在泸河^①、怀远^②二镇，作为军粮。由于运粮的道难走，且路途遥远，车上的三石米还不够车夫路上吃的，所以很多人走到半路就逃了。

而农民被征去服劳役，没人种地，导致田地荒芜，谷价飞涨，东北边境地区尤其突出，一斗米要几百钱。地方官吏不但不体恤百姓，反而更加贪狠暴虐，百姓力气用完了，又没得吃，安分守己只能等死，为了活命，很多人只好聚众做强盗。

大业七年（公元 611 年）二月，炀帝不顾百姓疾苦，正式下达讨伐高丽的诏书，命令幽州总管负责建造三百艘战船，并派官吏督促工程。工匠们日夜站立在水中，腰部以下生了蛆，都不敢停下来休息。四月，炀帝下诏征发全国兵卒，无论远近，都在涿郡^③集合，再加上运载兵器铠甲和攻城器械的民夫，一时间人群川流不息，像河水一样拥向涿郡。很多人病死、累死在半路，尸体多得堆叠在一起，散发出难闻的气味。

第二年正月，全国各地的军队都汇集在涿郡，炀帝亲自指挥，将号称两百万的大军分成左右二十四军，第一军最先出发，以后每天出发一军，前后相距四十里，经过四十天才出发完毕。各军首尾相接，旌旗相连，绵延九百六十里。

三月，隋军抵达辽水，在西岸建造了三座浮桥，各军依次进发，与高丽军大战于东岸。高丽军大败，隋军乘胜进击，包围了辽

①② 均在今辽宁。
③ 治所在今北京城西南隅。

东城①。

就在诸将准备发力攻城时，炀帝告诫说："今天我们讨伐高丽，是吊民伐罪，不是为了功名。你们进军应当分为三路，互相配合，不许贸然独进。还有，凡是军事上的进止，都必须奏报，等待命令，不许擅自行事。"

高丽军几次出战不利，于是闭城固守。炀帝又命令诸将，若高丽人请求投降，要立即安抚接纳，不得再进攻。

高丽人眼见辽东城就要沦陷了，就声称要投降。隋军将领立即停止攻城，派人奏报炀帝，等到炀帝的答复回来，城内的防守已经巩固好了，高丽人又不愿投降了。如此几次，辽东城始终没能攻下来。

炀帝大怒，斥责诸将："今天你们怕死，不肯尽力，以为朕不能杀你们吗？"众人吓得脸色都变了。

然而，在高丽人的拼死抵抗下，隋军始终无法更进一步，反而吃了很多败仗，损兵折将。炀帝无奈，只好撤军。

这次征讨高丽的行动，隋军仅在辽水西攻克了高丽的武厉逻②，在此设置辽东郡和通定镇而已。

大业九年（公元613年），炀帝不顾国内到处都有百姓造反，又商议攻打高丽："高丽这个小贼，竟敢侮慢我大隋上国，以我们的国力，就是移山填海，都可以办到，何况这个小贼呢！"

有个大臣劝道："戎狄之国无礼，是臣子应该处理的事情，千钧之弩，不会为小老鼠而发射，陛下何必亲自征讨这样的小小敌寇呢？"

炀帝不听，坚持亲征，这次他接受教训，给了将领们更大的自由度。进攻辽东城时，隋军使用飞楼、云梯、地道，从四面昼夜不停地进攻，但因为高丽守军随机应变，隋军攻了二十多天也没攻下。

---

① 在今辽宁辽阳市。
② 在今辽宁新民市东北。

炀帝于是让人制作了一百多万个布袋，里面装满土，然后用布袋堆成一条宽三十步、与城墙同等高、像鱼脊梁一样的坡道，让士兵们登上去攻城。接着，炀帝又命人制作了比城墙还高的八轮楼车，安置在坡道两旁，士兵们居高临下，向城内放箭。

眼看辽东城就要攻陷，偏偏这时，国内传来礼部尚书[①]杨玄感谋反的消息，炀帝大为惊恐，半夜秘密召集诸将，让他们率军撤退。由于部署不到位，隋军人心惶惶，撤退时兵马涣散，所有的军用物资、武器装备、攻城器械都扔了。

高丽人很快就觉察到了，但不敢出去，只是在城内击鼓呐喊。第二天中午，他们派兵出城侦察，仍然怀疑隋军是假撤退，过了两天，才出动几千名士兵在隋军后面追踪，但畏惧隋军人多，不敢逼近。快到辽水时，他们得知炀帝的车驾已经过河，这才敢发动袭击，杀死了几千名老弱隋兵。炀帝的第二次出征高丽，因为国内的叛乱，就这样不了了之。

又过了一年，即大业十年（公元614年），炀帝镇压了杨玄感的造反，又打算出征高丽。他命文武百官商议此事，一连几天，都没有人敢说话。过了十几天，炀帝再次征发全国军队，分百路并进。

历经隋朝的两次讨伐，此时的高丽国已经困顿疲惫，隋军一路凯歌，打得高丽军没有还手之力，尤其右骁卫大将军来护儿更是直逼平壤。高丽王高元十分恐惧，派使者来求降。

炀帝非常高兴，派人召来护儿返回。来护儿不肯奉诏，他召集部下说："前两次出征，都没能平定高丽，我感到耻辱。这次高丽明显没有战斗力，以我们这么多兵力进攻，用不了几天就能取胜。俘虏高元，胜利而归，不是很好吗？"于是上表请求继续攻打高丽。

---

① 中央行政机构六部之一——礼部的最高行政长官，掌礼仪、祭祀、宴享及学校政令等。

长史崔君肃坚决反对，但来护儿坚持说："高丽已经支持不住了。将在外，君命有所不受，我宁可因为俘获高元受到责罚，也不愿放弃这次成功的机会！"

崔君肃见无法说服来护儿，便对诸将说："如果违抗皇帝的诏命，一定会被人参奏，到时候我们都会获罪。"诸将恐惧，都要求返回。来护儿无奈，只好班师回朝。

炀帝回到京城，征召高元入朝觐见，但高元竟然还是不来。炀帝大怒，又命令将帅们准备行装，打算再次大举进攻，但最终没能成行。

隋炀帝不恤国力，三次动用大军，征讨高丽都无功而返，把殷实的家底耗费一空，百姓怨声载道，不断造反，埋下了隋朝覆亡的祸根。

吊民伐罪

慰问受苦的人民，讨伐有罪的统治者。

造　句：	吊民伐罪，救民于水火之中的战争，是正义的。
近义词：	锄强扶弱、除暴安良

① 这个故事的原文里还有成语"心腹之疾"（指体内致命的疾病。比喻严重的隐患）、"疥癣（jiè xuǎn）之疾"（疥、癣：轻度的皮肤病。比喻无关紧要的小毛病）。

〖 倒悬之急 〗

《资治通鉴·隋纪六》

我身为上柱国，家累巨万金，至于富贵，无所求也。今不顾灭族者，但为天下解倒悬之急耳！

译 文

我身为上柱国，累积的家资巨万，我对于富贵无所求，现在冒着灭族的风险，只是要拯救天下的百姓于水火之中啊！

"官二代"造反

　　杨素认为隋炀帝能坐上皇帝的宝座，自己功劳最大，便渐渐骄横起来，经常做出违背君臣礼节的举动来。炀帝表面上尊崇杨素，拜他为司徒，赏给他京城上等的住宅和无数的珍宝，但实际上却很不满他的做法。

　　太史官说隋的分野①预示有大丧，炀帝便改封杨素为楚公，目的是让楚与隋同在一分野内，借杨素来抵挡遭丧的晦气。后来杨素果然生病，炀帝聘请天下名医给他医治，暗地里却常常向医生打听他的病情，生怕他不死。

　　杨素知道自己的名分和地位已经到了极致，也知道炀帝对自己的态度，就不肯吃药，并对他弟弟杨约说："我再活下去有什么意思呢？"不久就去世了。

　　炀帝追赠杨素为太尉公、弘农等十郡太守的官衔，又给他举办了隆重的葬礼，但转身就对亲近的侍臣说："杨素如果不死，最终也会被诛灭九族。"

　　杨素的儿子杨玄感很清楚这一点，知道炀帝对累世显贵的杨家颇为猜忌，所以常常感到不安，加之朝政日益混乱，于是就和他的几个弟弟暗地里策划谋反。

　　当时炀帝准备大举征伐高丽，杨玄感便主动请缨，说："我杨家

---

① 古代占星术认为，地上各邦国和天上的区域相对应，在该天区发生的天象预兆着各对应地方的吉凶。

世世代代蒙受国恩，我愿随军征伐高丽。"

炀帝以为杨玄感是为国分忧，高兴地说："哎呀，将门必出将，相门必出相，果然不假。"于是开始宠幸杨玄感，经常让他参与朝政。

第二次征伐高丽时，炀帝让杨玄感在黎阳①督运军资。杨玄感故意拖延，不按时发运，想让渡过辽河的各路隋军缺乏粮草。

炀帝派人催促，杨玄感便以水路有很多盗贼为由搪塞，暗地里却以运粮的名义将各郡县官吏中有才干的人召集在一起，并大肆征集男丁，又从运粮的民夫中挑选了五千名身强力壮的人，然后宰杀三牲②，与大家盟誓。

他对这些人说："皇帝无道，不体恤百姓，死在辽东的人数以万计，现在我与你们起兵拯救百姓，怎么样？"大家都高呼"万岁"。

队伍有了，人心也有了，可是缺少一个参谋，杨玄感思来想去，想到了好朋友李密。

李密出身于四世三公的贵族之家，曾祖父李弼是西魏八柱国之一，祖父李曜曾任北周太保，父亲李宽是隋朝的上柱国。受家庭的熏陶，李密从小就志向远大，以拯救苍生为己任。后来，他凭借父荫③进宫当了侍卫。有一天，炀帝看见他，回宫后就问宇文述："刚才左边警卫队里的那个黑脸小子，额头尖尖，眼瞳黑白分明，他是谁？"宇文述回答说："他叫李密，是蒲山公李宽的儿子。"炀帝就说："他长相奇特，朕不喜欢，以后别让他在宫中当值了。"宇文述便让李密称病回家。李密倒也不懊恼，从此闭门苦读，打算成就一番学问。

有一天，李密骑牛去看朋友，他将一摞书挂在牛角上，手里捧

① 治所在今河南浚县东。
② 用于祭祀的牛、羊、猪。
③ 因父辈的官爵而得官职。

着《汉书》在读。这一幕恰好被杨素看到了，认为李密非同一般，就把他叫到家中密谈，并对儿子杨玄感说："李密的见识与气度都不凡，你们都不如他。"从此，杨玄感便与李密结为好友，两人经常在一起谈天说地，讨论国家大事。

"我的首席谋士非李密不可！"想到这儿，杨玄感立即派家奴偷偷前往长安，把李密接到黎阳来。

李密一到，杨玄感就兴奋地对他说："你常常以拯救百姓为己任，现在是时候了！你有什么策略？"

李密也难掩激动之情，朗声说道："现在皇帝正在千里之外攻打高丽，南面是大海，北面则有强大的胡人，中间夹着一条道，其处境实际上相当险恶。您亲自率军北上，占领临渝关①，切断朝廷军的归路，与高丽人形成前后夹击的局面，不出一个月，朝廷军的粮草就会消耗殆尽，到那时他们不是投降就是溃散，您就可以不费吹灰之力生擒皇帝。这是上策。"

杨玄感想了想，问道："还有别的计策吗？"

李密顿了顿，继续说道："关中地区四面都有要塞屏障，是天府之国，您向西进军，经过城池不要攻打，直取长安，只要我们占据了关中之地，就算皇帝打赢了高丽归来，他的根据地也没了，然后我们再慢慢谋划以后的事情，用不了多久自会夺取天下。这是中策。"

杨玄感皱了皱眉头，又问："你的下策是什么？"

李密眨了眨眼睛，接着往下说："派出您军中的精锐士卒，日夜兼程，偷袭东都洛阳②，直接号令天下。不过，如果洛阳防守坚固，三个月还拿不下的话，朝廷各地援军一到，结果会怎么样，我就不知道了。这就是下策，最不可取。"

杨玄感听完，哈哈大笑，说道："你的下策在我看来却是最可取的上策。文武百官的家属全在洛阳，要是先攻取洛阳，他们必然会乱了方寸。而且，经过城池却不攻取，怎能显示我军的威风呢？"

李密还想说什么，杨玄感大手一挥，满不在乎地说："放心吧，就这么干！"

于是，杨玄感率军向洛阳进发，一路上投奔他的人多得就像赶集一样，每天都有上千人到他的军营门口请求效力。很快，杨玄感

① 即山海关，在今河北秦皇岛市东北。因其北倚燕山，南连渤海，明代时改名为山海关。
② 隋炀帝即位后，命人营建洛阳官殿，并将都城迁到洛阳。洛阳在东，为东都，长安在西，为西京。

的军队就发展到十万之众。

此时留守东都洛阳的是炀帝的孙子、越王杨侗，以及辅佐他的民部尚书①樊子盖。他们得到消息，派出几路人马抵抗。

杨玄感出战前都会誓师，说："我身为上柱国将军，家里的资产巨万，可谓富贵至极，现在冒着灭族的风险，只是为了解天下倒悬之急啊！"因此军队士气高涨，把杨侗的几路人马全都打败了。

杨玄感很得意，给樊子盖写了封信，历数炀帝的罪恶，并说："我打算废黜昏君，拥立明君，希望您不要拘泥于无谓的礼法，自找烦恼，还是早早打开城门投降吧。"

樊子盖刚从外地调到东都做京官。一开始，洛阳的很多官吏对他很轻慢，在军事部署方面，也很少向他汇报请示。有个叫裴弘策的将领，之前被杨玄感打败，樊子盖又派他出战，他不肯，樊子盖就把他押出去斩首示众。还有个叫杨汪的，对樊子盖不恭敬，樊子盖也要杀他。杨汪吓得把头都磕出血了，樊子盖才饶他不死。众人这才知道樊子盖的厉害，再也不敢违背他的命令。

樊子盖看了杨玄感的招降信，不但不投降，反而率兵坚守。杨玄感无奈，便动用全部精兵攻城，却始终无法攻克。

这时，炀帝的另一个孙子、代王杨侑（yòu）派刑部尚书②卫文升统兵四万救援洛阳。卫文升到了华阴③，挖了杨素的坟墓，把他的骸骨烧了，向士卒们表明自己必死的决心。杨玄感听说父亲被焚骨扬灰，又惊又怒，率军迎击。卫文升不敌，死伤大半。

这时，有人劝杨玄感赶快称帝。杨玄感征求李密的意见。李密说："从前陈胜打算自己称王，张耳规劝却遭到排斥，曹操谋求魏公爵位，荀彧规劝却被诛杀。如今我打算直言相劝，又怕落得张耳、

---

① 尚书省六部长官之一，掌管财赋、户籍。到唐高宗时，因避太宗（李世民）讳，改为户部。
② 尚书省六部长官之一，掌管刑法。
③ 治所在今陕西华阴市。

荀彧那样的下场，但阿谀奉承又不是我的本意。为什么呢？自从我们起兵以来，虽然胜多败少，但郡县一级的官员却少有响应。东都的防卫力量还很强大，您不奋力作战，反而急于称帝，这是多么狭隘啊！"杨玄感听后笑了，不再提称帝的事。

不久，隋朝的援军从各地陆续赶来。炀帝也从高丽撤军，回来平叛。眼看洛阳一时半会儿攻不下来，有人就向杨玄感建议，放弃洛阳，直入关中。杨玄感便解除了对洛阳的包围，率军向西进逼潼关，沿途还宣称："我已经拿下洛阳了，现在去打潼关！"

弘农 [①] 太守杨智积得到消息，对手下官员说："杨玄感显然是想谋取关中，他的大军马上就要经过我们这儿了，必须设法拖住他，不让他前进，等朝廷援军到了，给他来个前后夹击，不出十日，一定能捉住他。"

不久，杨玄感的大军果然抵达城下。杨智积登上城墙，用各种难听的话大骂杨玄感。杨玄感勃然大怒，加上之前就有人建议他先攻下弘农，说城里积蓄了大量粮食，且防守空虚，于是他下令停止前进，准备攻城。

李密赶忙劝他说："兵贵神速，何况追兵马上就要到了，怎么能在这里停留呢？要是前进不能占据潼关，后退又无地可守，可怎么办呢？"

杨玄感被怒火蒙蔽了理智，完全听不进李密的劝告，执意率军攻城。他命人放火焚烧弘农城的城门，结果杨智积从城内向外放更大的火。杨玄感攻了三天，没能攻下，只好继续率军向西而去。

因为耽误了三天，杨玄感的军队到达阌（wén）乡 [②] 时，朝廷的各路援军追了上来。杨玄感只好摆开战阵，且战且走，最终大败，

---

① 治所在今河南灵宝市。由于地处长安、洛阳之间的黄河南岸，一直是历代军事政治要地。
② 在今河南灵宝市西北。

只带了弟弟杨积善和十几名骑兵逃到了葭芦戍^①。杨玄感知道大势已去，就对弟弟说："我不能忍受别人的侮辱，你杀了我吧！"

杨积善只好拔出刀将杨玄感杀死，然后自杀，但他没死，被追兵抓住了。炀帝恨透了杨玄感，把他的尸首处以车裂之刑，在东都闹市陈尸了三天，最后又将尸首剁碎焚烧。

炀帝还不解恨，咬牙说："杨玄感振臂一呼就有十万人响应，我就知道天下的人不必多，人一多就会聚在一起闹事。若不把这些人杀干净，就无法惩戒后人。"

官吏们于是四处搜捕杨玄感的党羽，处死了三万多人，其中冤死的占大半，流放发配边地的也有六千多人。杨玄感围困东都时曾开仓赈济百姓，凡是接受过粮米的百姓也都被坑杀在东都城南。

李密逃走了，后又被抓住，也要押送到洛阳去。他就和同行的犯人暗中策划，准备半路上逃跑。他们把身上所有的金子送给负责押送的人，说："这些金子都留给您，等我们死了，请您把我们埋葬了。"

押送的人贪图金子，就答应了，并渐渐放松了对李密等人的看守。李密等人又经常托人买来酒食，请看守们吃喝，每次都要吵闹一夜。一天晚上，李密等人把看守们灌醉后，凿穿墙壁逃了。

---

① 在今河南卢氏西。

成语学习 ①

倒 悬 之 急

倒悬，人被倒挂着。比喻处境极端困难。

造　句：解民众倒悬之急是执政党的首要使命。	
近义词：走投无路、山穷水尽	

① 这个故事的原文里还有成语"竭诚尽节"（表现出最大限度的忠诚与节操）、"天府之国"（天府，天生的仓库。原指土地肥沃、物产丰富的地区。后专指四川）。

〖 罄竹难书 〗

《资治通鉴·隋纪七》

密使其幕府移檄郡县，数炀帝十罪，且曰："罄南山之竹，书罪无穷；决东海之波，流恶难尽。"

译 文

李密让他的幕府向各郡县发布檄文，历数炀帝的十大罪状，并说："即使把南山的竹子都做成竹简，也写不完他的罪恶；放开东海的波涛，也洗刷不尽他的罪恶。"

亡命徒当上一把手

李密一路逃亡，累了只能找个隐蔽的山洞歇息，饿了就剥树皮充饥。后来，他来到一个小村子，隐姓埋名，以教书为生。县里的官员听说后有所怀疑，打算抓捕他。李密只得逃走，辗转来到他妹夫家，却又被人告发，官府上门围捕那天，他正好外出了，这才幸免于难。

李密心想，这样东躲西藏终究不是办法，只有投靠义军，才能有容身之所。当时聚众为盗的人很多：齐郡人王薄、平原人郝孝德、勃海人孙宣雅、韦城^①人翟让等。

主意打定后，李密开始往来于各盗匪首领之间，并向他们游说夺取天下的谋略。一开始大家觉得李密在吹牛，不怎么搭理他，但时间长了，就有点儿相信了，议论说："此人是公卿子弟，有这样的志气很正常。现在有传言说杨氏将会灭亡，李氏就要兴起，听说能成就帝业的人命大，这个李密多次死里逃生，难道说的就是他？"于是他们渐渐敬重起李密来。

李密观察各部首领，发现翟让的实力最强，找人仔细一打听，才知道这个翟让不简单。

翟让原本是洛阳的一名小吏，为人骁勇，因为犯了事被投进监狱，依法应当被处死。狱吏黄君汉觉得翟让不是常人，夜里悄悄对

---

① 治所在今河南滑县东南。

他说："人世间的事是可以改变的，哪能在监狱里等死呢？"

翟让一听，又惊又喜："我翟让就像关在圈里的猪，生死全凭您做主。"

黄君汉当即打开翟让身上的枷锁，让他快逃。翟让"扑通"跪在地上，再三拜谢："我蒙受您的再生之恩，幸免一死，但您怎么办呢？"说着流下泪来。

黄君汉见翟让哭哭啼啼的样子，十分生气，说道："我原本以为你是个大丈夫，可以拯救黎民百姓，所以才冒死相救，但你却像小儿女一样哭哭啼啼地感谢我……你就自己想法逃命吧，不要管我了！"

翟让一路东躲西藏，最后逃亡到瓦岗①。瓦岗在古黄河的东南岸，因为黄河多次泛滥，这里土岭起伏，树木丛生，沟河纵横，芦苇遍地。这样的地形环境，可攻可守，翟让便在此地当起了土匪。等到手下的人马稍稍多起来了，翟让又在瓦岗四周，沿地势修筑了方圆二十里的寨墙，很是气派壮观。这就是历史上有名的"瓦岗寨"。

翟让的同乡单雄信，骁勇矫健，擅长骑马使矛，他听说翟让在瓦岗落草为寇，便带着一帮年轻人前去投靠。

还有个叫徐世勣（jì）的，才十七岁，却有勇有谋，也来投奔翟让，并劝他说："我们都是东郡人，乡里乡亲的，实在不方便在这里干土匪的勾当。荥阳、梁郡②是汴水流经的地方，我们去那儿抢劫商船，就可以自给自足了。"

翟让觉得有道理，便率众进入荥阳、梁郡的交界地带，在那里抢掠公私船只、过路商旅。粮草充足了，来投奔的人就越来越多。

---

① 在今河南滑县东南瓦岗寨乡。
② 治所在今河南商丘市南。

李密把翟让的情况打听得一清二楚后，就主动去见翟让，为他出谋划策，游说那些力量小的盗贼。结果，他们都归附了翟让。翟让很高兴，渐渐信任李密，遇到大事总要与他一起商议。

李密趁机劝翟让不要安于做土匪，应该有更大的志向："如今皇上昏暴，百姓怨愤，朝廷的精锐兵力都消耗在征伐高丽上了，这正是刘邦之辈奋起的大好时机。以您的雄才大略，兵马精良，完全可以席卷东西二京，诛灭暴君，取隋而代之。"

突然听到这番话，翟让不禁吓一大跳，推辞说："我们不过是一群土匪，在草丛间偷生而已，您所说的，不是我们这些人能做到的。"

过了些日子，李密再次劝说翟让："百姓饥饿，洛口仓①的粮食却堆积如山，那里离东都洛阳有一百多里，您如果亲自带兵轻装疾行，前去偷袭，他们因为路远来不及救援，我们夺取洛口仓就像从地上捡东西一样容易。我们把粮食发给贫苦的百姓，远近的人就会跑来归附我们。人员得到补充，又有了粮食，我们就可以养精蓄锐，以逸待劳，就算洛阳派军队前来攻打，我们也能让他们有来无回。然后我们再发布檄文，号召四方，招揽天下豪杰，推翻隋朝，岂不是一件壮举？"

翟让犹豫了片刻，然后说道："这是英雄的壮举，恐怕我不能胜任，但我愿意听从您的指挥，竭尽全力与敌人作战。请您领兵先行，我来殿后。"

于是，李密、翟让率领七千精兵从阳城②北出发，抄小路进军，以迅雷不及掩耳之势攻克洛口仓，然后打开粮仓，赈济百姓。一时间，前来取粮的老弱妇孺，在路上川流不息。

---

① 在今河南巩义市东北。因地处洛水入黄河之口而得名。
② 在今河南登封市东南。

偏巧这时隋炀帝跑去江都①游玩了，留守洛阳的越王杨侗闻讯大惊，立即派大将刘长恭等人率领两万五千人马前来讨伐。不少将领以为李密等人就是一群饥饿的偷米贼罢了，容易击破，出征时一副大举荡平贼寇的架势。

刘长恭带着一队人马充当前锋，让河南讨捕大使裴仁基率领其部下从背后偷袭瓦岗军，试图来个前后夹击。

黎明时分，刘长恭的人马到达洛口仓附近，他下令立即对瓦岗军发动进攻。部下提醒他："是不是等裴仁基到了再进攻？而且士兵们还没有吃早饭呢！"

刘长恭不屑一顾地说："一群偷米的小贼而已，随便打几下，他们就会跑得比兔子还快。兵贵神速，打败了贼人再吃早饭吧。"

于是，刘长恭的人马渡过洛水，迅速在石子河②西布阵，数万名官兵南北排开，阵地绵延十余里。

李密、翟让从军队中挑选出骁勇善战之士，分成十队，其中四队伏击裴仁基，其余六队在石子河东与刘长恭对阵。

刘长恭见瓦岗军人不多，大笑道："不出我所料，就是几个小贼，简直吃了豹子胆，区区一点儿人马就敢造反！"他大手一挥，隋军就向瓦岗军杀过来。

翟让率先出阵迎战。一开始双方打得难解难分，后来由于敌众我寡，翟让抵御不住，边战边退。李密见状，立即指挥部下从侧面横冲隋军。隋兵因为急行军跑了一夜，又没吃早饭，渐渐体力不支。刘长恭见势不妙，脱掉战袍，混入溃逃的士兵中，如丧家之犬逃回洛阳。

裴仁基耽误了行程，没能按时赶到，他听说刘长恭已经被打败，

---

① 治所在今江苏扬州。
② 洛水的支流。

不敢再前进，就屯兵在百花谷筑垒自守，但又害怕被朝廷治罪。李密知道他现在进退两难，便派人前去劝降。裴仁基纠结了很久，最终率部向李密投降。消息传开，李密、翟让的瓦岗军威名大振，前来归降的人络绎不绝，如流水一般，队伍迅速发展到几十万人。

翟让看出自己的见识、才能都不如李密，便主动让位，推举李密为盟主，给他上了个"魏公"的尊号。李密也不推让，任命翟让为上柱国、司徒，单雄信为左武侯大将军，徐世勣为右武侯大将军，各自统领自己的部队。

接着，李密向各郡县发布檄文，历数炀帝的十大罪状，并说："罄南山之竹，书罪无穷；决东海之波，流恶难尽。"然后挥师向东都洛阳逼近。

越王杨侗吓坏了，派了一个叫元善达的臣子突围出去，到江都向正在游山玩水的炀帝奏报。元善达见到炀帝，哭着说："李密的百万大军正日夜进逼洛阳。洛阳城内已经没有粮食了，要是陛下迅速返回洛阳，李密的乌合之众必然溃散，否则洛阳一定会陷落。"

炀帝听了脸色都变了，宠臣虞世基却说道："越王年轻，被这些人诳骗，要是真像元善达说的那样危急，他又怎么能顺利来到这里呢？"

炀帝一听，勃然大怒："元善达这小子，竟敢欺骗朕！"于是故意让元善达经过盗匪猖獗的地方到东阳去催运粮食。元善达只能硬着头皮前往，结果就被盗匪截杀了。从此，没有人敢向炀帝报告盗匪的情况了。

而李密、翟让的瓦岗军却马不停蹄地向东进取，攻占了河南的大多数郡县。

罄竹难书

罄，尽；竹，古时用来写字的竹简。形容罪行多得写不完。

造　句：	日本侵略者在中国犯下的罪行罄竹难书，我们一定不能忘记这段历史。
近义词：	罪大恶极、罪恶昭著
反义词：	功德无量、功盖天地

---

① 这个故事的原文里还有成语"雄才大略"（非常杰出的才智和谋略）。

〖 囊中之物 〗

《资治通鉴·隋纪七》

关中豪杰并起，未知所附，公若鼓行而西，抚而有之，如探囊中之物耳。奈何受单使之囚，坐取夷灭乎！

译文

关中豪杰风起造反，但不知归附于谁，您要是大张旗鼓地向西进军，招抚他们并且使他们归附，这就如同伸手拿口袋里的东西一样容易。为什么要受一个使者的监禁，坐等被杀戮呢？

李世民劝父起兵

杨玄感造反时，隋炀帝派卫尉少卿李渊镇守弘化郡[①]，负责调遣关西十三郡的军队。

李渊出身北周关陇[②]贵族家庭，母亲是独孤皇后的姐姐，所以李渊很受隋文帝的宠信，很小就袭封为唐国公。炀帝登基后，让他当了卫尉少卿，管理武器的库藏和供应。后来河东地区闹盗贼，炀帝任命他为山西、河东抚慰大使，征发河东之兵讨伐群盗。

李渊为人洒脱，对待部下宽厚容忍，所以很多人跑去归附他。炀帝听说后，心里犯起了嘀咕。偏偏此时，民间出现了"李氏当为天子"的传言，有个方士就劝炀帝杀尽天下姓李的。炀帝借故杀了朝中几个姓李的大臣后，又盯上了李渊。他觉得李渊长相奇特，名字又与这种预言相吻合，心里就更加猜忌了。

有一次，炀帝征召李渊，李渊因为生病没有去。李渊的外甥女王氏是炀帝的妃嫔，炀帝就问王氏："你舅舅为什么不来？"王氏回答说："舅舅病了。"炀帝又问："会死吗？"

李渊知道后很害怕，从此开始酗酒，还接受贿赂，以此来伪装自己。炀帝这才暂时打消了对他的怀疑。

不久，炀帝听说李渊在河东的工作干得相当不错，就让他代替民部尚书樊子盖，征发关中士兵讨伐绛郡[③]的贼人。樊子盖为人暴

---

① 治所在今甘肃庆阳。
② 指陕西关中和甘肃东部一带地区。
③ 治所在今山西新绛。

虐，征兵时，往往不问青红皂白，就将沿途村落都烧毁，把前来投降的贼人全部活埋。老百姓又怨又怒，入草为寇的人就越来越多。

李渊到了以后，一改樊子盖的做法，凡是有贼人前来投降，李渊就将他们安置在自己身边，善待他们。贼人听说后，纷纷跑来归顺，前后共有几万人，李渊的实力因此大大增强。

第二年，即大业十二年（公元 616 年），有个叫甄（zhēn）翟儿的人造反，聚集起了十万人攻打太原。炀帝又任命李渊为太原留守 ①，率兵讨伐甄翟儿。结果，李渊在雀鼠谷与甄翟儿遭遇。当时，李渊只有几千人，被甄翟儿围了好几重，眼看着就要全军覆没，幸好其子李世民率领精兵及时赶到，把他救了出来。很快，李渊的步兵也赶到了，两军合击，大破甄翟儿。

李世民是李渊的第二个儿子，聪明果敢，性格豁达，他看到隋室昏乱、盗贼四起，暗中有安定天下的抱负，于是广散钱财，结交宾客，赢得很多人的爱戴和拥护。

晋阳县令刘文静见到李世民后，觉得他很不一般，就对好朋友裴寂说：“李世民性格豁达如汉高祖刘邦，神态威武如魏武帝曹操，年纪虽轻，却是治国安民的大才。”于是主动和李世民结交。后来，刘文静因为与瓦岗军首领李密有姻亲关系，被关进了大牢，李世民去看望他时，问他对时局的看法。

刘文静说：“如今天下大乱，只有出现汉高祖、汉武帝那样的人才，方能安定天下。”

李世民微微一笑：“怎么知道没有这样的人？只是人们看不出来罢了。我来就是打算和你商议这样的大事。你有什么谋划吗？”

刘文静十分高兴，拊掌说道：“我没有看走眼，你果然不一般。

---

① 皇帝亲征或出巡时指定大臣或亲王留守京城，称“京城留守”；其行都和陪京也常设“留守”，以地方官兼任。

现在皇上在南方巡游，李密的瓦岗军正逼近东都，各路盗匪多得数不清。在这个时候，如果有真命天子驾驭这些人，夺取天下就易如反掌。我做了几年县令，认识不少豪杰之士，一旦把他们聚拢来，可得到十万人。你父亲率领的军队也有几万人。以这些兵力号令天下，不过半年，帝王之业就可以完成。"

李世民点了点头："你的话正合我意啊。不过，我父亲一向对朝廷忠心，我担心他不会答应。"

刘文静想了想："我有个好朋友，叫裴寂，是晋阳宫的宫监①。晋阳宫有粮食和武器，这两样东西很重要。而且他和你父亲有旧交情。我介绍你俩认识，你把他拉过来，让他去劝你父亲，怎么样？"

李世民大喜，他拿出几百万的私房钱，交给龙山县令高斌廉。高斌廉找裴寂赌博，故意输给他。裴寂非常高兴，与李世民的关系逐渐亲近。李世民便把自己的想法如实相告，拜托裴寂劝说父亲李渊。裴寂满口答应。

为了方便自己外出游玩，隋炀帝在全国各地设置了许多行宫，太原的晋阳宫便是其中一座，但因为地处西北一隅，炀帝很少来这儿。这天晚上，裴寂利用职务之便，在晋阳宫里设宴招待李渊。

老友相见，分外亲热，二人一边喝酒一边畅聊。渐渐地，话题转到了当下的时局。

裴寂给李渊又斟上满满一杯酒，假装随意地说："如今天下大乱，豪杰并起，大隋江山难保，唐公您手握精兵，坐镇太原，何不为自己谋划谋划？"

李渊端起酒杯，一饮而尽，叹了口气说："唉，我家世代受朝廷厚恩，不忍背叛……"

---

① 隋唐时在行宫设置的官员，负责管理行宫事务。

裴寂刚想再说点儿什么，转念一想，就换了个话题。就这样，二人边喝边聊，不知不觉到了半夜。

"夜已深了，你今晚就在这里过夜吧。"裴寂对李渊说。

"这是皇上的行宫，我们在这里喝酒已经不妥，再要留宿，被人告发，恐怕要获罪。"李渊犹豫着说道。

"你放心吧，没事的，"裴寂安慰李渊，"偌大的晋阳宫，我说了算。"

可能是酒喝多了，身体倦懒，李渊没再坚持，当晚在晋阳宫睡下了。第二天早上，李渊醒来后，发现身边竟然还睡着一名宫女，顿时脸色大变。他把宫女赶出去，手忙脚乱地刚穿好衣服，裴寂就来了。

"唐公，昨晚睡得好吗？"裴寂笑呵呵地问道。

李渊一见裴寂，又急又气，斥责道："好你个裴寂，竟然害我！私宿行宫，已是大罪，你还安排宫女侍奉，我李家要亡在你手里了。"

裴寂也不生气，依然笑呵呵地说："唐公啊，不要急，也不要慌，听我说。你的二公子李世民暗地里养兵买马，想做大事，又怕你不同意，所以才找我商议，让我劝劝你。我没有别的办法，只好让你做下这杀头的事，逼你造反。"

李渊长叹了一口气，过了好久才说："你容我想一想。"然后心事重重地回了他的唐国公府。没想到，他刚回到府中，屁股还没坐热，就有人向他报告前线军情："王仁恭、高君雅与突厥交战不利……"

原来，一向臣服于隋朝的启民可汗去世后，东突厥在他的儿子始毕可汗统治下，越来越强盛。炀帝非常忌惮，想让他们内部分化，就打算把一名公主嫁给始毕可汗的弟弟叱吉，并封他为南面可汗，但叱吉不敢接受。始毕可汗得知后，非常怨恨炀帝。后来隋朝又设计杀害了始毕可汗的一名宠臣。始毕可汗一怒之下，宣布与隋朝绝交，还时不时地侵扰隋朝的边境。炀帝就命李渊抵御突厥人。李渊从军中挑选出两千名善于骑射的士兵，让他们的饮食起居与突厥人一样，每天训练骑马射箭，碰到突厥人，就找机会偷袭。这样前前后后，隋军取得了好几次小规模的胜利，突厥人渐渐地害怕起李渊来。不料，前些日子他们又侵犯马邑，李渊就派副留守高君雅率兵前去，与马邑太守王仁恭共同抗击突厥人。

没想到，抗击失利，这让本来就忧心忡忡的李渊更加惶恐不安，他担心朝廷怪罪，却又想不出办法，便在厅堂里踱来踱去。

李世民见状，屏退左右，趁机劝说李渊："如今主上昏庸无道，百姓穷困潦倒，全国上下到处是战场。父亲不如顺应民心，兴起义兵，转祸为福，这是上天赐给我们李家的机会啊。"

李渊一惊，张望了一下四周，低声喝道："你怎么敢说这种话？我现在就把你抓起来，向皇上告发！"说着就取来纸笔，要写奏表。

李世民缓缓地说："我观察天时人事是这样，才敢说这样的话。如果父亲一定要告发我，我愿意受死！"

李渊叹了口气："你是我的儿子，我爱护你还来不及，怎么忍心去告发你呢？但你要谨慎，不要随便说这种话！"

第二天，李世民又劝李渊："盗贼越来越多，遍布天下，父亲受诏讨贼，可贼讨得完吗？总之，最后还是会获罪。而且民间都在传说李氏将取得天下，主上恨不得杀尽天下姓李的人。申明公李浑不就被灭族了吗？难道您忘了吗？主上早就猜忌您了……"

李世民见父亲陷入沉思，便停住了，过了一会儿，他又说道："我们李家的灭亡就在旦夕之间。昨天的话，希望父亲仔细考虑。"

李渊慢慢抬起头来："你的话我想了一夜。其实在你之前，已经有好几个人劝我起兵，但我考虑到你大哥建成和四弟元吉还在河东，所以迟迟下不了决心。事关重大，一旦泄露，就会有灭门之灾，所以一定要谨慎。"

恰在这时，炀帝认为李渊没能抵御突厥人的进犯，派人来要将他押往江都治罪。李渊大为恐惧，李世民、裴寂等人又趁机劝说："为朝廷尽忠没有什么好处。我们晋阳兵强马壮，军资财物巨万，以此起兵，还怕不成功吗？再说，很多关中豪杰起来造反，您要是大张旗鼓地向西进军，招抚他们就如同伸手拿囊中之物一样容易。为什么要坐等灾难降临呢？"

李渊自然不甘心等死，就开始秘密部署，准备举事。偏巧，就在他们要动手的时候，炀帝又派使者前来赦免了李渊等人，起兵计划也就搁置了。

囊中之物

囊，有底的口袋。形容非常容易得到的东西或办到的事。

造 句：	"别担心，这单生意已经是我们的囊中之物啦。"他哈哈大笑道。
近义词：	瓮中之鳖
反义词：	漏网之鱼

〖 进退维谷 〗

《资治通鉴·隋纪七》

朝廷用兵，动止皆禀节度。今贼在数百里内，江都在三千里外，加以道路险要，复有他贼据之；以婴城胶柱之兵，当巨猾豕突之势，必不全矣。进退维谷，何为而可？

译　文

朝廷用兵，行止进退都要向上禀报，受上级控制。如今贼人在数百里之内，江都在三千里之外，再加上道路险要，还有别的盗贼盘踞，靠着据城以守和拘泥不知变通之兵，以抵抗狡诈乱窜之盗贼，必然无法保全。我们现在是进退两难，怎么办才好？

借兵争天下

不久，刘文静被李世民设法救出，他见起兵计划搁置，便责怪裴寂："先发者制人，后发者制于人，为什么不劝唐公早点儿起兵，反而推迟拖延？况且你身为宫监，却用宫女侍奉唐公，你自己死也就罢了，为什么要耽误唐公呢？"

裴寂辩解道："我是想逼他一下，让他没有退路，没想到他犹疑不决……"

刘文静生气地说："那你就要趁热打铁，不要等铁凉了又加热，否则，耽误时间不说，很可能前功尽弃。"

裴寂也很担心，于是多次催促李渊起兵。李渊终于下定决心，他让刘文静伪造敕书，征发太原、西河、雁门、马邑等地二十岁以上、五十岁以下的人，规定年底要在涿郡集结，去攻打高丽，搞得人心惶惶，以致想造反的人越来越多。

等到马邑郡人刘武周造反，杀了太守王仁恭，还夺取了汾阳宫①时，李渊就召集将领、幕僚，恐吓他们说："刘武周占据了汾阳宫，我们却不能制止，论罪我们都要被灭族，怎么办？"副留守王威、高君雅等人都很害怕，再三叩拜，请求李渊想计策。

李渊假装为难地说："朝廷用兵，前进后退都要向上禀报，服从调度。如今贼人在几百里内，而皇上却在三千里外的江都，而且道

---

① 隋炀帝的另一处行宫。故址在今山西宁武县西南五十里管涔（cén）山上。

路险阻，许多地方还被别的盗贼占领，无法通行。如果我们只是据城固守，靠目前的兵力对付狡猾乱窜的敌人，必然无法保全。我们现在是进退维谷，我也不知道怎么办才好。"

王威等人忙说："您既是宗亲，又是贤德的大臣，与国家命运休戚相关，如果等着朝廷下达指令，哪里来得及？关键是要平灭盗贼，变通一下也是可以的。"

李渊又装出一副不得已的样子："既然如此，那我就专权一次，马上征集兵力。"他命令李世民、刘文静、长孙顺德、刘弘基等人各自招募兵马，并秘密派人去河东召大儿子李建成、四子李元吉回来。

王威、高君雅见兵众川流不息，短短十天就有近万人前来应征，开始怀疑李渊大肆招兵是有别的图谋，就问行军司铠[1]武士彟（yuē）[2]："长孙顺德和刘弘基都是逃避征役的官员，罪该处死，怎么能统兵？"他们打算把长孙顺德、刘弘基抓起来审问。

长孙顺德是李世民妻子的同族叔父，他和刘弘基都是侍卫官，二人逃避攻打高丽的征役，跑到晋阳投靠李渊，与李世民交情颇深。而武士彟是李渊的幕僚，也是老早劝李渊起兵的人之一，他见王威、高君雅看出端倪，担心坏事，便假装好心提醒："这两个人都是唐公的宾客，若把他们抓起来，一定会引起轩然大波。"王威、高君雅只好作罢，但他们认定李渊要图谋不轨，于是暗地里商量了一条计策。

这天，因为晋阳很久没下雨了，李渊正在府里安排人准备次日求雨的祭品，晋阳乡长刘世龙忽然求见。他一进来就对李渊说："请唐公明天不要前往晋祠求雨。"

李渊奇怪地问道："为什么？"

刘世龙一脸急切地说："据我了解，王威、高君雅怀疑唐公您谋

---

① 负责武器采购和管理。
② 中国历史上唯一正统女皇帝武则天的父亲。

反，他们今晚会派兵埋伏在晋祠周围，准备明天趁唐公您求雨之时，动手抓您。"

李渊大惊，立即把李世民、刘文静等人找来商议对策。大家如此这般谋划了一番。

第二天，王威、高君雅前来请李渊前往晋祠求雨。刘文静将他们引到厅堂，说唐公正在更衣，让他们稍坐片刻，然后命人上茶，就退出去了。

不一会儿，李渊出来了。三人互相寒暄了一番，喝完茶，正准备往外走时，刘文静又进来了，说开阳府司马刘政会求见。

"有什么事让他明天再来吧。"李渊假装不在意，继续往外走。

"他说有非常要紧的事情，需要立刻见唐公，一刻都不能耽搁。"刘文静又说。

"哦？这么严重？"李渊转向王威、高君雅二人，"既然是非常要紧的事情，正好你们二位也在，就先听听看，反正时间也来得及。"

王威、高君雅点了点头。不一会儿，刘政会被领进来了。

"什么十万火急的事情非要现在说？"李渊故意不耐烦地问道。

"下官要告发两个人。"刘政会说道。

"哦，你要告发谁啊？"李渊问。刘政会没有作答，而是从袖子里抽出一张状纸，上面密密麻麻写满了字。

李渊示意刘政会将状纸递给王威等人。不料，刘政会摇了摇头："下官的状纸只有唐公才能看。"

"这又是为什么呢？"李渊故作惊讶地问。

"因为下官告发的正是副留守二人。"刘政会一字一顿地回答，他的表情严肃，语气坚定。

李渊装出大吃一惊的样子："两位副留守是我的左膀右臂，一向秉公办事，怎么可能做出违法的事情？"他一边说，一边从刘政会手上接过状子，然后念道："王威、高君雅暗中勾结突厥人，引他们入侵……"

王威、高君雅一听愣住了，脑子一片空白。李渊假装大怒，指着高君雅骂道："难怪上次突厥人入侵马邑，你会作战失利，原来是串通好的呀！来人啊！"

长孙顺德、刘弘基手持刀剑冲了出来，王威、高君雅下意识想反抗，脖子上立刻感到一阵冰凉，于是不敢再动，只是口中直喊"冤枉"。

李渊指着状纸说："你们的罪行上面写得清清楚楚，何来冤枉？"

高君雅这时反应过来，咬牙大骂："好啊，你们这些人想造反，故意陷害我们……"

李渊不等高君雅说完，手一挥，长孙顺德、刘弘基就将他和王威押下去，扔进了监狱。他们埋伏在晋祠周围的士兵则被李世民的人打发了。

让李渊等人没想到的是，过了两天，突厥几万兵马果然前来侵犯。这让不知情的人以为真的是王威、高君雅把突厥人引来的，于是李渊趁机将二人处死，把他们的首级悬挂示众。接着，李渊下令把各城门都打开。突厥人不知虚实，不敢进入。到了夜里，李渊让军队悄悄出城，早晨又大张旗鼓从别的道路上开来，好像来了大批援军一样。突厥人半信半疑，在城外逗留了两天，抢掠一番后就撤了。

突厥人这么一侵扰，让李渊有点儿担心：一是怕突厥人趁自己南下时袭击自己的根据地——晋阳；二是怕刘武周联合突厥势力对付自己。

刘文静看出了李渊的担忧，建议道："相比朝廷，我们在兵力上并没有多少优势，不如与突厥人结交，一则借他们的力量壮大兵势，二则消除他们背后捅刀子的危险。"

于是，李渊派人给东突厥的始毕可汗送去丰厚的礼物，并亲自写了一封信给他，言辞十分谦卑："我现在想大举义兵，把隋主从千里之外的江都迎回来，然后重新与突厥和亲，就像开皇年间那样。您要是能和我一起南下，希望不要侵扰沿途百姓。假若您只想和亲，您就坐等财物吧。这两个方案，您随便选。"

始毕可汗读了李渊的信后，对他的大臣们说："隋朝皇帝的为人我很了解，如果唐公将他迎回来，他肯定不会放过唐公，并且会向我们进攻。如果唐公自己做天子，我就大发兵马前去支援他。"他命人将自己的意思写成信，送去给李渊。

李渊的将领们都很高兴，希望他听从突厥人的话，自称天子。李渊不同意，裴寂、刘文静就劝道："义兵虽然招来了，但战马还极为缺乏。突厥士兵我们可以不要，但他们的马却是我们急需的。请唐公您早下决定，时间长了，恐怕突厥人反悔。"

李渊沉思良久，最后还是说："算了，还不是称帝的时候，想想别的办法吧。"

裴寂、刘文静无奈，只好建议李渊尊隋炀帝为太上皇，立代王杨侑为皇帝，以安定隋王室，然后传布檄文到各郡县，并改换旗帜的颜色，红色中掺杂白色①，以此向突厥示意有别于隋室。

李渊这才点头同意："这个办法可以说是'掩耳盗钟'，但这是形势所迫，不得不如此啊。"于是派使者将这个决定告知突厥，请他们送些马来。

---

① 红色是隋朝旗帜的颜色，白色则是突厥人崇尚的颜色。

始毕可汗便派大将康鞘利押送着一千匹马到李渊那里交易，并表示会发兵送李渊入关，人数的多少由李渊决定。

李渊恭恭敬敬地接待了康鞘利，又赠给他许多财物，然后开始挑选其中的良马，最后只买了一半。

见大家对自己的做法感到不解，李渊就解释说："胡人有的就是马，但他们贪财好利，一旦我们买得多，他们知道我们急需，就会坐地起价。少买是告诉他们我们没钱，而且并不急用。"

等康鞘利返回北方后，李渊命令刘文静出使突厥请求发兵，并叮嘱道："胡人铁骑进入中国，必将祸害黎民百姓。我之所以要突厥人发兵，只是要借他们的兵马以壮声势，来几百人也就够了，没有其他用途。"

刘文静到突厥后，对始毕可汗说："请可汗发兵相助，只要进入长安，百姓、土地归唐公，金银财宝归突厥。"

始毕可汗大喜："我们马上出发！"

这时，李建成和李元吉已经到达晋阳，李渊没有后顾之忧了，于是正式打出旗号，在太原起兵。大业十三年（公元 617 年），李渊自立为大将军，大儿子李建成为左领军大都督，二儿子李世民为右领军大都督，率领大军，浩浩荡荡直指长安。

进退维谷

维，是；谷，比喻困境。无论是进还是退，都是处在困境之中。形容进退两难。

造　句：	他陷入进退维谷的境地，去也不是，留也不是。
近义词：	进退两难
反义词：	进退自如

〖 勠力同心 〗

《资治通鉴·隋纪八》

与兄派流虽异，根系本同。自唯虚薄，为四海英雄共推盟主。所望左提右挈（qiè），勠力同心，执子婴咸阳，殪（yì）商辛于牧野，岂不盛哉！

译 文

我和兄长虽然家支派系不同，但同是李姓，根系是相同的。我自认为势单力薄，却被天下英雄共推为盟主。希望互相扶持，同心协力，完成在咸阳抓住秦子婴、在牧野灭掉商辛这样的大业，不是很伟大吗？

翟让全家遭殃

　　为了壮大自己的队伍，李渊给瓦岗寨首领李密写了封信，希望他归顺自己。李密觉得自己兵强马壮，应该是别人来依附自己才对，所以给李渊回信说："我和兄长虽然家支派系不同，但同是李姓，根系是相同的。我自认为势单力薄，却被天下英雄推为盟主。我希望能和兄长互相扶持，勠力同心，完成在咸阳抓住秦子婴、在牧野灭掉商辛 ① 这样的伟业！"他还让李渊亲自去他那儿，二人当面订立盟约。

　　李渊接到信后，笑着对左右说道："李密妄自尊大，不是一封信就能召来的。若马上断绝来往，就会多树一个敌人，不如吹捧他，让他骄横自满，正好替我牵制东都的兵力，这样我就可以一心一意地西征。等到关中平定，我们依据险要之地，养精蓄锐，慢慢地观看鹬蚌相争，坐收渔人之利，也不错啊。"

　　于是李渊回信给李密说："我虽然平庸愚昧，但国家有难而不出来扶助，是所有贤人君子都要责备的，所以我才大规模地招募义兵，以救助天下为志向。天生万民，必定要有管理他们的人，这个人不是您又能是谁呢？老夫我已过知天命之年，没有这个雄心了。我很高兴拥戴您，希望您早些应验李氏安天下的预言。到时候，您还将我封在唐地就够了！"

---

① 刘邦进入咸阳，抓住秦王子婴，秦朝灭亡；周武王在牧野大败商军，纣王自焚，商朝灭亡。

李密收到李渊的信后，乐呵呵地拿给幕僚们看："大家瞧瞧，唐公推举我，天下很容易就平定了！"从此，双方的信使往来不绝，李渊总是吹捧李密，李密因此变得越来越骄横独断。

翟让的手下看不惯李密的做派，又觉得瓦岗军形势大好，将来李密可能成为皇帝，都很不甘心。司马王儒信几次劝翟让自己担任大冢宰[①]，总管政务，把权力夺回来。翟让虽然没什么学识，但是为人大度，他信任李密，觉得李密的才能高于自己，肯定能带领瓦岗军干出一番事业，所以没听王儒信的劝。

翟让的哥哥翟弘为人粗鲁愚昧，当初就对翟让把首领位子让给李密很不满，现在见李密越发骄纵，也忍不住劝翟让："天子应该自己当，干吗要让给别人？你不做，我做！"

翟让听了哈哈大笑，并不放在心上。李密知道后却很恼火，开始对翟让起了戒心。李密的担心不是没有道理，翟让在军中的威望很高，而且他这个首领的位置是翟让让给他的，要是哪天翟让后悔了，又把它抢回去怎么办呢？

不过，翟让为人虽豁达，却有个贪财的毛病。总管崔世枢是李密的同乡，与李密交情很好。某天，翟让突然把崔世枢囚禁在自己的府里，向他索取钱财。崔世枢请求宽限时日，结果过期了也没筹到钱。翟让很生气，就对他动了刑。

左长史[②]房彦藻和李密一起参与了杨玄感的造反，后来又跟随李密加入瓦岗军。翟让把他找去，说："你上次攻破汝南时，得了不少金银财宝，为什么全都给了魏公，一点儿不给我？你要知道魏公可是我拥立的，还不知道以后怎么样呢，哼哼……"

房彦藻很害怕，就把翟让的话告诉了李密，并与左司马郑颋一

---

① 北周采用古代官制，仿照《周礼》，中央机关统于六官，天官大冢宰为六官之长，统领百官，相当于宰相。

② 东汉末曹操为丞相时分长史为左、右，总领相府诸官吏。

起劝李密："翟让为人贪婪，刚愎自用，且目无君长，应该想办法早点儿除掉。"

李密却有点儿迟疑："我也有此担心，可现在天下尚未平定，王世充的大军正对我们虎视眈眈。如果我们自相残杀，不是让他坐收渔利吗？"

李密说得没错，瓦岗军的当务之急是打退王世充。郑、房二人于是不再言语。

王世充是隋炀帝派来征讨瓦岗军的主帅。他原本是西域的胡人，本姓支，父亲死得早，母亲改嫁给了王氏，他也就跟着姓王。长大后的王世充性情狡诈，能言善辩，又读过不少书，潜心钻研过律令，炀帝就任命他为江都宫监。炀帝几次到江都巡游，王世充都能察言观色，想尽办法讨好他。炀帝就觉得王世充很会办事，对他渐渐宠信起来。

不久，炀帝让王世充率兵抗击在盱眙一带抢掠的盗贼孟让。王世充见孟让的队伍势头正猛，就命人在险要的地方里里外外围了五道栅栏，向对方示弱。孟让果然上当，笑着对左右说："这个王世充，不过是个小小的文官，怎么会带兵呢？我要活捉王世充，然后大张旗鼓地进入江都城！"

当时，盱眙的百姓都筑堡垒自卫，把能吃的东西全搬到堡垒里。渐渐地，孟让的部众抢不到食物，饿得不行，孟让就安排少量人马围住五道栅栏，让其他人分头到城南抢掠。王世充趁机出击，把孟让的军队打得抱头鼠窜。孟让仅带着几名亲信逃走，余下一万多人都被王世充斩杀。

炀帝大喜，又让王世充率领江淮一带的精兵，与涿郡留守薛世雄一起讨伐李密、翟让的瓦岗军。本来，王世充要听从薛世雄的指挥，哪知薛世雄出师不利，走到河间时，遇到山东盗贼首领窦建德，被打得落花流水，逃回后羞愤不已，很快就得病死了。这时，越王杨侗也派来军队，各处人马合起来有十几万，炀帝就让王世充统一指挥。

王世充早就听说李密不好对付，打算来一场偷袭，于是乘夜渡过洛水，在黑石扎下营寨。第二天，他留下少量兵马守营，自己率兵在洛水北边列阵。李密急忙率军迎战，仓促间打了败仗，只好带着精锐骑兵渡过洛水往南逃，让其余部队往东逃。

王世充权衡再三后，下令追击东逃的军队。李密得到消息，转头袭击王世充在黑石的营寨。营寨中的守军惊恐万分，一连举了六次烽火向王世充报警。王世充无奈，只得撤军回救。双方又恶战一场，这次隋军大败。

王世充吃了这么大一个亏后，就坚守营垒不再出战。越王杨侗听说后，派使者前来慰劳。王世充既惭愧又恐惧，硬着头皮再次向李密发出挑战，结果又被打败，逃到了西边。

这下王世充再也不敢轻易出战了，不过他经常派出探子去打探瓦岗军的消息。当他得知李密、翟让之间产生嫌隙后，暗暗高兴："我紧闭营门不出战，坐等李密、翟让内斗，斗得越凶越好，最好两败俱伤，到时候我再乘虚而入！"

所谓人算不如天算，瓦岗军这边发生了一件大事，使王世充的如意算盘落空。

这天，郑颋不知因为什么事受了翟让的气，就约上几名平时受翟让欺负的将领，再次劝李密说："壮士的手腕被蛇咬伤，就立刻砍断手腕，以免毒性扩散全身。大丈夫做事，应该当机立断，否则让对方先得手了，后悔都来不及。"这次，李密听从了他的劝告。

几天后，李密摆酒设宴，请翟让前来。翟让很高兴，带着他哥哥翟弘、侄子翟摩侯去赴约，他的心腹将领徐世勣、单雄信以及十几名随从陪同前往。

宾主各自落座后，李密笑着说："今天和各位喝酒，不需要很多人，只留下服侍的就行。"李密的人便都退了下去。

房彦藻见翟让的随从没动，就对李密说："今天天气寒冷，请给司徒身边的人也赏些酒食，暖暖身子。"

李密点了点头，征求翟让的意见："司徒觉得呢？"

翟让想也不想，回答道："也好。"

于是房彦藻就把翟让的人全都带到别的房间去了，唯独留下李密手下一个叫蔡建德的壮士在一旁侍奉。

"最近我得到一把好弓，想送给司徒。"李密说着拿出一把良弓，递给翟让。

翟让接过来仔细看了看，高兴地说："好弓！取箭来！"说着站起身来。

蔡建德取来一支箭，交给翟让。翟让把箭搭在弦上，他刚把弓拉满，蔡建德突然抽出身上的佩刀，从他背后砍了下去。翟让牛吼般大叫一声，扑倒在地，手上的箭飞了出去，射在了对面的墙壁上。

没等翟弘、翟摩侯回过神来，蔡建德一刀一个砍杀了他们。隔壁房间里的徐世勣听到翟让临死前的吼声，知道不好，立刻往外跑，却被守在门口的士兵砍伤了脖子。幸好李密手下将领王伯当及时制止，徐世勣才没被砍死。单雄信见势不妙，干脆扔下兵器，磕头求饶。

翟让的其他随从也十分恐惧，不知如何是好。李密大声安抚他们："我和大家一同起兵，本来是要铲除暴君，但司徒翟让专横跋扈，凌辱下属，也不分上下尊卑。今天诛杀的只是他一家，与各位无关，大家不要害怕。"说完扶起徐世勣，亲自为他敷药、包扎伤口。

很快，翟让被杀的消息传到军营，他的部众都很惶恐，准备逃散。李密独自一人骑马来到翟让的营中，极力安抚其部下，并让徐世勣、单雄信、王伯当分别统领一部分翟让的部队，形势才逐渐稳定下来。

王世充听说翟让被李密杀死，部众也被其兼并，不禁叹道："李密天资过人，处事果断，将来他到底是龙是蛇，根本无法预测啊！"

成语说
资治通鉴

成语学习①

勠 力 同 心

勠力，合力。指齐心合力，团结一致。

造　句：	只要全国人民勠力同心，一定能够战胜疫情。
近义词：	齐心协力、万众一心
反义词：	离心离德、钩心斗角

---

① 这个故事的原文里还有成语"鹬蚌相争，渔翁得利"（比喻双方争执不下，两败俱伤，让第三者占了便宜）、"左提右挈"（比喻相互扶持）、"攀鳞附翼"（指巴结投靠有权势的人以获取富贵）。

〖 饰非拒谏 〗

《资治通鉴·唐纪一》

陛下违弃宗庙，巡游不息。外勤征讨，内极奢淫，使丁壮尽于矢刃，女弱填于沟壑，四民丧业，盗贼蜂起。专任佞谀，饰非拒谏。何谓无罪！

译 文

陛下抛下宗庙不顾，不停地巡游。对外频频作战，对内极尽奢侈荒淫，致使强壮的男人都死于刀兵之下，妇女弱者死于沟壑之中，民不聊生，盗贼蜂起。一味任用奸佞，掩饰错误，拒绝劝告。怎么说没罪！

漂亮头颅谁来砍

在中国历史上，隋炀帝以酷爱巡游出名，他在位十二年，有十一年时间都在外巡游，北到塞北，西到张掖，南到江都，大半个天下他去了个遍。

为了方便出游和运送南北物资，炀帝大量征发劳工，修建大运河①，累死了无数人，搞得民怨沸腾，但他不管不顾，照样游山玩水。

大业十一年（公元615年）初秋，金风送爽，炀帝游兴大发，准备到雁门关一带显显国威。不料，这次他差点儿把命断送在突厥人手中。

原来，始毕可汗听说炀帝的车驾已经进入雁门城，就率领几十万骑兵南下，准备活捉炀帝。一路上，突厥大军势如破竹，攻破雁门郡的三十九座城池，只有雁门、崞（guō）县两城没被攻下。炀帝惊恐万分，下令拆毁民宅，作为守城的材料。当时城中有十五万人，粮食却只够吃二十来天。

很快，突厥人包围了雁门城，他们朝城内大量放箭，有几支箭射到炀帝面前，吓得他面如土色，紧紧抱着年幼的爱子、赵王杨杲（gǎo）哭泣，把眼睛都哭肿了。

---

① 即以洛阳为中心，北起涿郡（今北京），南至余杭（今浙江杭州）的京杭大运河。其工程始于大业元年（公元605年），成于大业六年（公元610年），历时约六年之久，先后动用民工数百万人，是我国及世界上最伟大的工程之一，贯穿河北、河南、安徽、江苏、浙江五省，连通海河、黄河、淮河、长江、钱塘江五大水系。

民部尚书樊子盖劝炀帝亲自出面抚慰士兵，并设下重赏激励大家拼死守城，同时征召全国各地的兵马前来救援。炀帝一一照办，又派人悄悄联络始毕可汗的妻子义成公主，要她设法营救。

义成公主本是隋朝宗室之女，后来以隋朝皇帝的女儿之名嫁给了启民可汗。按照突厥的习俗，启民可汗死后，她又成了启民可汗的儿子——始毕可汗的妻子。

从炀帝派去的人口中得知一切后，义成公主立即派人去对始毕可汗说："大王赶快回来，北部边境有紧急军情。"这时，隋朝各地前来勤王的军队也赶到了，始毕可汗只好下令退兵。

雁门之围解除，炀帝灰溜溜地回到洛阳。一想到自己差点儿命丧雁门关，他就惊惧不已。恰好这时，江都又送来新造好的龙舟，失魂落魄的炀帝便决心逃避现实，到温柔繁华的江都逍遥一番，压压惊。

一名大臣苦苦劝谏："现在百姓困苦，国库空虚，盗贼四起，希望陛下待在京城，好好安抚天下。"

炀帝大怒，命人将他关了起来，过了十几天才放他出来。大臣们见炀帝去江都的意志十分坚决，都不敢劝阻了。

于是，炀帝启程前往江都，到达梁郡时，当地又有人拦驾上书说："如果陛下一定要巡游江都，天下将不是陛下的了！"炀帝愤怒极了，当即命人把上书人处死。

炀帝到了江都后，生活极度荒淫，他的行宫里有一百多间房，每间的陈设都奢华至极，里面住着从全国各地选来的美女。江都的地方官员争相进献珍奇美味，炀帝与萧皇后以及宠幸的美女到处宴饮，酒杯不离口，经常喝得酩酊大醉。

后来，炀帝听说李渊父子的兵马已经攻占了长安，并拥立自己的孙子、代王杨侑为皇帝，而李密的军队也日夜不停地围攻东都洛阳，便开始忧虑不安起来。从这天起，他就常常头戴巾帕，身穿短衣，拄杖散步，走遍行宫的楼台馆舍，不停地观赏四周景色，唯恐看不够。

炀帝自己会占卜相面，他经常半夜摆酒，抬头观望星象，用吴

地方言对萧皇后说："外面有很多人算计侬①，但侬不失为长城公②陈叔宝，你也不失为沈后③。我们只管饮酒作乐吧！"然后倒满酒杯，喝到烂醉。

炀帝还曾经拿着镜子照，回头对萧皇后说："多漂亮的一颗头颅啊，不知道会被谁砍掉。"萧皇后很吃惊，问他为什么这样说。

炀帝笑着说："贵贱苦乐，循环更替，又有什么好伤感的？"话虽说得豁达，他终究还是不甘心，就下令修建丹阳宫，打算把国都迁到丹阳，据守江东。

当时江都的粮食快吃完了，跟随炀帝来的骁果④大多是关中人，长期在外，思念故乡，见炀帝不想回北方，很多人谋划着逃回去。

统领骁果的虎贲郎将司马德戡担心骁果们逃跑了，自己会受到连累被问罪，便与平时要好的元礼、裴虔通等将领商量，打算跟骁果们一起逃。他们又联络了其他一些官员，大家都有这样的想法，于是商定日期准备结伴西逃。

有个宫女知道后，便跑去告诉萧皇后："外面人人都想造反。"萧皇后说："那你去报告皇上吧。"

宫女便跑去炀帝那儿报告。炀帝听了，生气地说："这是一名宫女该关心的事吗？"命人杀了她。

后来又有宫女告诉萧皇后这件事。萧皇后就说："现在的局面已经到了无法挽救的地步，何必再说呢？说了也只是让皇上白白地担心！"从此再也没有人进言了。

宇文述的儿子宇文智及听说后，认为逃跑也难逃一死，还不如趁机反叛，干一番大事业。司马德戡等人觉得这个主意不错，就推

---

① 此处的"侬"是"我"的意思。
② 投降隋朝后，陈叔宝被封为长城公。
③ 陈叔宝的皇后。
④ 隋炀帝建立的新军的名称，取"骁勇果毅"之意。

宇文智及的哥哥宇文化及为首领。宇文化及性格怯懦，能力低下，一听要他带头造反，顿时脸色大变，直冒冷汗，但最后他还是听从了众人的安排。

这天，司马德戡召集全体骁果官兵，把计划告诉了他们。大家都说："听将军的吩咐！"当晚，司马德戡在东城集合了几万人，点起火堆，与城外宇文智及的人马呼应。炀帝看到火光，又听到外面的喧嚣声，便问殿外值班的侍卫，发生了什么事。

裴虔通正好在殿外，他听到炀帝问，便回答说："草坊失火，外面的人正在救火。"当时宫城内外隔绝，炀帝就相信了。

很快，司马德戡等人领兵从玄武门入宫。炀帝这才意识到发生了变乱，他又惊又怕，换了身衣服后，逃到了西阁。

裴虔通和元礼没找到炀帝，便抓了一位美人问："陛下在哪里？"

美人哆哆嗦嗦指了指西阁。一个叫令狐行达的校尉拔刀冲了进去，躲在窗后的炀帝声音颤抖地问他："你……想杀朕吗？"

令狐行达冷冷答道："臣不敢。"说完扶炀帝下来。

裴虔通本来是炀帝做晋王时的亲信，所以炀帝见到他，惊讶地问道："你不是朕的老部下吗？有什么仇恨让你要谋反？"

裴虔通拱手回答："臣不敢谋反，将士们想家，我不过是想侍奉陛下回京师罢了。"

炀帝仿佛看到一线生机，赶忙说："朕正打算回去呢，只是因为长江上游的运米船还没到，所以拖到现在。今天就和你们回去！"

等到天亮，将领孟秉派骑兵迎接宇文化及进宫。宇文化及浑身颤抖，几乎说不出话来，有人来参见，他只会低头靠在马鞍上连说"罪过"。

得知宇文化及进入朝堂，裴虔通便对炀帝说："百官都在朝堂，陛下应当亲自出去慰劳。"他牵过来一名随从的坐骑，让炀帝上马。炀帝嫌马鞍笼头破旧，换了新的才肯骑上去。

裴虔通牵着缰绳，提着刀走出宫门。叛乱的士兵看到天子被抓，一个个欢呼雀跃。宇文化及远远地看见后，突然嚣张地说："干吗把这家伙弄出来？赶快拉回去结果了。"于是炀帝又被带回寝殿。

司马德戡等人拔出兵刃，准备动手。炀帝意识到自己在劫难逃，叹息道："我有什么罪，落到今天这个地步？"

一个叫马文举的骁果将领立刻说道："陛下抛下宗庙不顾，不停地外出巡游，对外频频作战，在内奢侈荒淫，使壮丁都死于刀兵之下，老弱妇女死于沟壑之中，以致民不聊生，盗贼四起，还一味任用奸佞阿谀的小人，饰非拒谏，怎么能说没有罪呢？"

炀帝说："我确实对不起老百姓，可你们这些人，享尽荣华富贵，为什么还这样？今天的事情，谁是主谋？"

司马德戡上前一步，回答道："全天下的人都怨恨，何止一个人？"

过了一会儿，宇文化及派人前来宣布炀帝的罪状。炀帝的小儿子、赵王杨杲在炀帝身边不停地啼哭，裴虔通便先一刀杀了他，血溅到炀帝的衣服上。等裴虔通再次举刀，准备杀炀帝时，炀帝说："天子自有天子的死法，怎么能对天子动刀？取毒酒来！"

马文举喝道："死到临头，还讲究什么？把他按住！"令狐行达立即上前按着炀帝，逼他坐下。炀帝只好解下头巾，交给令狐行达。令狐行达就用头巾绞死了炀帝。

早先，炀帝料到自己会有遇难的一天，就用一个小瓶子装上毒酒，让侍从带在身边，并对宠幸的美女们说："如果贼人来了，你们先喝，然后我喝。"等到这一天真的发生了，他的左右侍从却都逃走了，以致最后不能如愿。

炀帝的死讯传到长安后，唐王李渊接受隋恭帝杨侑的禅让，即皇帝位，改年号为武德。这一年是公元618年，中国历史上最辉煌灿烂的朝代——唐朝建立了。

然而，此时天下还没有平定，各地还有很多割据势力，称王称帝者数不胜数，相互之间争战不休，摆在唐高祖李渊和他的儿子们面前的任务是如何扫灭群雄，重新统一天下。

成语学习 ①

饰 非 拒 谏

饰，掩饰；非，错误；谏，规劝。掩饰自己的过错，拒绝别人的规劝。

造 句：	饰非拒谏是亡国之君常有的毛病。
近义词：	闭目塞聪、刚愎自用
反义词：	闻过则喜、从善如流

---

① 这个故事的原文里还有成语"万乘之主"（乘，四匹马拉的车。指大国的国君）、"深根固本"（使根基深固而不可动摇）、"民不堪命"（民众负担沉重，活不下去）。

【 在此一举 】

《资治通鉴·唐纪二》

今日之战，非直争胜负，死生之分，在此一举。若其捷也，富贵固所不论；若其不捷，必无一人获免。

译　文

今天这一仗，不仅仅是争胜负，而是生与死全在这次行动了。如果胜了，荣华富贵自然不在话下；如果败了，一个人也逃不了。

枭雄的克星

宇文化及在江都杀了隋炀帝后，立他的另一个孙子、秦王杨浩为皇帝，自己做起了大丞相。不过，杨浩这个皇帝就是傀儡，宇文化及把他交给尚书省，命卫兵严加看守，有文书需要他签署时，就派专人送去，百官也不来朝见他。取而代之的是，每天上朝时，宇文化及像皇帝一样面朝南坐在营帐中，有人奏事，他一言不发，下了朝就将那些奏折拿给大臣们看，一起商量着处理。

然而，做皇帝的滋味没享受多久，宇文化及的麻烦事就来了。当时江都有十几万隋军，粮食很快不够吃，加上骁果将士都闹着西归，宇文化及便率军回长安，结果却遭到驻扎在巩洛①的李密的瓦岗军的顽强抵抗。西进之路被堵住，宇文化及只好改道向洛阳，不料在黎阳又被李密的部将徐世勣给挡住。不过，徐世勣畏惧勇猛善战的骁果军，就率军向西退守仓城。宇文化及的军队于是渡过黄河，占据黎阳，兵分几路包围徐世勣。李密得知后，就将军队驻扎在淇水②一带，每当宇文化及攻打仓城，李密就带兵牵制他的后方。

李密还隔着淇水把宇文化及臭骂了一通："你原本不过是匈奴的奴隶破野头③，你家几代人都受大隋的恩惠，享不尽的荣华富贵。主上失德，你不以死规劝，反而谋逆弑君，还妄想篡夺天下。你的行

---

① 巩、洛二地的并称，在今河南洛阳一带。
② 即今河南淇河，原为黄河支流。
③ 鲜卑三字姓。

为天地不容！你还想干吗？乖乖投降，你还能有子孙后代。"

宇文化及被骂得灰头土脸，低下头想了老半天，才瞪大眼睛说："打仗就打仗，说那么多废话干吗！"

李密轻蔑地对身边人说："宇文化及这么一个糊涂蛋，竟然想做天子，瞧我拿根棍子把他赶跑！"

宇文化及命人修治攻城器械，打算强攻仓城，却被徐世勣挖的壕沟拦住，无法到城下。徐世勣还在沟里挖地道，出其不意地出兵，大败宇文化及，把他的攻城器械烧了个精光。

李密知道后虽然高兴，却始终绷紧神经，因为他担心洛阳方面会趁他对付宇文化及时袭击他的后方。当时瓦岗军与洛阳方面已经对峙了很长时间，李密每天都担心腹背受敌。就在他为此焦虑时，洛阳方面突然派来使者，说要和他合作抗敌。

原来，洛阳的隋朝官员获知炀帝的死讯后，拥戴越王杨侗为皇帝，即皇泰主，由郑国公王世充、陈国公段达、鲁国公元文都、内史令卢楚等大臣共同辅政。他们听说宇文化及要往洛阳这边来，无不震惊恐惧。有人就建议联合李密一起抵抗宇文化及："赦免李密，让他攻打宇文化及，等他们两败俱伤，我们再坐收渔翁之利。"卢楚等人便派使者带着敕书去见李密。

李密自然求之不得，他立即上表请求讨伐宇文化及来赎罪。皇泰主高兴坏了，马上拜李密为太尉，封魏国公，让他先平定宇文化及，再入朝辅政。

卢楚等人都觉得李密真心归隋，天下太平指日可待，于是摆酒庆贺，几名辅政大臣甚至起身欢舞，只有郑国公王世充气愤地说："朝廷的官爵，竟然封给盗贼，这是要干什么！"

李密受到洛阳朝廷的封赏，完全没了后顾之忧，便集中精锐兵力攻击宇文化及。宇文化及被徐世勣打败后，只剩下两万多人，于是向北逃往魏县①。李密觉得宇文化及成不了气候，就回到巩洛，留下徐世勣防备他。

接着，李密就向皇泰主报捷。隋人都很高兴，只有王世充对他的部下说："我们多次与李密作战，前前后后打死他们很多人，将来一旦成了李密的部下，我们这些人没一个能逃得掉！"那些部下被激怒，便发动政变，杀死卢楚等大臣，王世充顺势把持了洛阳朝政。

李密正准备入朝请赏，刚走到半路，听说死对头王世充掌握了大权，他心里那个气啊：自己虽然打败了宇文化及，却也损失了很多精兵骁将，战士们身心疲惫，不少还生了病，可以说代价惨重。原以为可以得到洛阳朝廷的封赏，补偿一些回来，现在看来是没希望了。

"王世充掌了权，肯定不会放过我。"李密有点儿沮丧，不过，他转念又一想，"哼，王世充这个手下败将，有种就来！"于是返回了驻地。

果然，王世充挑出两万精锐士卒、两千匹战马，气势汹汹前来攻打李密。李密也不含糊，亲自带领精兵赶到偃师②，以邙山为屏障等候王世充的军队。不过，他刚打败宇文化及，有些轻视王世充，所以连壁垒都没有修筑。

王世充探得消息后，知道李密轻敌，就悄悄派出两百多骑兵，夜里秘密进入北邙山，埋伏在山谷中，等待他的号令。

第二天天还没亮，王世充就召开誓师大会，对自己的两万士卒说："今天这一仗，不仅是争胜负，还决定生死。如果胜了，功名富贵自然不在话下；如果败了，一个人也逃不了。是生是死，在此一举！请各位努力作战！"

---

① 治所在今河北大名西南。
② 治所在今河南偃师市东老城。

天色微亮，王世充率领士兵逼近李密。李密出兵应战，但没等他布好军阵，王世充就已经发动攻击。王世充的这些士兵都是长江、淮河一带的人，剽悍骁勇，出入军阵像飞一样。

而且王世充懂得心理战，他事先找了一个长得很像李密的人，等战斗进行到最激烈的时候，就让人拉着被五花大绑的"李密"从阵前走过，并大声喊道："已经捉住李密了！"士兵们都欢呼"万岁"。

李密的将士听到后，都蒙了，一个个愣在原地，不知所措。王世充趁机命令事先埋伏在山谷中的骑兵出击。他们从高处冲下来，直奔李密的营地。李密的军队因此溃散，不少将领投降了王世充，包括原来翟让的手下骁将单雄信。李密最后带着一万多人逃往洛口。

不料，守卫洛口的长史邴元真反叛李密，秘密派人去招王世充的军队。李密知道后没有声张，准备等王世充的军队渡洛水到一半时再进攻。然而，王世充的军队抵达洛水时，李密的哨兵没有及时发现，等到要出击时，王世充的军队已经全部过了河。李密估计打不过，只好逃到河阳，然后召集诸将商议对策。

将领们都很悲观，觉得无路可走了。李密也很凄惶，长长地叹息了一声，说道："军队打败了，我现在以死向大家谢罪。"说完拔出剑就往脖子上抹。

大将王伯当抱住李密，哭得昏了过去。大家也都跟着伤心落泪。这时，一个叫柳燮（xiè）的人出主意说："您和唐公李渊是同宗，又有交情，虽然没有随唐公一同起兵，但您出兵阻隔洛阳，切断隋军的归路，使唐公没有后顾之忧，不战而占领了长安，这也是您的功劳啊。"

众人一听，连连点头说："是啊，是啊。"于是，李密决定归顺李渊。

李渊自然很高兴，李密快到长安时，他接连派人前去迎接慰问。李密很得意，对部下说："崤山以东几百座城镇，知道我在这里，派人去招降，也会全部来归顺的，这功劳不小，唐公还能不给我安排个要职吗？"

然而，令人意外的是，李密的军队到达长安后，有关部门提供给他们的物资很差，士兵们接连几天没饭吃，大家都心生怨气。更让李密不快的是，李渊嘴上虽然"贤弟、贤弟"叫个不停，却只封他一些没有什么实权的虚职。朝中大臣大多看不起他，有些掌权的人还来索取贿赂。渐渐地，李密心生离意。

这天，李密向李渊上书说："臣不曾报效国家，却白白地享受荣宠，内心十分不安。臣愿意前往山东，安抚过去的部下，让他们前来归降！"

李渊也正准备派李密前去收服旧将士，就想答应他的请求，却遭到很多大臣的反对，他们说："李密为人狡猾善变，现在派他去山东，犹如放虎归山，他肯定不会再回来了！"

李渊却说："帝王自有天命，不是谁想做就能做的。假如他叛离，就像蒿子做的箭射到蒿子里，不值得可惜！"临行前，他还请李密喝酒，并说："有人确实反对让贤弟去，朕以真心对贤弟，不是别人能够离间的。"

就这样，李密带着自己原来的人马出发了。行军途中，部将张宝德得知李密心生叛意，害怕被牵连，就悄悄地向李渊告密。李渊便改变了心意，又担心惊动李密，于是颁下敕书，命令军队慢慢前进，让李密一个人骑马入朝，接受新的安排。

李密接到敕书，知道李渊开始猜忌自己，便对部下说："皇上无缘无故召我回去，是对我起了疑心，我如果回去，一定会被杀掉，不如攻下桃林县①，夺了县里的军队、粮食，起兵反叛，你们觉得怎么样？"

将领们都反对，有个叫贾闰甫的就说："皇上对您非常好，您既然已经归顺了，为什么又产生别的想法呢？就算攻陷桃林，消息很快就会传到附近的熊州②。不如暂且按朝廷的命令行事，以表明您根本没有异心，以后再想出关前往山东，可以慢慢考虑。"

李密生气地说："皇上表面对我称兄道弟，却让我和周勃、灌婴一样不能割地封王，这算什么好？况且他和我都应了谶文③。今天不杀我，听凭我向东前进，足以证明王者不死。他虽然平定了关中，但山东最后也是我的。老天爷给的不拿，却要白送给人吗？"

贾闰甫流着泪说："您虽然也应了图谶，但近来观察天道与人事，已经逐渐地不合适了。况且自从杀了翟让，人人都说您弃恩忘本，谁还肯把自己的军队乖乖地交给您呢？"

李密大怒，举刀要砍贾闰甫，王伯当连忙劝阻。李密更生气了，呵斥王伯当："你是我的心腹，怎么也不和我一条心？"

王伯当说："义士的志向，不因为存亡而改变。您一定不听，伯当和您一同死就是了，只是恐怕到头来也没有什么用。"

其他人见李密心意已决，便不再说什么了。李密于是挑选了几十名骁勇的士兵，让他们戴上面罩，穿着女人的衣服，把刀藏在裙子下，假称是自己的妻妾，骗桃林县官说："我奉皇上诏命，暂时返回京师，我的家人就寄居在县衙。"那名县官没有怀疑，让他们进了县衙。没过多久，这些士兵换了装束，突然冲出来，杀了县官，占领了县城。

李密攻下桃林县后，劫持县里的百姓，打算向东投奔过去的部

① 治所在今河南灵宝市东北。
② 治所在今河南宜阳西。
③ 即"李氏当为天子"的预言。

将、伊州刺史张善相，对外却宣称自己要去洛州。

熊州守将史万宝得知李密反叛，很担心，对副将盛彦师说："李密骁勇善战，手下又有一批能干的将领，我们肯定抵抗不了。"

盛彦师摇头说道："只要用几千兵马截击，一定能砍了李密的头。"

史万宝忙问："你有什么办法？"

盛彦师笑着说："兵法讲究个'诈'，不能告诉你。"随即他率领士兵翻过熊耳山，据守山南要道，让弓箭手埋伏在路两旁的高处，拿着刀盾的士兵埋伏在溪谷，命令他们："等叛贼过河到一半，你们就同时出击。"

有人问他："听说李密准备去洛州，而您却进了山，这是为什么？"

盛彦师说："李密扬言要去洛州，是骗人的，其实他想投奔张善相。如果叛贼进了谷口，我们从后面追击，山路狭窄险峻，他们只要派一个人殿后，我们就拿他们没办法。现在我们抢先进谷，一定能捉住他们。"

果然，不久，李密就率领军队翻过熊耳山，从山的南面出来。盛彦师下令攻击，李密的部队被拦腰切断，首尾断绝了联系，不能相互救援。混战中，盛彦师斩杀了李密，把他的首级传送到长安。李密一死，强大的瓦岗军迅速瓦解。

成语学习 ①

在 此 一 举

指事情的成败就于这一次的行动。

造　句：高考是很多人改变命运的机
会，对他们来说，成败往往在
此一举。
近义词：毕其功于一役

---

① 这个故事的原文里还有成语"天地不容"（天地所不能容纳。指大逆不道、罪孽深重的人与事）、"包藏祸心"（心里怀着害人的恶意）、"老生常谈"（人们听惯了的没有新鲜意思的话）、"如拾地芥"（容易得到）。

【 破竹之势 】

《资治通鉴·唐纪二》

世民帅二千余骑追之，窦轨叩马苦谏曰："仁果犹据坚城，虽破罗睺（hóu），未可轻进，请且按兵以观之。"世民曰："吾虑之久矣，破竹之势，不可失也，舅勿复言！"

译 文

李世民率领二千多骑兵追击宗罗睺，窦轨拉住马苦苦地劝道："薛仁果还占据着坚固的城池，我们虽然打败了宗罗睺，但不能轻易冒进，我请求暂且按兵不动，观察一下薛仁果的动静。"李世民说："我考虑这个问题很久了，现在我军节节胜利，毫无阻碍，机不可失，舅舅不要再说了！"

138 / 139

"万人敌"不敌一人

李渊虽然称帝，竖起了大唐的旗号，但势力范围仅限于关中、河东等部分地区，天下还存在许多大大小小的割据政权。要想顺利东进南下，统一全国，李渊父子必须先消灭西边的薛举政权，解决李唐①的后顾之忧。

薛举原是河东汾阴人，后侨居金城，在官府担任校尉一职。当时，陇右地区②盗贼四起，金城县令郝瑷招募了几千兵丁，让薛举率领着去讨伐他们。结果，在犒劳出征将士的酒宴上，薛举带着儿子薛仁果以及十三个同伙，劫持了郝瑷，鼓动大家造反。

薛举骁勇豪爽，在当地颇有影响力，他的号召得到众人的响应。为了博取人心，薛举下令打开粮仓，赈济百姓。果然，前来投军的人络绎不绝。薛举自称西秦霸王，封薛仁果为齐公，然后分兵攻城略地，很快占领了整个陇西地区，军队扩充到十三万人。不久，薛举登基称秦帝，封薛仁果为皇太子。

薛仁果力大无穷，善于骑射，将士们对他十分敬畏，称他为"万人敌"。他生性贪婪、残忍，不把杀人当回事，曾经把俘虏放在火上烤，然后一点点儿地割下肉来让士兵们吃。有一次，他攻下一座城池，为了逼富人们交出金银财宝，就把他们倒吊起来，往鼻子里灌醋。

---

① 即李氏唐朝。
② 又称陇西，泛指陇山以西地区。古代以西为右，故名。约今甘肃陇山、六盘山以西，黄河以东一带。

薛举经常为此教训这个儿子："凭你的才能，是可以干大事的，但你生性如此酷虐，不能宽厚待人，总有一天会害得家灭国亡的！"但薛仁果把他老子的话当成耳旁风，吹过了事，依然我行我素。

随着势力越加壮大，薛举就想攻取长安，不料却被李渊父子捷足先登，恼怒之下派兵包围了距离长安只有数百里的扶风城。李渊派秦王李世民率兵进击，大破薛军。

薛举惊慌不已，问一众臣子："古代有天子投降的事情吗？"

有人就说："这种转祸为福的事自古就有……"可没等他说完，担任卫尉卿的郝瑗就打断了他的话，对薛举说："汉高祖刘邦多次败在项羽手下，可他最终完成了帝业，陛下您又怎么能因为一战失利，就要做亡国的打算呢？"

薛举听了也后悔，便掩饰道："我只是拿这话试试你们。"然后重赏了郝瑗，让他做自己的首席谋士。

李渊在长安称帝后，薛举派兵攻打高墌（zhǐ）①。李渊任命李世民为元帅，统领八路大军前去抵御。李世民认为薛举军粮少，急于速战速决，于是据守高墌，任凭对方在阵前叫骂，就是不出战，想拖垮他们。

偏偏这时李世民得了疟疾，就把军中事务委托给长史刘文静、司马殷开山，并告诫二人："薛举孤军深入，粮食不多，士卒疲惫，假如来挑战，你们不要应战。等我病好了，看我怎么打败他们。"

退下后，殷开山对刘文静说："王爷担心我们不能打败敌人，才说刚才那番话的。贼兵听说王爷有病，必然轻视我们，我们应该显示一下武力，威慑敌人。"于是二人背着李世民，在高墌西南排兵布阵，并仗着人多不加防备。

---

① 在今陕西长武北。

薛举大喜，悄悄从背后袭击唐军。最终，双方在浅水原①大战了一场。结果，唐军八路总管都败下阵来，士卒死了大半。李世民无奈，只得率军返回长安。薛举于是攻克了高墌。

在郝瑗的建议下，薛举本打算乘胜向长安进军，不料突然患病，不久就去世了。郝瑗伤心过度得了病，跟着不治而死。

李渊想趁薛仁果刚继位，根基不稳，一举消灭他，便再次任命李世民为元帅，出兵攻打薛仁果，同时派李世民的舅舅窦轨率军牵制薛仁果，配合李世民作战。

谁知窦轨轻敌冒进，初战失败。薛仁果乘胜围攻泾州②。由于泾州地处偏远，城中储粮不多，被围多日后，粮食就吃光了，镇将刘感忍痛把自己心爱的战马杀了，把马肉全都分给了将士们，自己则用煮马骨的汤拌着木屑充饥。

眼看泾州就要陷落，长平王李叔良领兵赶来支援。薛仁果担心不敌，率军向南撤退。走到半路，薛仁果不甘心失败，左思右想，想出一条诡计：让高墌人诈降，引唐军上钩。

李叔良收到高墌人的归降书，大喜过望，派刘感率兵前去受降。刘感来到高墌城下，见城门紧闭，就命人上前敲门。

城内的人回应说："贼军刚走，只怕他们还会卷土重来，城门开不得，你们还是翻墙进来吧。"

刘感顿时起了疑心，下令焚烧城门。城内的人见城门着火，连忙从城头倒水下来。刘感意识到对方是诈降，立即命令步兵先撤退，自己带领精锐骑兵殿后。就在这时，高墌城头突然燃起了三堆烽火，薛仁果的军队不知从哪儿冒出来，呐喊着向刘感的军队杀来。刘感不敌，被薛仁果抓获。

---

① 今陕西长武北浅水村一带。
② 在今甘肃泾川北。距离长武百里。

薛仁果又重新包围了泾州，他逼刘感向城内喊话，让唐军投降。刘感假装答应，走到城下却大声喊道："贼人的粮草没了，秦王率领的几十万大军马上就到，你们不要担心，坚守城池，贼人很快就会灭亡！"

薛仁果大怒，让士兵挖了一个浅坑，把刘感活埋到膝盖处，然后自己飞身上马，一边奔跑一边朝刘感放箭。没多久，刘感全身上下射满了利箭，血如泉涌，但一直到死，他都在高声痛骂薛仁果。城内的唐兵见此情景，纷纷落泪。李叔良强忍住悲痛，与众将士环城坚守。

不久，李世民率领大军赶到高墌，扎下营寨。薛仁果派部将宗罗睺领兵抵御。宗罗睺几次发起挑战，李世民坚守营垒，就是不应战。

众将领都想一雪前耻，纷纷请求出战，李世民说："我们的军队刚打了败仗，士气低迷，敌人仗着得胜，骄傲自满，轻视我们。我们应当紧闭营门，耐心等待时机。时机一到，他们骄傲，我们奋勇，一仗就可以打败他们。传令下去，有敢请战的，一律斩首！"将士们于是不敢再吭声。

双方相持六十多天后，薛仁果的军粮吃完了。薛仁果做太子时，就和很多将领有矛盾，等他做了皇帝，大家都心生疑虑，惴惴不安。所以，这时就有不少将领带着各自人马前来投降唐军。

李世民见薛仁果的军队人心离散，便命令部将梁实在浅水原扎营，引诱对方。

宗罗睺见唐军终于出来了，大喜过望，立即出动全部精锐兵力进攻梁实。梁实守住险要，也不出兵交战。宗罗睺一连猛攻了几天，李世民估计对方已经疲劳，觉得时机到了，就对众将领说："可以打了！"

天色微亮时，李世民命令部将庞玉在浅水原布阵。宗罗睺转而集中兵力攻打庞玉。两军混战之时，李世民率领大军出人意料地从浅水原北边出现，宗罗睺只好又掉头迎战李世民。李世民带着几十名骁勇骑兵率先冲入敌阵。唐军上下奋力搏斗，呼声震天，宗罗睺的军队败退。

李世民率领两千骑兵就要追击。窦轨刚吃过薛仁果的亏，生怕李世民重蹈覆辙，便死死拉住他的马，劝道："薛仁果还占据着坚固的城池，我们虽然打败了宗罗睺，还是不能轻敌冒进，我请求暂且按兵不动，观察一下敌人的动静。"

李世民坚定地说："一切都在我的掌握之中。现在我军已成破竹之势，机不可失！舅舅您不要多说了。"说完两腿一夹，策马疾驰而去，两千骑兵紧随其后。

宗罗睺不敢再战，带着他的残兵四散而去，李世民又向高墌城挺进。

薛仁果得知唐军前来，在城下列阵，准备迎战。李世民沿着泾河[①]扎营，与他对阵。薛仁果手下几员骁将早就怨恨他的残暴，不愿再为他卖命，都跑到唐军阵前投降。薛仁果军中士气开始低迷起来。薛仁果这个"万人敌"，生平第一次感到害怕，便带着人马进城拒守。天快黑时，唐军主力相继到达，包围了城池。

到了半夜，守城的士兵争着攀城墙出来投降。薛仁果无计可施，只好出城投降。众将领都来向李世民祝贺，顺便问他："大王舍弃步兵，又没带攻城器械，只率领两千骑兵就直接攻到城下，大家都以为会无功而返，没想到这么快就拿下了城池，这是什么原因呢？"

李世民笑着说："宗罗睺的部下都是陇西人，骁勇剽悍，我只是

---

① 渭河最大支流，跨宁夏、甘肃、陕西三省区。

出其不意打败了他，杀伤并不多，如果停下攻势，他们就会退入城里，薛仁果安抚以后，再次出战，就不容易战胜了。现在迅速追击，他们就会逃回陇西，薛仁果吓破了胆，没时间谋划，这就是我取胜的原因。"众人听了，都心悦诚服。

李世民率军回到长安后，李渊下诏将薛仁果在闹市斩首示众，并追赠刘感为平原郡公。

成语学习①

破 竹 之 势

比喻节节胜利，毫无阻碍。

造　句：在那场海战中，我军以破竹之势迅速收复了六座岛礁。	
近义词：势如破竹、所向披靡	
反义词：节节败退、望风披靡	

---

① 这个故事的原文里还有成语"亡在旦夕"（灭亡只是早晚的事情）。

【 一劳永逸 】

《资治通鉴·唐纪四》

唐将士皆疲弊思归，总管刘弘基等请班师，世民曰："今大举而来，当一劳永逸。东方诸州已望风款服，唯洛阳孤城，势不能久，功在垂成，奈何弃之而去！"

译 文

唐军将士都疲惫不堪想回关中，总管刘弘基等人请求班师回朝，李世民说："如今大举而来，应当辛苦这一次，以获得永久的安逸。洛阳以东的各州已望风归服，唯有洛阳一座孤城，其势也不能持久，成功在即，怎么能放弃而回朝呢？"

不破洛阳终不回

　　消灭西边的薛举父子后，秦王李世民又击败了河东地区的割据势力刘武周，从而解除了来自东北侧面的威胁。于是，唐高祖李渊把目光投向了洛阳。

　　此时，洛阳城已经易主。王世充打败李密后，越发骄横独断，贪得无厌，官拜太尉还不够，又授意手下人向皇泰主杨侗建议，封自己为郑王，加九锡之礼。之后他又盯上了皇位，逼迫皇泰主禅让："现在天下尚未安定，需要立年长一些的人做君主，等到天下安宁，一定再恢复您的帝位，决不食言。"就这样，王世充当起了皇帝，立国号为郑。一个月后，皇泰主就被王世充毒杀，临死前，他焚香祷告："愿从今以后，不再生于帝王家!"

　　不少部下厌恶王世充的为人，纷纷投降李唐。王世充见人心离散，就用酷刑阻止人员外逃：一人叛逃，全家老少全部杀死，父子、兄弟、夫妻相互告发的可以免死；五家结为一保，一家逃亡，四邻若没有察觉，四家都要获死罪。然而，他杀的人越多，逃亡的人也越多，以致最后连出城砍柴都要限制人数。王世充还将宫城当作大监牢，把忌恨他的人连同家属一道囚禁在宫内，将领如果要出城作战，家属必须留在宫里做人质。被囚禁的人经常不下一万人，每天都有几十人饿死。

　　武德三年（公元620年），李渊命李世民统率大军东进，攻打王世充。王世充闻讯，急忙从各州选拔骁勇将士，集中到洛阳。

之前，王世充利用李世民和刘武周作战之际，占领了李唐在河南的不少地盘，势力得到扩张，军事力量并不弱，而且唐军远道而来，在他的本土作战，原本应该会出现比较激烈的胶着战。不料，一开战，王世充的局面就迅速恶化，各地将领纷纷不战而降，才三四个月的时间，洛阳周围的郡县全部落入李世民手中，洛阳成了一座孤城。

眼看局势不利，王世充只好求和，他隔着滚滚的洛水，对李世民说："隋朝灭亡，你们李氏在关中称帝，我王世充在河南建立郑国。我并没有向西侵犯你们李唐，秦王您为什么忽然率军东来犯我郑国？"

李世民让手下人答复道："普天之下都仰慕大唐皇帝的声威，唯独阁下阻止皇帝教化，我们就为此事而来！"

王世充低声下气地说："我们大家停战讲和，不是很好吗？"

李世民又让手下人回答："大唐皇帝只命令我们攻取洛阳，没让我们讲和。"

王世充见和谈不成，就打算偷袭李世民。一天，王世充趁李世民巡视战区地形时，突然率领一万多人包围了他。当时李世民身边只有五百骑兵，面对强敌，唐军将士都很惊慌。

王世充的部将单雄信挺着长枪直奔李世民而来。说时迟，那时快，只见唐将尉迟敬德①拍马冲过来，口里大喊了一声："小贼，拿命来！"话音刚落，他手中的铁鞭已经将单雄信掀下马背。王世充的将士见他如此勇猛，惊得纷纷后退。

尉迟敬德护卫着李世民冲出包围圈后，又重新率兵回击，他单枪匹马出入王世充队伍，如入无人之境。很快，唐军将领屈突通得

---

① 尉迟恭，字敬德，原是刘武周的部将，后来归降了李世民。相传，李世民登基后，经常做噩梦，就让尉迟敬德、秦叔宝守卫宫门，这才得以安宁。后来，李世民让宫中画匠绘制二人手持鞭锏、怒目发威的戎装像，悬挂于宫门两旁镇邪。后世遂沿袭为门神。

到消息，带领大军赶到，将王世充的军队打得抱头鼠窜。

李世民率军日益逼近洛阳，王世充知道自己打不过，万般无奈下，只好向另一个割据势力窦建德求救。

窦建德年轻时就胆识过人，隋炀帝攻打高丽时，他应征入伍，因为勇敢被选为二百人长，后来因为暗中资助同乡造反，连累自己的家属被官府杀害，于是率部起义，自称夏王。每次攻陷城池，窦建德就会把得到的财物全部分给将士，自己不留任何东西。他不吃肉，三餐粗茶淡饭，妻子也不穿绫罗绸缎。抓到隋朝官吏，他都量才授官，对不愿留下的人，也给予路费粮食，派兵保护他们出境。所以，很多人依附他，是当时诸多割据势力中较有作为的枭雄，被李密打败、逃到魏县的宇文化及后来就是被他所灭。

先前窦建德和王世充交好，曾派使者到洛阳朝拜皇泰主杨侗。王世充自立为帝后，窦建德就和他绝交了。后来王世充侵占了窦建德的黎阳，窦建德便攻破殷州①，报复王世充。从此，郑、夏两国关系日趋恶化。

所以，窦建德收到王世充的求救信后，第一反应是置之不理。有个叫刘彬的臣子劝他说："天下大乱，李唐取得关中，郑国占据河南，我们夏国拥有河北，形成三足鼎立之势。如今李唐发兵攻郑，唐强郑弱，郑肯定撑不了多久。郑一旦灭亡，下一个就轮到我们夏了。不如放弃仇怨，发兵救郑，内外夹击，一定能打败唐军。李唐退兵后，我们再慢慢观察形势的变化，如果郑可取就取郑，然后合并两国的兵力，趁唐军疲劳，一举夺取天下！"

刘彬这个"唇亡齿寒"的论调，窦建德听进去了，派人回复王世充，答应出师援救。

---

① 辖境约在今河南获嘉一带。

　　很快，李世民的大军就把洛阳城围得水泄不通。然而，由于城中的防御十分严密，武器也很厉害，大炮能把五十斤重的石头投出两百步远，还有八个弓的强弩可以把箭射到五百步远的地方，唐军虽然从四面昼夜不停地攻打，却过了十几天都没能攻克。

　　唐军将士都疲惫不堪，想回关中，不少将领也请求班师，李世民却说："这次大举而来，应当一劳永逸，彻底消灭王世充。洛阳周边的郡县都已经投降了，就剩下洛阳一座孤城，坚持不了多久，我们马上就要成功了，怎么能放弃呢？给我传令全军：洛阳不破，决不回师！胆敢提撤军的，一律斩首！"

　　远在长安的李渊听说后，也想见好就收，于是颁下密敕，让李世民还军。李世民只好派人回去当面向李渊说明军前形势："王世充就剩下洛阳一城而已，已经智穷力尽，克城之日就在近期。现在如果回师，他就会重新振作起来，再加上各地互相联合，以后想要消灭他就难了！"李渊听从了李世民的建议。

　　恰好这时，王世充的部下沈悦悄悄派人来请降。唐将王君廓连夜带兵偷袭洛阳东边的重要关隘——武牢^①，沈悦做内应，于是唐军攻克了武牢。

　　不久，窦建德的十几万援兵到了，王世充的弟弟派手下将领率领几千士兵与窦建德会合，在武牢东边的平地上扎营，与王世充互通消息。

　　这时，李世民的手下将领就分成两派：一派认为应该暂避锋芒，退到潼关；一派则主张据武牢之险，一举打败郑、夏两国。

　　李世民采纳了后者的意见，说："王世充损兵折将，粮食吃光，上下离心，我们不必花气力攻打，可以坐等他败亡。窦建德刚刚打

――――――――――――――――

① 即虎牢，唐朝时避李渊的爷爷李虎的讳，称武牢。

败占有曹、戴两州的孟海公^①，将领骄傲，士卒却疲惫，我们占据武牢，等于扼住他的咽喉。"于是让大部队继续围困洛阳，他自己率领三千五百名骁勇将士，急行军进入武牢。

窦建德在武牢受阻，无法前进，打了几仗都没取胜，将士们个个想回去。这时有人劝他渡过黄河，进攻关中，逼唐军回师自救，这样洛阳之围就可以自动解除。这本是个好计策，但由于王世充不断派人来告急，请求驰援洛阳，窦建德因此没有采纳。他探听到唐军草料用完，在黄河北边牧马，打算率领全部兵马袭击武牢。

李世民得知后将计就计，向北渡过黄河，留下一千多匹马在黄河边吃草以引诱窦建德。窦建德果然倾巢而出，军阵连绵二十里，擂鼓前进。

李世民带着几名骑兵登上高丘，仔细观察敌阵后，对将领们说："敌人有轻视我们的意思。列阵时间一长，士卒饥饿，就会自动撤退，我们再追上去攻击。我和各位打赌，一过正午，肯定能打败他们！"然后下令在汜水岸边布阵。

窦建德果然轻视唐军，先派了三百名骑兵渡过汜水，在离唐军军营一里远的地方停下，然后让使者去对李世民说："请您也挑选几百名精兵与他们耍耍吧。"李世民便派出两百名长枪手应战。双方打了几十个回合，始终没能分出个胜负。

到了中午，窦建德列阵的士兵又饥又累，都坐下来休息，又争水喝，不少人徘徊着想撤退。李世民瞅准时机，命令全军涉过汜水，直扑对方军阵。窦建德的士兵慌忙迎战。一时间，尘土飞扬，遮天蔽日。

李世民带着猛将程咬金、秦叔宝^②等人卷起旗帜，冲进敌阵，

---

① 大业九年（公元 613 年），济阴人孟海公聚众起义，占有曹、戴两州（山东菏泽市定陶区、牡丹区一带），自称宋义王。
② 程咬金、秦叔宝原是李密的部将，李密被王世充打败后，二人投靠了王世充，后又不耻王世充的为人，在一次与唐军的交战中，阵前倒戈，投降了李唐，成为李世民手下骁将。

又从阵后冲出，再打开旗帜。窦建德的士兵见唐军军旗飘扬，以为对方胜了，立刻溃败。窦建德让长枪刺中，当了俘虏，被押到李世民面前。

李世民斥责他说："我们讨伐王世充，与你有什么相干，竟然跑到你的领土之外，与我们交战？"

窦建德羞愧地说："我若不主动来，只怕将来要麻烦您跑远路攻取。"

李世民让人押着窦建德来到洛阳城下。王世充看着五花大绑的窦建德，知道自己最后一丝希望破灭了，只好身穿白衣，率领公卿大臣两千余人出城，向李世民投降。

李世民一举平定窦建德、王世充两大割据势力，统一了中国北方。不久，江淮的杜伏威、江南的萧铣（xiǎn）等势力也先后降唐，大唐帝国的版图基础由此奠定，一个空前盛世即将来临。

成语学习①

一劳永逸

辛苦一次，把事情办好，以后就可以不再费力了。

造　句：学习从来没有一劳永逸的办	
法，只有活到老，学到老。	
反义词：劳而无功、事倍功半	

---

① 这个故事的原文里还有成语"智尽力穷"（智慧和能力都已用尽）、"腹背受敌"（前后受到敌人的夹攻）、"无人之境"（没有人居住的地方）、"智者千虑，必有一失"（不管多聪明的人，在很多次的考虑中，也一定会出现个别错误）。

〖 骨肉相残 〗

《资治通鉴·唐纪七》

世民叹曰:"骨肉相残,古今大恶。吾诚知祸在朝夕,欲俟其发,然后以义讨之,不亦可乎!"

译 文

李世民叹息着说:"骨肉相互残杀,是古往今来的大丑事。我诚然知道祸事即将来临,但我打算在祸事发生以后,再仗义讨伐他们,不是也可以吗!"

喋血玄武门

唐高祖李渊的妻子窦氏一共为他生了四个嫡子：李建成、李世民、李玄霸、李元吉。除了早逝的李玄霸，其他三子都跟着李渊从晋阳起兵，一起打江山，其中数秦王李世民的功劳最大。李渊觉得前代王朝的官爵都不能与李世民的功劳相称，于是特别为他设置"天策上将"这一称号，地位在王、公之上。

早在晋阳起兵时，李渊就对李世民说："如果大事成功，那么天下都是你带来的，该立你为太子。"

等到李渊攻取长安，立隋炀帝的孙子、代王杨侑为皇帝，自己成为唐王时，将领们就请求以李世民为世子，但李世民坚决推辞，李渊只好立长子李建成为世子。李渊称帝后，世子李建成也就成了皇太子，但他性情惰慢，喜欢饮酒，贪恋女色，爱打猎。高祖不喜欢他，常常想改立李世民为太子。李建成知道后很不安，想拉拢弟弟李元吉，就向他许诺说，自己即位后，会立他为皇太弟。从此，二人经常在一起谋划排挤李世民。

高祖晚年宠幸的妃嫔很多，李建成和李元吉对她们奉承献媚、贿赂馈赠，只有李世民不去讨好她们，她们便争相在高祖面前称赞李建成和李元吉，而诋毁李世民。

李世民平定洛阳后，高祖让几个贵妃到洛阳挑选隋朝留下来的宫女，她们私下向李世民索要宝物，并为自己的亲戚求官。李世民回答说："宝物都已经登记在册，上报朝廷了。官位应当授予有才能、有功劳的人。"没有答应她们的任何要求，妃嫔们因此更加恨他。

尹德妃的父亲尹阿鼠骄横跋扈，秦王府的官员杜如晦经过他的门前时没有下马，尹阿鼠指使仆人把杜如晦从马上拽下来，揍了他一顿，还打断了他的一根手指，骂道："你是什么人，胆敢过我的门前不下马！"

打完人，尹阿鼠怕遭到李世民报复，就让尹德妃来了个恶人先告状。尹德妃哭哭啼啼地对高祖说："秦王的亲信欺侮我娘家人。"高祖见她哭得梨花带雨，就生气地责备李世民："朕的妃嫔家都受你身边的人欺凌，何况是小老百姓！"李世民反复为自己辩解，但高祖始终不相信他。

李世民每次在宫中侍奉高祖宴饮，面对诸位妃嫔，想到母亲死得早，没能看到高祖拥有天下，有时不免叹气流泪。高祖看到后很不高兴，妃嫔们便又趁机诋毁李世民："天下平安无事，陛下年寿已高，就应该娱乐娱乐，开开心心，而秦王总是一个人流泪，这实际上是憎恨我们呢。陛下作古后，秦王一定容不下我们母子，我们会被杀得一个不留！"又说："皇太子仁爱孝顺，陛下将我们母子托付给他，必然能获得保全。"从此高祖打消了改立太子的念头，逐渐疏远李世民，对李建成、李元吉却日益亲密起来。

有一次，高祖外出打猎，太子李建成、秦王李世民和齐王李元吉都随同前往。李建成有一匹胡马，膘肥体壮，但是喜欢尥（liào）蹶子，他就假装好意，将这匹胡马送给李世民。李世民骑着这匹胡马追逐野鹿时，胡马忽然尥起蹶子来。幸好李世民善于骑马，跃身而起，在几步外站定。这样连续发生了三次后，李世民就对李建成产生怀疑，对身边人说："太子想用这匹胡马害我，可生死是命运主宰的，他又能伤害我什么呢？"

李建成听说后，就让嫔妃在高祖面前诬陷李世民："秦王说什么

'上天授命于我，要让我当天下的共主哩，怎么会白白死去'……"

高祖非常生气，又把李世民叫去，责备他："谁是天子，自然会有上天授命于他，不是人的智力所能够谋求的，你怎么这般急切呢？"

李世民摘去王冠，伏地叩头，请求将自己交付执法部门查证，高祖仍然怒气不消。就在这时，有关部门奏称突厥带兵前来侵扰。

原来，东突厥的始毕可汗死后，他的弟弟颉利可汗继位，并娶了嫂嫂义成公主为妻。义成公主痛心于隋朝灭亡，不断唆使颉利可汗侵扰唐朝。高祖非常忧虑，一度想迁都躲避，李世民极力劝阻："怎么能干这种让举国臣民感到耻辱、让后人讥笑的事呢？请给我几年的时间，我一定活捉颉利！"高祖便打消了这个念头，转而以金银财物笼络东突厥。没想到，这次颉利可汗和侄子突利小可汗合兵前来侵扰。

于是，高祖的脸色缓和下来，转而劝勉李世民，让他戴上王冠，系好腰带，起来商议对付突厥的办法。最终，李世民利用反间计，迫使颉利退兵。高祖总是这样，发生敌情时，就命令李世民前去讨伐敌人，等到战事平息，他对李世民的猜疑却越发严重。不过，尽管这样，高祖始终没有对李世民起杀心。

李建成见这些办法都难以彻底除掉李世民，就想了一个毒招。一天夜里，他突然叫李世民去喝酒。李世民没有提防，喝下了用鸩（zhèn）羽浸泡过的毒酒，心脏剧痛无比，吐了几升血，被人搀扶着回去。好在大夫及时为他救治，才保住了性命。

高祖了解事情的原委后，去看李世民，面露难色地对他说："你是第一个提出反隋的人，之后平定国内的敌人，这都是你的功劳。朕原本是打算立你为继承人，你却坚决推辞。而且，建成年纪最大，从立为世子到现在，很长时间了，朕也不忍心削去他的权力啊。朕看你们兄弟似乎难以相容，一起住在京城，肯定会生出事情来，所以打算派你去洛阳，陕州以东的大片地区都归你管。"

李世民也担心太子会继续加害自己，离开京城这个是非之地，不失为上策，且洛阳地势优越，是个好去处，就同意了。

李建成和李元吉得知后聚在一起商议："秦王到了洛阳，有了地盘和军队，就不容易控制了。不如将他留在长安，要搞他就很容易。"于是，他们暗中让人给高祖上密奏，说秦王前往洛阳利少弊多。高祖便改变主意，不让李世民前往洛阳了。

秦王府的官员知道李世民处境艰难，都忧惧万分。幕僚房玄龄、长孙无忌、杜如晦劝李世民诛杀李建成与李元吉："大王的功劳足以遮盖天地，理应继承大业。大王应该像周公平定管叔和蔡叔一样，安定皇室与国家。"

李世民叹息着说："骨肉相残，是古往今来的大丑事。我也知道祸事即将来临，但我打算等他们先动手，然后再讨伐他们，这样是不是更好？"

房玄龄等人劝道："不能再等了，再等我们就被动了。到那时，遭殃的不仅是我们秦王府，国家的存亡都成问题。"但李世民还是犹豫不决。

为了削弱李世民的力量，李建成和李元吉想尽各种办法，或行贿拉拢，或治罪关押，或任职外派，把李世民身边的谋士亲信接二连三地弄走，就连房玄龄和杜如晦也遭到他们的诬陷，被驱逐出京。

不久东突厥又来进犯，李建成便推荐李元吉代替李世民率领各路大军北征突厥。高祖采纳了他的建议。李元吉又请求让秦王府的尉迟敬德、秦叔宝等骁将随自己出征，他还把秦王军中精悍勇锐的将士挑走以充实自己的军队，而李建成则准备在自己和李世民为李元吉饯行时，趁机杀死李世民。

长孙无忌、尉迟敬德等人得知后，劝李世民立刻动手。尉迟敬德说："如果大王不肯动手，我就准备逃到荒野了，我可不想留在大王身边任人宰割！"

李世民还是拿不定主意，想让人卜算一下吉凶。幕僚张公谨将龟甲拿过来扔在地上说："占卜是为了决定疑难之事，眼前的事情并没什么疑难的，还占卜什么呢！如果卜算的结果是不吉利的，难道就不采取行动了吗？"

李世民这才下定决心除去太子与齐王。他先是秘密召回房玄龄和杜如晦，然后向高祖上了一份奏章，告发李建成、李元吉与后宫嫔妃淫乱，并说："我丝毫没有对不起哥哥与弟弟的地方，现在他们却打算杀死我，似乎是要为王世充、窦建德报仇。如今我将含冤而死，永远离开父皇，魂魄回到地下，如果见到王世充等人，实在感到羞耻！"高祖大惊，答应次日就审问此事。

　　第二天，李世民率领长孙无忌等人入朝，在玄武门埋伏了士兵。不料，高祖的一个嫔妃暗中得知了李世民上奏的内容，急忙跑去告诉李建成。李建成便把李元吉叫去商量。

　　李元吉说："我们应该控制住你的东宫和我的齐王府的军队，然后借口有病，不去上朝，进一步观察形势再说。"

　　李建成则说："军队方面的布置已经很周密了，我们应该入朝参见，亲自打听消息。"于是二人一起入朝。

　　走到临湖殿的时候，李建成与李元吉察觉到情形不对，立即调转马头，准备返回东宫和齐王府。李世民却从后面招呼他们。李元吉立即拉弓要射李世民，不知道是不是因为紧张，拉了好几次都没

把弓拉满。李世民却不含糊，举起弓箭，一箭就把李建成射死了。尉迟敬德带着七十名骑兵随即赶到，把李元吉射下马来。

就在大家以为大功告成时，李世民的坐骑突然受惊，狂奔起来，跑进了玄武门旁边的树林里。李世民被林中的树枝挂住，从马上摔下来，倒在地上，一时爬不起来。

李元吉挣扎着从地上爬起来，迅速追了上去，夺过李世民的弓，准备勒死他。就在这紧要关头，尉迟敬德跃马奔来，大声呵斥李元吉。李元吉知道自己不是尉迟敬德的对手，就放开李世民，想跑进武德殿寻求高祖庇护，但尉迟敬德策马追上他，一箭将他射死。

东宫和齐王府得知消息，立即出动两千精锐，赶到玄武门，与埋伏在那里的秦王府士兵激战起来。不久，尉迟敬德提着李建成和李元吉的头颅前来，东宫和齐王府的人立刻溃散，逃之夭夭。

此时，高祖正在宫内的海池上划船，李世民让尉迟敬德入宫担任警卫。尉迟敬德身披铠甲、手握长矛，径直来到高祖所在的船上。高祖极为震惊，问他："你到这里来做什么？"

尉迟敬德回答说："太子和齐王作乱，秦王起兵诛杀了他们。他担心惊动陛下，便派臣来保护陛下。"

高祖叹了口气，对身边的大臣们说："想不到竟然会发生这样的事情，你们认为应当怎么办呢？"

那几位大臣是高祖召来调查李世民上奏的事情的，此刻他们都说："太子和齐王忌妒秦王功勋大、威望高，策划邪恶的阴谋。秦王诛杀他们，并没有错。天下归心于秦王，如果陛下能够立秦王为太子，将国家大事交托给他，就不会再生事端了。"

高祖说："好！这也是朕一直的心愿啊。"然后召李世民前去，安抚他说："曾参的母亲听信别人的话，以为自己的儿子杀了人，吓得扔掉手中的梭子翻墙逃走。最近这段时间，朕差点儿就犯了这样的错啊。"李世民跪下来，伏在高祖的胸前，放声痛哭了很久。

几天后，高祖就立李世民为皇太子，并下诏说："从今天起，军队和国家的各项事务，无论大小，全都交给太子处置决断，然后再报告给朕。"

又过了两个月，高祖颁下诏书，将皇位传给太子李世民。李世民再三推辞不过，第二天就即皇帝位，他就是著名的唐太宗。这一年是公元626年。

骨肉相残

亲人之间相互残害。

造　句：	在古代，为了争夺皇位，很多人不惜骨肉相残，这是人世间最悲惨的事情之一。
近义词：	自相残杀
反义词：	相亲相爱

---

① 这个故事的原文里还有成语"无所不至"（指没有不到的地方。也指什么坏事都做绝了）、"功盖天下"（功劳天下第一）、"死生有命"（指人的生死都是命中注定）、"形胜之地"（指地理形势有利的地方）、"何患无辞"（要想加罪于人，不愁找不到罪名。指随心所欲地诬陷人）、"蓬户瓮牖（yǒu）"（用蓬草编门，用破瓮做窗。指贫苦的人家）、"何所不为"（用反问的语气表示无所不为）、"功高望重"（指功劳大而名望高）、"率土归心"（指天下归心）、"投杼之惑"（比喻没有事实依据的谣言所造成的疑虑）。

【 卷甲韬戈 】

《资治通鉴·唐纪七》

所以不战者，吾即位日浅，国家未安，百姓未富，且当静以抚之。一与虏战，所损甚多；虏结怨既深，惧而修备，则吾未可以得志矣。故卷甲韬戈，啖以金帛。彼既得所欲，理当自退，志意骄惰，不复设备，然后养威伺衅，一举可灭也。

译　文

之所以不与他们交战，是由于朕即位的时间太短，国家尚未安定，百姓并不富足，目前应当休息生养，以安抚为务。一经与突厥开战，带来的损失一定很多。假如突厥在与我们结下深深的怨仇之后，因恐惧而整饬武备，那我们就没有安稳的日子可过了。所以才决定停战息兵，以金银布帛诱惑他们。他们的欲望得到满足之后，理应自动撤退，从此傲慢怠惰，不再整顿军备，而我军则蓄养军威，窥伺其破绽，然后一举消灭他们。

李靖攻灭东突厥

　　唐太宗李世民登基没几天，东突厥就发兵十多万前来攻打。行军至渭水便桥的北岸时，颉利可汗派他的亲信执失思力入京晋见太宗，以便观察唐朝的虚实。

　　执失思力自以为胜券在握，就在太宗面前大肆鼓吹："我们可汗带着百万大军，已经兵临城下……"

　　不料，他话没说完，太宗就厉声斥责道："朕与你们的可汗曾经约定讲和通好，前后赠给你们的金银布帛，数都数不清。朕没有任何地方对不住你们，你们可汗却单方面背弃盟约，率军来犯！虽说你们是戎狄之人，但也是长着一颗人心的，怎么能完全忘却唐朝对你们的巨大恩惠，在这里自夸兵强马壮！今天朕要先将你杀了！"

　　太宗高大威武，说这番话时又声色俱厉，执失思力吓得双腿直哆嗦，跪在地上求饶。大臣萧瑀建议按照礼节打发他回去，太宗却说："如果放他回去，突厥人就会以为我们害怕，从此更加肆意妄为。"他下令囚禁执失思力，接着对房玄龄等六人说："走，跟朕去会会那些突厥人！"

　　颉利可汗在桥边等了很久，都不见执失思力的身影，不免有些烦躁。突然，渭水对岸传来急促的马蹄声，他循声望去，待看清来人，不由得大吃一惊。

　　来的正是太宗一行！只见太宗勒住缰绳，缓缓地扫视了一遍突厥人的军队，然后指责颉利可汗："你为什么背弃盟约，犯我大唐！"随征的东突厥各部族首领被太宗的气势震住，纷纷跳下马来，对着他罗列而拜。

不一会儿，太宗身后尘土飞扬，各路唐军相继赶到，旗帜与盔甲遮盖了原野。颉利可汗脸上渐渐露出恐惧的神色。

太宗指挥各军列好战阵后，打马向前，准备单独与颉利可汗隔河交谈。萧瑀慌了，上前勒住他的坐骑，再三劝阻："陛下，您这样做太危险了！"

太宗却胸有成竹地说："突厥人以为大唐刚发生内乱，朕又新近即位，肯定无法抵御强敌，所以才兴兵侵犯，打算狠狠地劫掠一番。刚才朕向他们炫耀军容，是让他们知道我军一定会迎击；现在朕再轻装独自前往，以显示对他们不屑一顾。我们越是这样，他们就越失去主张。在这种情况下，如果交战，我们一定能取胜；如果言和，对我们也有利。制服颉利，在此一举。"萧瑀这才慢慢地松开缰绳。

果然，和太宗交谈之后，颉利就派使者前来讲和。过了两天，两国在便桥订立和约。唐朝送给突厥许多金银布帛，并释放了执失思力，颉利也下令撤军。

萧瑀很疑惑，请教太宗："突厥人兴师动众前来，为什么这么痛快地撤退？"

太宗说："颉利兵马虽多，但阵容凌乱，击败他们并不难。朕不愿与他们交战，是由于现在国家尚未安定，百姓并不富足，一旦开战，会带来很多损失。所以，朕才决定卷甲韬戈，改用金银布帛诱惑他们。"

萧瑀恍然大悟："怪不得，颉利得了好处，跑得比兔子还快。"

太宗微微一笑，说道："这次突厥人轻易就达成愿望，回去后一定会骄矜、松懈。而我们则赢得富国强兵的时间，将来时机成熟，再发兵消灭他们。"

便桥之盟后，东突厥果然不再大规模入侵唐朝。太宗就把精力放在治理国家上，并狠抓军事训练，亲自带领将士们在显德殿前的庭院里练习箭术，并定期举行测试。不少大臣担心太宗的安全，劝谏说："依照大唐律令，在皇帝住处手持兵刃的要处以绞刑。现在陛下却让这些卑微之人在您身边张弓挟箭，万一有狂徒恣肆妄为……"太宗却摇头说："真正的君主视四海如同一家，大唐辖境之内，都是朕的忠实臣民。朕对每个人都能推心置腹，以诚相待，却为何要对保卫朕的将士横加猜忌呢？"将士们听了都很感动，从此人人自强自励，几年之间，都成为精锐之士。

与此同时，北方的颉利可汗则骄矜傲慢，宠信汉人赵德言，大规模地改变旧风俗，政令也变得烦琐苛刻，惹得东突厥百姓大为不满。颉利又疏远本族人，信任别族胡人，那些胡人连年争斗，把国内搞得乌烟瘴气。恰逢天降大雪，冻死了许多牲畜，百姓饥寒交迫，颉利却无视现实，照样向各部落征收重税。重压之下，薛延陀①与拔野古②、回纥③等属部相继反叛。不久，东突厥北面的部族也纷纷叛归薛延陀。颉利大怒，派突利可汗去征讨，没想到反被薛延陀打得落花流水，突利只身匹马逃回来。颉利大怒，拘禁了他十几天，还狠狠地鞭打他。突利心生怨恨，就向唐朝上表请求投降。

太宗读了上表，心里盘算开了：颉利众叛亲离，实力大减，如果能够利用好薛延陀，让他们牵制颉利，攻灭突厥就轻而易举了。于是，太宗封薛延陀的首领夷男为真珠毗伽可汗。夷

---

① 铁勒诸部之一。原分薛部与延陀部，后薛为延陀所灭，二部合并。游牧于今阿尔泰山西南，役属于突厥。
② 铁勒诸部之一。地近黑龙江，与靺鞨（mò hé）为邻。臣于东突厥、薛延陀，后归唐。等到回纥兴起，又成为其"外九族"。
③ 源出丁零。先后臣于柔然、突厥、薛延陀。贞观二十一年（公元647年），首领吐迷度率众归唐。

男很高兴，派使者入京进贡。太宗又赐给夷男宝刀和宝鞭，并说："如果你的族人犯下大罪，就用刀斩决；如果是小罪，就用鞭抽打。"从此，夷男更加不把颉利放在眼里，经常出兵骚扰东突厥。

贞观三年（公元 629 年）十一月，太宗命任城王李道宗统领并州都督李世勣^①、兵部尚书李靖、华州刺史柴绍、灵州大都督薛万彻，分兵攻剿东突厥。

次年正月，李靖率领三千骁骑从马邑出发，进驻恶阳岭^②，当夜就突袭东突厥的大本营定襄^③城，并取得大胜。颉利可汗想不到李靖出兵如此神速，吓得脸色惨白，颤声道："若唐朝没有倾全国兵力前来，李靖怎么敢孤军深入到这里！"慌乱之中，他下令将牙帐迁移至碛口^④。李靖又派人离间颉利的心腹，诱使其得力干将康苏密投降了唐朝。颉利只得往阴山方向撤退，却遭到李世勣的阻击，他只好收拾残部，仓皇退到铁山^⑤。

颉利可汗怕唐军乘胜追击，就对执失思力说："好汉不吃眼前亏，我先向唐朝天子认个错，服个软，待到草青马肥之时，再转移到漠北重整旗鼓。辛苦你跑一趟长安。"

执失思力来到长安，跪在太宗面前，不住地磕头，说："我家可汗请求举国降附大唐，只要陛下允许，他将亲自入京谢罪。"太宗微笑着答应了他的请求，并派唐俭等大臣出使东突厥，又叫李靖领兵迎接颉利。

李靖率领兵马一路前行，在白道与李世勣会师。李世勣说："颉利虽然惨败，但仍有一定实力，如果他往碛北一带去，他以前的旧

---

① 即徐世勣，唐高祖李渊赐其姓李，后避唐太宗李世民讳，改名为李勣。
② 在今山西平鲁西北。
③ 治所在今山西定襄县东南。
④ 在今内蒙古乌拉特中旗或达尔罕茂明安联合旗境。
⑤ 又称铁建山。在今内蒙古河套北阴山北麓。

部就会来依附。往碛北的路坎坷且遥远，恐怕我军一时很难追上。现在唐俭等人已经到了突厥人的营地，颉利一定会放松戒备。如果我们挑选一万名骁骑，带着二十天的粮草前去袭击，准能活捉颉利。"

"当年韩信就是这样灭掉齐国的呀！"李靖激动地说。

一旁的张公瑾却直摇头："圣上已下诏接受他们投降，况且唐俭等人还在对方营中，我们怎么能进攻呢？"

李靖果断地说："只要能剿灭颉利，唐俭等人根本不用考虑！"当天晚上，他就率领精兵出发，李世勣的大军紧随其后。

此时，铁山的牙帐内，颉利可汗正和唐俭等使臣愉快地交谈，根本想不到李靖会前来偷袭。

行至阴山，李靖命部将苏定方带领二百名骑兵为前锋，在浓雾的掩护下逼近颉利的营地。距离只有七里远时，突厥士兵才发现，报告了颉利。颉利惊恐万分，跳上一匹千里马就往西逃窜。不多时，李靖的精兵赶到，迅速击败来不及逃的突厥兵，并杀掉了隋朝的义成公主。

只剩一万多人的颉利如丧家之犬，打算穿过沙漠，投奔吐谷浑，迎面却撞上了守在碛口的李世勣。各部族首领见势不妙，纷纷弃甲投降。颉利最后也被活捉。

曾经不可一世的东突厥就这么灭亡了，四方夷族首领震骇不已，他们相约来到长安，请求太宗做天可汗。太宗大笑，爽朗地说："我既做了大唐天子，又要做天下共主吗？"文武大臣以及四方各族首领齐呼"万岁"。此后，太宗给西北各族首领的玺书中，均署名"天可汗"。

太上皇李渊听说活捉了颉利可汗，感叹道："当年汉高祖刘邦被匈奴围困在白登城，不能报仇；现在我的儿子能一举剿灭突厥，证明我把江山托付给他是对的，从此我可以高枕无忧啦！"说完，他吩咐在凌烟阁摆下酒宴，召集太宗与诸王、王妃、公主，以及十几名显贵大臣共庆胜利。酒喝到兴头上，太上皇从乐师手中取过琵琶，低头弹奏起来。太宗也走下座位，随着音乐翩翩起舞。公卿大臣见状，纷纷起身祝福，一直到深夜。

卷甲韬戈

韬，隐藏。卷起铠甲，收起兵器。指停止战争。

造　句：	大唐刚经历内乱，局势不稳，太宗只能卷甲韬戈，和东突厥订立渭水之盟。
近义词：	卷甲束兵
反义词：	穷兵黩武

【 路不拾遗 】

二十二

《资治通鉴·唐纪八》

自是数年之后，海内升平，路不拾遗，外户不闭，商旅野宿焉。

译 文

数年之后，天下太平，路上没人捡别人丢失的东西，晚上也不用关门闭户，商人旅客可以在野外露宿。

天子生吞蝗虫

"陛下，最好的办法就是使用重刑，这样盗贼才会害怕，不敢再去偷。"

"是啊，对良民要以仁德去教化，对罪犯就应该使用严苛的刑法，这样才能震慑犯罪。"

太极宫明德殿里，唐太宗李世民正在与群臣讨论防盗的问题。很多人赞成通过严刑重法来禁盗。

太宗微笑着说："老百姓之所以做盗贼，是因为朝廷派到他们头上的赋税和劳役太繁重，再加上当官的贪财好利，搜刮民脂民膏，百姓苦不堪言。吃不饱，穿不暖，饥寒交迫之下，便顾不得廉耻，只能偷盗。朕认为，应当杜绝奢侈浪费，减轻百姓的负担，使老百姓有吃有穿，温饱解决了，他们自然不会去做盗贼，何必用严刑重法呢？"于是下诏实行轻徭薄赋的政策。

退朝后，太宗心里仍然久久不能平静。他意识到，要保证百姓有田种、有饭吃、有衣穿，过上和美的日子，还必须任用清廉、有作为的官吏。

于是，太宗对中书令房玄龄说："任用官吏的关键是得到合适的人选，而不在于人多。"他让房玄龄裁减多余的官吏，之后，又派李靖等大臣巡视全国各地，考察地方官吏是否贤能，并起用被埋没的人才。

为了选拔清廉的官吏，太宗把各地都督、刺史的名字书写在屏风上，一听说他们的善恶事迹，立即标注在他们的名字下面，以备升迁和降职时参考，而县令尤其与百姓亲近，更加要谨慎选择，他便要求五品以上官员各自推荐能胜任县令职位的人，只要有能力，品德好，无论出身，一律任用。

有了清廉能干的官吏还不够，治理国家必须有法可依，太宗又让吏部尚书长孙无忌等人重新议定律令，在宽缓刑罚的原则下，删减了一半多的死刑，把重刑改为轻刑的更是多得不可胜数。

一天，太宗读《明堂针灸书》，看到书里说"人的五脏经络，都在后背"，就立即下诏，要求今后不得鞭打囚犯的后背。

有个叫张蕴古的官员，被人弹劾，太宗一怒之下，将他处斩。这个张蕴古曾经给太宗上过一篇《大宝箴（zhēn）》，说："上天授命于君主，是让他一个人来治理天下，而不是让天下人侍奉他一个。"太宗很欣赏他。

杀了张蕴古后，太宗非常后悔，又下诏说："今后有死刑犯，即使判令立即处决，仍需三次复议才能执行。"但有关部门图省事，短时间里就完成三次复议，太宗便又规定："判死刑的犯人，两天之内中央部门要五次复议，下到各州的也要三次复议。行刑当天，朕不喝酒，不吃肉，也不听音乐。"

有一次，太宗亲自巡视监狱，他看到即将处死刑的人，想着虽然他们都罪有应得，但终究也是他治下之民，便心生怜悯，想满足他们生前最后的愿望。

"离开人世之前，你们还有什么要求？"太宗问他们。

"皇上开恩，若能让我们再回家看望一下老母和妻儿，我们死而无憾。"死囚们磕头如捣蒜。

太宗沉思片刻后说："朕放你们回家，与亲人最后团聚，明年秋天你们自行回来受刑。"

第二年秋天，放归的三百九十名死囚在无人监督的情况下，都按期赶回京师，没有一个人逃亡。太宗很受感动，将他们全部赦免。

但是，太宗又很注意宽赦的尺度，他告诫大臣："古人说：'宽赦是小人的幸事，是君子的不幸'，留着恶草会损害好谷子，宽赦罪犯则让善良的百姓遭殃。所以，朕即位以来，并不想发布太多的赦令，以免小人有恃无恐，动辄触犯法令。"

太宗深知天下的安定，是以百姓的安居乐业为基础，所以他始终把百姓的疾苦放在心上。

有一年，关内大旱，导致严重饥荒，很多百姓卖儿卖女换取食物。太宗得知后心疼不已，让官员拿出皇宫府库中的金银财物，去赎回被变卖的子女，送还给他们的父母，并下诏说："假如将灾害移到朕的身上，换来五谷丰登、百姓安居，朕也心甘情愿，毫不吝惜。"结果没过多久，旱区就天降大雨，百姓高兴不已，奔走相告，说是皇上的爱民之心感动了上天。

不久，长安地区又出现了蝗虫。太宗在玄武门北面的园林里也看见蝗虫，他捉住几只蝗虫，说："百姓靠谷物为生，却被你们吃掉，朕宁可让你们吃我的肺肠，也不要你们去危害百姓。"说完就要往嘴里送。

侍从赶紧劝阻："陛下，千万不可，这都是不干净的东西，吃了恐怕要得病。"

太宗说："朕恨不得它们把灾难转移到朕一个人身上，怎么还会害怕生病呢？"说完吞食掉了蝗虫。后来，蝗虫渐渐消失了，并没有形成灾害。

太宗心系百姓，严格约束自己，他曾经对身边的大臣说："君主依靠国家，国家仰仗百姓。剥削百姓来奉养君主，就好像嘴馋的人肚子饿了，从身上割下肉来吃，肚子是饱了，身体却死了。这是多么愚蠢啊！所以君主的忧虑，不是来自外面，而在于他自身。君主的欲望多了，花费就大，花费大了，赋役就繁重，赋役繁重了，百姓就愁苦，百姓愁苦了，那么国家就会危急，国家危急了，君主的地位也就不保了。朕常常思考这些，不敢放纵自己的欲望。"

有一年，太宗想修建洛阳的宫殿，以备将来巡幸时使用，工匠们都把材料备齐了，大臣张玄素却劝谏说："当年隋朝营造宫殿，劳民伤财，百姓怨声载道，最终导致覆灭。陛下难道忘了，刚平定洛阳时，您下令将隋朝宫殿中凡是精美奢侈的都毁掉，这件事过去还不到十年，为什么又下令重新修缮？陛下从前讨厌的东西，难道现在要加以效仿吗？而且目前国家的财力，怎么能与隋时相比！"

太宗的脸色有些不好看，他冷冷地对张玄素说："你的意思是朕不如炀帝？那么与桀、纣相比又如何？"

张玄素面不改色，答道："陛下这么劳民下去，恐怕也要像他们一样招致变乱！"

这话大大地触动了太宗，他低头想了一会儿，感慨地说："是朕考虑不周，你说得有道理，立即停止这项工程吧。以后如果我有事去洛阳，就是露天居住也不要紧！"

不久，又有一件事让太宗感触良多，从此广开言路，从谏如流。太宗年轻时喜好弓箭，曾经得到十几张好弓，他认为世上没有哪张弓能超过它们。有一次，他把这些弓拿给做弓箭的匠人看，结果匠人说："陛下的这些弓用料不行。"

太宗很惊讶，便问原因。匠人说："这些弓的木料，中心部分不直，所以脉纹也都是斜的，弓力虽然强劲，但箭发出去不走直线。"

太宗深受启发，对臣子们说："朕以弓箭平定天下，然而却对弓箭的性能并不完全清楚，何况对于天下的事务，又怎么可能知道所有的道理呢？人想要看见自己的样子，一定要借助镜子，君主想知道自己的过错，身边一定要有耿直的大臣。希望你们畅所欲言，及时指出朕的过失。"

太宗担心官员里有很多人接受贿赂，便秘密安排身边的人去试探他们。刑部有个官员收受了一匹绢帛，太宗知道后就想杀掉他。民部尚书裴矩就劝谏："当官的接受贿赂，的确罪当处死，但陛下派人送上门去让他接受，这是故意引人犯法，恐怕不符合孔子所谓'用道德加以诱导，以礼教来整齐民心'的古训。"

太宗听了很高兴，召集五品以上的官员，对他们说："裴矩能够做到在位敢于力争，并不一味地顺从朕，假如每件事情都能这样做，国家怎么会治理不好呢？"

此后二十年间，国家富足，社会安定，百姓安居乐业，一派路不拾遗的升平景象，史称贞观之治。显然，这与唐太宗爱民如子、任用贤良、重视法治、虚心纳谏分不开。

成语学习

路 不 拾 遗

遗，失物。路上没有人把别人丢失的东西捡走。形容社会风气好。

造　句：	"路不拾遗"是古人对理想中美好社会的朴素描述。
近义词：	夜不闭户
反义词：	世风日下

【 兼听则明，偏信则暗 】

《资治通鉴·唐纪八》

上问魏徵（zhēng）曰："人主何为而明，何为而暗？"对曰："兼听则明，偏信则暗。……人君兼听广纳，则贵臣不得拥蔽，而下情得以上通也。"

译 文

唐太宗问魏徵："君主如何做称为明，如何做称为暗？"魏徵答道："能听取各方面的意见，就是明，偏听偏信，就是暗。……君主善于听取各方面意见，则亲贵大臣就无法阻塞言路，下情也就得以上达。"

一对模范君臣

"贞观年之前，跟随朕夺取天下的人里，以房玄龄的功劳最大；贞观年之后，治理天下，纠正朕的过失，主要是魏徵的功劳。"在一次宴会上，唐太宗感慨地对群臣说。

房玄龄自不必说，他在太宗攻入长安后一路追随，协助其运筹帷幄，经营四方，削平群雄，的确立下安定社稷的不世功勋。

而魏徵就不一样了。魏徵原来是李建成的太子洗马①。早年，他见李建成虽然是嫡长子，但功绩不如李世民，就劝李建成请战立功，巩固自己的地位。李建成听了他的话，带兵平定了山东的割据势力刘黑闼，果然让高祖刮目相看。后来，魏徵见李世民的威胁越来越大，就经常劝李建成尽早除去李世民。

等到玄武门事变，李建成失败被杀，李世民就把魏徵召去，责备他："你为什么挑拨我们兄弟的关系？"

魏徵神色自若地回答："我为太子做事，就要效忠他。如果他早听我的话，就不会有今天的下场。"

众人都为魏徵捏了一把汗，以为他必死无疑，谁知李世民不但没有杀他，反而对他以礼相待。李世民登基后，让魏徵做了谏议大夫，经常向他询问政治得失。魏徵知无不言，他的所有建议都被太宗高兴地采纳。

---

① 东官属官。洗亦作先。先马，即前驱。举行典礼时负责导引仪式，太子出行时则为前导。

贞观元年，有人告发魏徵私下偏袒自己的亲属，提拔他们做官。太宗立即派御史大夫 ① 温彦博去调查此事。结果，查无证据，纯属诬告。太宗很高兴，但仍派人转告魏徵："你内心虽然无私，但以后也要注意避嫌。"

几天后，魏徵上朝对太宗说："我听说君主和臣子就像一个整体，应当彼此真心相待。如果上下不讲秉公办事，只讲远避嫌疑，那么国家的兴亡就未可知了，恕臣不能接受这个诏令。希望陛下让臣做良臣，不要让臣做忠臣。"

太宗好奇地问道："忠臣和良臣有什么区别吗？"

魏徵答道："君臣齐心协力，共享荣耀，使君主成为明君，自己也收获美名，这是良臣；拼死净谏，使君主沦为暴君，自己身死，家破国亡，这是忠臣。二者相差甚远。"

太宗笑了笑，又问魏徵："那么，怎样做才能成为明君，怎样又是昏君呢？"

魏徵答道："兼听则明，偏信则暗。能广泛地听取各方面的意见，就能明辨是非，偏信某个人就会昏庸糊涂。从前尧帝体恤下情，向民众了解情况，所以能及时掌握三苗 ② 作恶的事。舜帝耳听四面，眼观八方，所以共工、鲧（gǔn）、讙（huān）兜都蒙蔽不了他。秦二世偏信赵高，在望夷宫被赵高所杀；梁武帝偏信朱异，在台城被侯景侮辱；隋炀帝偏信虞世基，死于扬州的兵变。所以，君主如果善于听取各方面的意见，则亲贵大臣就不敢阻塞言路，下面的情况就可以反映上来。"

太宗听得很高兴，称赞道："你说得非常好！"然后赐给魏徵五百匹绢。

魏徵相貌平平，但是很有胆略，有时碰上太宗非常恼怒的时候，

---

① 隋、唐、五代时，为御史台长官，专掌监察弹劾百官，地位虽高，但比起秦、汉时相当于副宰相，职权有所下降。

② 尧舜禹时代南方较强大的氏族部落集团。

他也面不改色，太宗因此对他越来越敬畏，时刻注意约束自己的行为，生怕被他抓到错处。

有一次，魏徵告假回家扫墓。回来后，他问太宗："听说陛下要巡幸南山，外面的人马都准备妥当，但您最后又没去，为什么呀？"

太宗笑着说："起初确实有这个打算，怕你回来责怪朕，所以就取消了。"

还有一次，太宗得了一只好鹞鹰，他很高兴，就把它放在臂膀上逗玩。正当太宗玩得起劲时，突然望见魏徵从远处走过来，他怕

魏徵看到后，说他玩物丧志，赶紧把鹞鹰藏进怀里。魏徵来到太宗跟前，开始一件件地奏报朝政大事，每件事他都要把前因后果交代清楚。太宗只好耐着性子听他讲完。魏徵一走，太宗赶紧掏出那只鹞鹰，却发现它已经闷死在自己怀里。

这天，太宗翻阅《隋炀帝集》，见辞藻深奥、渊博雅正，肯定尧舜而否定桀纣，就问魏徵："为什么隋炀帝做起事来和他文章里写的完全相反呢？"

魏徵回答道："君主即便是圣明之人，也应该虚心地接受别人的劝谏，这样才能使有智慧的人贡献他的才能，勇武的人竭尽他的全力，为君主效命。隋炀帝这个人，仗着自己的才智，骄傲自大，刚愎自用，所以尽管他嘴里说的是尧舜的美德，做的却是桀纣做过的事。他没有自知之明，因此遭到覆亡的下场。"

太宗叹息道："前人的教训离我们不远，应当引以为鉴啊。"从此，他更加兢兢业业治理国家，时刻提醒自己不能成为隋炀帝。

贞观六年（公元 632 年），中华大地，东到大海，南至五岭，家家户户丰衣足食，边境也和睦，各民族融洽相处，可谓天下太平。文武百官于是请求太宗举行封禅大礼。

太宗却说："你们都认为登泰山封禅是帝王的盛举，朕不以为然，如果天下安定，百姓家家富足，即使不去封禅，又有什么要紧呢？从前秦始皇搞封禅，而汉文帝不封禅，难道汉文帝的贤德不如秦始皇吗？而且祭祀上天，不一定非得登泰山之顶才算诚心啊！"

群臣还是不停地请求，太宗最后同意了，唯独魏徵认为此事不可行。

太宗便问他："你不想让朕去泰山封禅，是认为朕的功劳不够高吗？"

魏徵答道："够高了！"

太宗又问："是德行不厚吗？"

魏徵答道："很厚了！"

太宗再问："是天下还没安定吗？"

魏徵答道："安定了！"

太宗继续问："是四方的夷族还没归服吗？"

魏徵答道："归服了。"

太宗继续追问："是年成还不丰吗？"

魏徵答道："够丰了！"

太宗顿了顿："那么，就是吉祥的符瑞还没有出现？"

魏徵答道："出现了！"

太宗笑了："那为什么不可以行封禅礼？"

魏徵答道："陛下虽然有上述六点理由，但自从隋朝灭亡、天下大乱之后，户口没有恢复，国库还很空虚，而陛下的车驾东去泰山，随从如云，路上的花费必定巨大，而且还给了前来祝贺的各国君主、远方夷族首领窥探我大唐虚实的机会。再说，封禅一次，就算免除几年徭役，也补偿不了老百姓的劳苦。像这样崇尚虚名而实际对百姓有害的政策，陛下怎么能采用呢？"

就在这时，黄河南北地区几个州县发大水，封禅一事就被搁置下来。

过了几年，魏徵发现太宗逐渐倦怠松懈起来，就上疏批评他："陛下从善如流、闻过必改的精神似乎不如从前，逞威发怒却渐渐多了。尤其最近几年动不动就征役民力，还说'百姓安逸就会变得骄纵'。自古以来，国家没有因为百姓安逸而败亡、因为百姓劳苦而安定的。开头做得好的君主很多，能坚持到最后的却很少，臣希望陛下能善始善终。"

太宗看了很羞愧，他把魏徵叫去，感慨地说："朕虽然平定了天下，但要守住很艰难。朕要把你的奏疏挂在屏风上，早晚阅读。"

有一年，太宗想要任命黜陟大使①，负责考核、审定官员的政绩，但很久都没有物色到合适人选。右仆射李靖就推荐了魏徵。太宗直摇头，李靖很奇怪，问："陛下一向信任魏徵，为什么不同意呀？"

太宗严肃地说："魏徵针砭（biān）规劝朕的过失，一天也不能离开朕的身边。"

有一次，魏徵生病告假，太宗亲自写了诏令探问病情，还说："爱卿，几天不见你，朕的过错又多起来了。本来想亲自去探望你，又怕给你添加烦扰。你在家养病时，如果听到或看到什么，可以随时写个折子呈上来。"魏徵非常感动，于是支撑病体，上书进言。

不久，长期过度劳累的魏徵再次病倒。太宗急坏了，每天派人前去问候，给他送药，还让中郎将李安俨住在魏徵家里，一有动静立即报告。后来，太宗带着太子、衡山公主②一同到他府上，并指着衡山公主，说要将她嫁给魏徵的儿子魏叔玉。

几天后，魏徵去世，太宗十分伤心，命九品以上文武官员都去奔丧，并赐给持羽葆的仪仗队和吹鼓手，陪葬在昭陵③。魏徵的妻子全都推辞不受，她说："魏徵平时生活简朴，如今用鸟羽装饰旌旗，用一品官的礼仪安葬，不是他的愿望。"最后只用布罩在车上，载着棺材安葬。太宗登上禁苑西楼，望着魏徵的灵车痛哭不已，他亲自为魏徵撰写碑文，并书写在墓碑上。

魏徵死后，太宗不停地思念他，常对身边的人说："铜做的镜子可以帮助我们端正衣冠；用历史做镜子，可以了解朝代兴衰更替的规律；而用人做镜子，就可以知道自己做的事是对还是错，朕经常用这样的方式防止自己犯错。魏徵死了，朕失去了一面绝好的镜子。"

① 考核官员，以定升降。降免者称黜，晋升者称陟。
② 唐太宗最疼爱的小女儿。
③ 唐太宗和长孙皇后的陵寝。在今陕西礼泉九嵕山。

成语学习 ①

兼听则明，偏信则暗

同时听取各方面的意见，才能正确认识事物；只相信单方面的话，必然会犯片面性的错误。

造　句：	兼听则明，偏信则暗，各方意
	见我们都要听听，这样才能了
	解事情的真相。
近义词：	不偏不倚
反义词：	偏听偏信

---

① 这个故事的原文里还有成语"励精求治"（振奋精神，设法把国家治理好）、"知无不言"（凡是知道的没有不说的）、"不知所从"（不知怎么办。形容拿不定主意）、"下情上通"（使上面知道下面的情况或意见）、"犯颜苦谏"（敢于冒犯君主或尊长的威严当面直言规劝）、"无为而治"（无所作为而使天下得到治理）、"贵不期骄"（指显贵的人尽管不希望自己染上骄恣专横的习气，但它仍然在不知不觉中滋长起来了）、"尽善尽美"（指完美到没有缺点）、"虑不及远"（形容目光短浅，考虑不长远）。

【 蠹国病民 】

《资治通鉴·唐纪十》

道、释异端之教，**蠹国病民**，皆上素所不为，奈何以吾一妇人使上为所不为乎！必行汝言，吾不如速死！

译 文

道教、佛教乃异端邪说，危害国家和人民，都是皇上平素不做的事，为什么因为我一个妇道人家而让皇上去做平时不做的事呢？如果一定要照你说的去做，我还不如立刻死去！

太宗的"贤内助"

李世民大治天下，离不开魏徵、房玄龄等人的大力辅佐，也与他的皇后长孙氏密不可分。

长孙氏出身于贵族之家，父亲是隋朝著名的外交家长孙晟，哥哥则是李世民的好友兼心腹谋臣长孙无忌。在这样的家庭中成长起来的长孙氏，知书达礼，温柔贤淑。李世民长年在外征战，她追随左右，日夜替他分忧。等到李世民受到太子李建成、齐王李元吉排挤诬陷时，她便经常出入后宫，尽心侍奉高祖李渊，对后宫嫔妃也殷勤恭顺，极力消除他们对李世民的误会。

李世民登基后，将长孙氏立为皇后。她生性简约，不喜欢浪费，所需的东西够用就行，当了皇后也依然保持节俭的本色，经常训诫皇子们，要求他们以谦恭节俭为先，即便是亲生子女，她也一样严格对待。

长孙皇后的大儿子李承乾自幼便被立为太子，由他的乳母遂安夫人总管东宫的日常用度。遂安夫人对太子十分上心，觉得东宫的东西不够用，几次请求长孙皇后奏请皇上增加一些费用。

长孙皇后不许，还说："身为太子，该忧虑的是自己的德行和声名，怎么能只想着自己的东西够不够用呢？"

长孙皇后从小就喜欢读书，梳妆打扮时也手不释卷，嫁给李世民后，常常与他谈古论今，深得李世民的敬重。她深刻地知道"盈满则亏"的道理。她的同母哥哥长孙无忌，与李世民早年为布衣之交。太宗几次想提拔他为宰相，长孙皇后都不同意，固执地请求说："我身为皇后，家族的尊贵荣耀已经达到顶点，实在不愿意我的兄弟再去执掌国政。汉代的吕、霍、上官三家外戚，都是痛彻骨髓的前车之鉴，望陛下体恤明察！"

太宗只好任命长孙无忌为吏部尚书，但后来还是升他为尚书右仆射。长孙无忌自己也担心富贵至极会带来灾祸，一再请求让位，长孙皇后也尽力为他请求，太宗无奈，只好批准他离职。

这年，长乐公主要出嫁了，太宗因为她是皇后亲生的，特别疼爱，命令有关部门准备的陪嫁要比皇姑永嘉长公主①多一倍。

魏徵劝谏说："过去汉明帝分封采邑给皇子时说：'我的儿子怎么能和先帝的儿子相比呢？'如今公主的陪嫁比长公主多一倍，岂不是与汉明帝的做法相差太远吗？"

太宗觉得有道理，就告诉了长孙皇后。长孙皇后感慨道："我常听陛下称赞魏徵，不知是什么缘故，如今见他用礼义来抑制君王的私情，才明白他真的是辅佐陛下的栋梁之臣啊！我与陛下是结发夫妻，情深义重，每次与陛下说话尚且要察言观色，不敢轻易冒犯陛下的威严，魏徵身为外臣，却能不顾自己的安危，犯颜进谏，实在是难得的贤臣。这是天下的幸运。"

她请求太宗派使者去魏徵家，赏赐给他金钱和绢帛，并让使者代她对魏徵说："早就听说了您的正直，如今才见识到。希望您继续保持这样的情操，不要改变。"

魏徵很感动，请使者转告长孙皇后，说自己一定会直言谏净，及时纠正皇帝的错误。

不过，就算是普通人，也爱听好话，讨厌批评，何况太宗还

---

① 唐太宗的妹妹。

是高高在上的皇帝呢，有时，他对魏徵的规劝也会很不耐烦，甚至愤怒。

有一次，太宗上完朝回到后宫，怒气冲冲地说："朕迟早会杀了这个乡巴佬。"

长孙皇后忙问："谁惹恼了陛下？"

太宗恨恨地说："魏徵经常在朝堂上当着文武百官的面羞辱朕。"

长孙皇后立刻明白怎么回事，但她没说什么，默默地进入内室，换上朝服，然后站在庭院中。太宗觉得很奇怪，问她为什么要穿朝服。

长孙皇后说："我听说君主开明则臣下正直，如今魏徵正直敢言，是因为陛下的开明，我怎能不祝贺陛下呢？"说完深深地施了一礼。太宗这才转怒为喜。

长孙皇后仁义平和，自妃嫔以下有生病的宫人，她都亲自前去探视，拿出自己的药给她们服用。有一次，一位宫女因为小事触怒了太宗，长孙皇后也假装恼怒，下令将她捆绑起来。等到太宗的怒火渐渐平息下来，她才慢慢地为那名宫女申辩。她没有因为宫人地位卑微而轻视她们，更不会置她们的性命安危于不顾。正是因为有长孙皇后的仁慈照拂，后宫才没有出现冤屈诬陷之事。

由于常年带兵打仗，太宗的身体不是很好，每当他生病，长孙皇后便昼夜不离他身边。她经常随身带着一瓶毒药，说："皇上如有不测，我不会独活。"时刻准备和太宗共生死。

这年，长孙皇后陪太宗在九成宫避暑时，染上了疾病。一天深夜，几名大臣赶来说有急事禀报。太宗一听，立刻穿上盔甲出去见他们。长孙皇后担心出事，抱病紧随其后，身边的侍臣劝阻她。她说："皇上都已经震惊了，我怎么能安心呢？"病情因此加重。

太子想请太宗大赦天下，并选些俗人出家，为长孙皇后求福报。长孙皇后却对太子说："生死有命，并不是人的智力所能改变的。如果行善积德便有福报，那么我并没有做过恶事；如果行善积德没有福报，那胡乱求福又有什么好处呢？大赦是国家的大事，不能随便发布。道教、佛教是异端邪说，蠹国病民，皇上平时就很反感，怎么能因为我而让皇上去做平时不做的事呢？如果一定要照你说的去做，我还不如立刻死去！"

太子因此不敢上奏，只是私下与房玄龄谈起。房玄龄转而禀明太宗。太宗十分悲痛，想为长孙皇后大赦天下，长孙皇后执意不肯。

不久，长孙皇后就卧病不起了，她知道自己不行了，便与太宗诀别："我的亲属请陛下不要把他们安置在重要的职位上，只让他们以外戚身份定期朝见就足够了。我活着的时候对别人没有用处，死后更不能对人有害，恳请陛下不要浪费国家财力为我建陵墓，只要依山做坟，瓦木陪葬就可以了。仍然希望陛下亲近君子，疏远小人，接纳忠言直谏，摒弃谗言诽语，节省劳役，让百姓安乐，尽量少游猎，多修身，这样我即使在九泉之下，也毫无遗憾了。"太宗含泪点头答应。

长孙皇后去世后，太宗十分悲痛，对身边人说："以后宫中再也听不见规谏的话了，朕失去了贤内助，怎么能不伤心啊？"

太宗常常思念长孙皇后，便在后苑设立了一个观望台，用来瞭望安葬她的昭陵。他曾经带魏徵一同登上观望台，指着昭陵的方向，问魏徵看到了没有。

魏徵假装没看见，说："我老眼昏花，看不见。"

太宗上前指给他看："怎么会看不见呢？那是昭陵啊！"

魏徵"哦"了一声，说道："我还以为陛下望的是高祖的献陵呢，原来是昭陵啊！如果是昭陵，我早就看见了。"

太宗是何等睿智之君，魏徵的良苦用心他岂能不知？魏徵是在提醒他要以国事为重，不要深陷于失去长孙皇后的痛苦之中不能自拔。最终，太宗忍痛下令拆掉了观望台。

长孙皇后匡正太宗为政的失误，保护忠正的大臣，抑制自己家族的权势扩张，有这样一位具有远见卓识的皇后，是李唐的幸运。

成 语 学 习 ①

蠹 国 病 民

危害国家和人民。

造　句：历史告诉我们，凡是蠹国病民
的人，都不会有好下场。
近义词：祸国殃民
反义词：利国利民

---

① 这个故事的原文里还有成语"弥缝其阙"（补救过失）、"主明臣直"（君主圣明，臣子忠诚）、"垂范百世"（指光辉榜样或伟大精神永远流传）。

【 掩其不备 】

《资治通鉴·唐纪十一》

吐蕃攻城十余日,进达为先锋,九月辛亥,掩其不备,败吐蕃于松州城下,斩首千余级。弄赞惧,引兵退,遣使谢罪,因复请婚。上许之。

译 文

吐蕃军队进攻松州城十多天,唐将牛进达率领先锋部队,于九月初六,趁对方毫无防备时发动突然袭击,在松州城下大败吐蕃军,杀死一千多人。弄宗弄赞非常恐惧,率军退回吐蕃境内,又派人到长安请罪,借机再次请求通婚。这回,太宗同意了。

文成公主和亲

吐蕃人的祖先是古老的羌族，最初居住于今青海一带，殷商时期就与中原地区的王朝发生联系。南北朝末朝，西藏高原中部和北部的羌人建立苏毗政权。隋末唐初，悉补野部落崛起，酋长朗日伦赞吞并了苏毗，将势力向外发展，其他部落尊其为"赞普^①"。其子弃宗弄赞即位后，统一了西藏高原，定都逻些^②，建立吐蕃^③政权。

弃宗弄赞是个聪明有才干的君主，被国人尊称为"松赞干布"——"松赞"是端庄尊严的意思，"干布"则是深邃沉宏之意。他任用禄东赞等贤明的大臣处理政务，鼓励国人学习先进的生产技术，促进当地经济发展。为了改变吐蕃没有自己的文字的落后面貌，他还组团远赴天竺学习梵文，最终创造出本民族的文字——吐蕃文，后来发展成我们今天看到的藏文。

虽然吐蕃王国一天比一天富强，但是松赞干布没有骄傲自满，他听说唐朝的经济、文化、军事都非常发达，心中非常向往，就问近臣："唐朝这么文明、富庶，我们却和他们一向没有往来，太不应该了。"

近臣答道："是啊，唐朝是当今强国，吐谷浑、突厥、高昌、新罗等国都派使者前往长安结交。唐朝天子对他们礼遇备至，还把公

---

① 当地风俗称强壮者为"赞"，男子汉为"普"，"赞普"就是"强雄丈夫"的意思，后成为吐蕃君长的称号。
② 即今西藏拉萨市。
③ "吐蕃"是音译，源自他们的自称"bod"。

主许配给一些首领呢。"

"都有谁娶到唐朝公主啦?"松赞干布好奇地问。

"突厥和吐谷浑。"

能娶强国的公主为妻是一种荣耀,松赞干布非常羡慕,就说:"既然突厥、吐谷浑能娶公主,我也能娶。"于是,他派特使带着大量金银财宝来到长安,上表请求通婚。太宗不了解吐蕃的底细,就没有答应。

特使垂头丧气地回到吐蕃,他怕松赞干布责怪自己办事不力,就捏造谎言说:"我刚到大唐的时候,天子对我礼数周全,他听说赞普您智勇双全,就爽快地答应嫁公主。"

松赞干布喜得眉毛直扬:"太好了!我什么时候可以去迎接公主?"

特使硬着头皮往下编:"本来双方过几天就要商议迎娶公主的细节了,谁知天子对我忽然冷淡起来,也不提通婚的事了。"

"怎么回事?"松赞干布脸色大变。

特使摆了摆手,装着很委屈的样子,说:"我也纳闷呀,后来托人打听才知道,原来吐谷浑王也入朝晋见,他在背地里说了您不少坏话,所以天子才悔婚的。"

松赞干布大怒,立即集合兵马攻打吐谷浑。吐谷浑的军队抵挡不住,逃到青海北面。吐蕃军队进而打败了臣属唐朝的党项、白兰等羌族人马,然后驻扎在松州①西部边境,派使节向唐朝进献金银绸缎,声称前来迎娶公主。显然,吐蕃打算以武力逼唐朝和亲。

没等唐朝做出反应,吐蕃军就进攻松州,打败都督韩威,把当地搅得天翻地覆。太宗怒了,决定狠狠教训吐蕃一番,就派吏部尚书侯

---

① 治所在今四川松潘。

君集、右领军大将军执失思力①、左武卫将军牛进达、左领军将军刘简统率五万人马前去攻打吐蕃。这一年是贞观十二年（公元638年）。

没想到，唐军主力还没出手，牛进达就率领前锋部队悄悄抵达松州城下，掩其不备，大败吐蕃军，斩杀一千多人。松赞干布震惊于唐军强大的战斗力，立即命令军队退回吐蕃境内。不过，他一心想成为大唐的女婿，便派遣使者前往长安谢罪，借机再次请婚。太宗为了西部边境的安宁，便答应了。

松赞干布十分高兴，打算先学点儿汉族文化，方便将来与公主交流，便将吐蕃的贵族子弟送往长安国子监②学习，每天听名儒学者讲解古代经典。等这些贵族子弟回到吐蕃，松赞干布就放下政事，每天和他们一起学习汉族文化。

贞观十四年（公元640年）十月，松赞干布派大论③禄东赞替自己入唐迎亲，随行带着五千两黄金以及几百种珍玩器皿，作为迎娶公主的聘礼。

禄东赞一行跋山涉水，终于在当年年底到达长安。见面之后，太宗问了禄东赞很多问题，禄东赞回答得滴水不漏。太宗很欣赏禄东赞，便封他为右卫大将军，还打算把琅邪公主④的外孙女段氏许配给他为妻。

面对这飞来的福分，禄东赞却婉言相拒："臣在国内已经有妻子，是臣的父母聘娶的，我怎么忍心抛弃呢！何况我们赞普还没娶得公主，做臣子的岂敢先娶亲！"

太宗见他不卑不亢，更加赞赏了，心想："吐蕃的臣子都这么识大体，赞普本人应该也不错。"于是选了一名宗室的女儿，封她为文

---

① 东突厥灭亡后，执失思力归降唐朝。
② 中国古代最高学府和教育管理机构。
③ 吐蕃国的大相，相当于唐代的宰相，协助赞普处理政治、经济、军事、司法事务。其下设副相（小论）。
④ 唐太宗的姐姐。

成公主，准备远嫁吐蕃。

虽然文成公主不是太宗的亲生女儿，但是太宗为她准备的嫁妆十分丰厚，除了不少陪嫁的侍女，各种掌握养蚕、酿酒、制碾和磨等技术的工匠外，还有吐蕃所缺少的粮食、蔬菜、水果的种子，药材，蚕种等，以及许多儒家经典和农业、医药、天文等方面的图书。因为文成公主笃信佛教，太宗还特意把长安开元寺里供奉的释迦牟尼十二岁等身佛像①一同请入吐蕃。

次年正月十五，文成公主泪别父母，在吏部尚书、江夏王李道宗和迎亲特使禄东赞的陪同下，从长安出发，途经鄯州②，翻越日月山③，长途跋涉前往吐蕃。

送亲的队伍还在路上，吐蕃人就在沿途很多地方准备了马匹、牦牛、食物和干净的水。松赞干布则亲率侍卫亲军，直奔柏海④迎接文成公主。

文成公主到达的那天，松赞干布特地脱下日常穿的毡裘，换上精美的丝绸服饰，守在路旁。远远地看到李道宗的送亲队伍，松赞干布激动地迎上去，按大唐女婿的礼节恭敬行事。在一阵欢呼声中，文成公主款款走下车相见。

年轻美丽的文成公主，举手投足间，散发出迷人的风采，松赞干布心中油然升起爱慕之情，目不转睛地看着她。当时吐蕃人流行"赭面"的习俗，就是在脸上涂红褐色的颜料，文成公主从没见过这种装扮，不禁有点儿害怕，便微蹙双眉。松赞干布敏锐地发现了，当即宣布："以后国内禁止涂面，我们族人要改变粗暴野蛮的作风，学习汉人的文明习俗。"

---

① 这尊佛像至今仍保存在西藏拉萨的大昭寺，千百年来被藏民视为圣物，深受膜拜。
② 今青海西宁市一带。
③ 在今青海青海湖东，属祁连山脉。
④ 今青海玛多西扎陵湖、鄂陵湖的总称。

　　婚礼结束后，松赞干布喜滋滋地对大臣们说："我的父祖辈中从来没有和中原上国通婚的，今天我能娶回唐朝公主，实在是三生有幸。我要为她建造一座宫殿作为纪念，好让子孙后代永远与大唐相亲相爱。"于是，他按照唐朝的建筑风格，在都城西北郊修建了一座宫殿，这就是布达拉宫——宫墙红白相间，宫顶金碧辉煌，在蓝天白云的映衬下巍峨壮观。

　　唐蕃和亲之后，双方维持了近二十年的和平。文成公主一生致力于汉族文化的传播，她弘扬佛教，为藏民祈福消灾，教人们种植玉米、土豆、油菜等农作物，在当地掀起了一股浓浓的"汉族风"。为此，唐朝诗人陈陶曾经在《陇西行》中写道："自从贵主和亲后，一半胡风似汉家。"

成语学习

掩 其 不 备

掩，掩袭；备，防备。趁敌人毫无防备时进行突然袭击。

造　句：	夜半时分，一连战士掩其不备，迅速粉碎敌人的阴谋。
近义词：	攻其不备
反义词：	猝不及防

【 居安思危 】

《资治通鉴·唐纪十二》

况宫臣正士，未尝在侧；群邪淫巧，昵近深宫。在外瞻仰，已有此失；居中隐密，宁可胜计！苦药利病，苦言利行，伏惟居安思危，日慎一日。

译 文

况且东宫臣属与正直之士，都没有在身旁；各种奇技淫巧，充斥深宫。从外面远看，已经看到了这些失误；内中深宫隐秘之事，更是无法计算。良药苦口利于病，良言辛辣利于行，应当处在平安的环境里，也想到有出现危险的可能，一日比一日谨慎行事。

李承乾打烂一手好牌

李承乾是长孙皇后生的嫡长子，天资聪颖，深得唐太宗的喜爱，八岁时被立为太子，十二岁就开始在尚书省裁定诉讼。在太子十七岁的时候，太上皇李渊去世，太宗悲痛难抑，便将日常政事都交给他处理。太子不负众望，每件事都裁断得很好。所以，后来只要太宗外出巡行，都让太子监国。

然而，随着年岁的增长，加上不幸患了脚病，太子变得叛逆起来，开始喜欢玩耍，经常跑出去游猎，以致荒废学业。太宗看在眼里，急在心里，先后给太子找了于志宁、张玄素、房玄龄等十几位名臣做老师，还叮嘱他们："朕十八岁的时候还在民间，百姓的疾苦都非常了解，等到做了皇帝，处理起事务来还经常有失误，何况太子生长在深宫，百姓的艰难困苦听不见、看不到，能不变得骄逸吗？你们要经常给他讲讲民间的种种艰苦，一旦发现太子行为不端，一定要劝谏！"

一开始，太子对这些老师非常尊敬，可是，这些老师一个比一个严格，说起话来不留情面，太子慢慢地对他们心生反感。

而太宗一方面希望引导太子成才，一方面又百般疼爱呵护他，甚至下诏说太子需要的东西，各有关部门不必限制，太子因此挥霍无度。张玄素就上书说："周武帝、隋文帝都是勤俭爱民的君主，但他们的儿子不像他们，才使国家灭亡。陛下的圣旨才颁布不到两个月，太子所用的器物就已经超过七万件，如此骄奢淫逸，前所未有。

太子是储君，未来的天子，身边应该要有正直之士，可现在充斥东宫的尽是新奇好玩之物。所谓良药苦口利于病，良言辛辣利于行，太子应该居安思危，谨慎行事。"

得知张玄素的上书内容后，太子非常生气："这个多管闲事的家伙！我得好好教训他！"他让守门的小奴趁张玄素上早朝的时候，偷偷用大马棰袭击张玄素，差一点儿把张玄素打死。

太子喜爱淫靡之音，还宠幸宦官，走到哪儿都带着他们，于志宁多次劝谏，太子都不听。于志宁没办法，只好给太宗上书说："历史上宦官导致国家灭亡的例子很多，如今太子殿下亲近这类人，还和他们换穿衣服，这种风气不可长。"

"得让这些老家伙闭嘴！"太子怒不可遏，干脆派刺客纥干承基去杀于志宁。夜里，纥干承基进入于志宁的宅第，见于志宁头枕着土块，躺在草席上，才知道他刚刚丧母，正在服丧期，便不忍心杀他。后来，太子又几次派人暗杀于志宁和张玄素，但都没有成功。

太子越来越狂妄悖逆，而他的同母弟弟、魏王李泰却因为勤勉好学、多才多艺，日益受到太宗的宠爱。太宗将李泰招揽名士修撰的《括地志》①收藏进皇家藏书阁，对他的赏赐规格有时甚至超过太子。

这种种举动招致大臣们的议论，怀疑太宗是不是要换太子。太宗听说后，十分厌恶，对身边人说："论忠直，没人能超过魏徵，朕打算让他做太子的老师，这样天下人就会打消疑虑。"于是任命魏徵为太子太师。可是，魏徵年纪大了，不久就生病去世了。

太子觉得没人管得了自己，行事越来越乖张，他让人制作了一个八尺高的铜炉和大鼎，再派人出宫偷来老百姓的牛马，又亲自动

---

① 一部地理学专著，叙述各州县的建置沿革、山川形胜、风俗、物产、古迹、人物等。

手烹煮，然后和宠幸的仆人一起吃掉。有段时间，他迷上了突厥文化，成天学说突厥语、穿戴突厥人的服饰，对身边的人说："我假装是突厥可汗，死了，你们模仿他们的丧礼。"说完僵卧在地上。众人号啕大哭，然后跨上马，一边绕着他的"尸体"跑，一边用刀划他的脸。过了很久，太子突然坐起来，说道："我一旦拥有天下，一定要亲自率领几万骑兵，到金城西边狩猎，然后解开头发做突厥人。"

太子和叔叔、汉王李元昌关系很好，经常在一起玩厮杀游戏。他们把身边的人分为两队，一人统领一队，都身披毛毡做的盔甲，手拿竹制的长矛，各自摆下战阵，相互击刺，以此作乐。有谁不听命令，就吊在树上抽打。玩到尽兴处，太子会说："我要是做了天子，就要任情纵欲，谁敢劝谏，就杀谁。杀个几百人，其他人就安分了。"

魏王李泰见太子的名声越来越差，又有脚病，便生出夺嫡的想法，于是礼贤下士，捞取名声。他的手下人帮他暗中联络朝中大臣，甚至用重金贿赂权贵，然后趁机游说，说他如何聪明，应当立为太子。不少文武大臣便依附他，暗中结为朋党。

太子渐渐感觉到来自李泰的威胁，开始焦虑不安起来。太宗觉察后，就再次向大臣们表明自己的态度："有人见朕多次带魏王李泰外出游幸，便猜疑朕要废太子，改立魏王，说什么太子有脚病，行走不便，而魏王聪颖过人，更适合继承皇位。太子虽然脚有病，但并不妨碍行走，而且太子的儿子已经五岁了，根据《礼记》，嫡长子若死了，也该立嫡长孙。朕决不会废嫡立庶，否则就会引发祸乱。"

太子知道他父皇的态度后，像吃了定心丸似的，更加肆无忌惮起来。太子私下宠幸一位长得很漂亮的乐童，与他同吃同住。太宗本就对这种行为深恶痛绝，听说太子有这样的癖好，勃然大怒，将乐童抓起来杀掉了，并对太子大加斥责。太子怀疑是魏王李泰告发的，对他恨之入骨，派刺客纥干承基暗杀他，却没有成功。

因为过分思念乐童，太子便在东宫修造了一间小屋，摆上乐童的像，早晚祭奠，又在宫苑内堆了一个小坟，私下追赠乐童官爵，并为他立石碑。

太宗知道后，十分生气，从此越来越不喜欢太子。太子也觉察到他父皇的变化，开始赌气，常常假称生病，几个月不去朝见。在此期间，太子听说吏部尚书侯君集因为在攻破高昌国后，私自掠夺了大量珍奇宝物，遭到弹劾，因此经常口出怨言，就悄悄地将他请到东宫，向他请教自保的办法。

侯君集认为太子愚昧无能，想利用他，便劝其造反："魏王受到皇上宠爱，我担心殿下您会像隋太子杨勇那样，被贬为庶民。"然后又举起手说："这一双好手，当为殿下效力。"

太子觉得侯君集说得很有道理，于是重金贿赂他以及负责宫中警卫的中郎将李安俨，让他们打探太宗的心思，一有动静就来汇报。李安俨以前侍奉过前太子李建成，李建成失败后，他还为李建成拼死战斗，太宗认为他很忠诚，所以特别信任他。

汉王李元昌因为行事放任不羁，经常受到太宗的训斥，心中早就不满，知道太子有反意后，也非常支持，还说："最近我看见皇上身边有一个美人，琵琶弹得很好，等您当了皇上，希望把她赐给我。"太子满口答应。

太宗的姐姐、长广公主的儿子赵节，开国功臣杜如晦的儿子杜荷，平时都和太子要好，也参与了谋反。杜荷对太子说："殿下只要假装得了急病，危在旦夕，皇上一定会亲自来探视，我们就趁那个时候动手。"他们割破手臂，用绢帛沾上血，烧成灰后，混在酒里喝掉，发誓生死与共。

就在太子紧锣密鼓地策划谋反时，太宗的第五个儿子、齐王李祐^①率先在齐州造反了。太子知道后得意地对纥干承基等人说："我住的东宫西墙，离皇上住的大内只有二十步之遥，岂是齐王所能比的！"一副胜券在握的样子。

然而，李祐的造反迅速被平定，朝廷审查时牵连到纥干承基，按罪应当处死，但纥干承基为了活命，上书告发太子李承乾准备谋反一事。

太宗大惊，命长孙无忌、房玄龄等人，与大理寺^②、中书省、门下省一同审问。太子谋反的罪证确凿，很快就查清了，但太宗不忍处死太子，最终将他贬为平民，幽禁了起来。汉王李元昌被赐在家中自尽，侯君集、李安俨、赵节、杜荷等人则被依法处斩。这一年是贞观十七年（公元 643 年）。

---

① 李祐为人轻狂，不守法度，长史权万纪多次犯颜劝谏，并上报唐太宗。李祐很恼火，杀了权万纪，然后起兵造反。
② 最高审判机构，负责刑狱案件审理。

成语说
资治通鉴

成语学习①

居 安 思 危

　　虽然处在平安的环境里，也想到有出现危险的可能。指随时有应付意外事件的思想准备。

造　句：	虽然我们身处和平年代，但是要居安思危，时刻保持国家安全意识。
近义词：	安不忘危
反义词：	麻痹大意

---

① 这个故事的原文里还有成语"门庭如市"（门前像市场一样。形容来的人很多）、"苦药利病"（良药苦口对病有好处。比喻严厉的劝诫或批评有利于人的进步）、"引咎自责"（主动承担错误的责任并作自我批评）、"极情纵欲"（竭力满足自己的情感和贪欲而不加节制）。

〖 稼穑艰难 〗

《资治通鉴·唐纪十三》

朕自立太子，遇物则诲之，见其饭，则曰："汝知稼穑(sè)之艰难，则常有斯饭矣。"见其乘马，则曰："汝知其劳逸，不竭其力，则常得乘之矣。"见其乘舟，则曰："水所以载舟，亦所以覆舟，民犹水也，君犹舟也。"

译　文

朕自从立李治为太子，遇见任何事情都亲加教诲，看见他用饭，就说："你知道种田的艰难就能常吃上这些饭。"看见他骑马，就说："你知道马要劳逸结合，不耗尽马的力量，就能经常骑着它。"看见他坐船，则说："水能够载船，也能够翻船，百姓便如同这水，君主便如同这船。"

这个太子有点儿怂

太子李承乾被废后，魏王李泰便每天进宫侍奉唐太宗。太宗觉得他孝顺，便许诺立他为太子。好多大臣都站在李泰那边，只有长孙无忌坚持请求立太宗第九个儿子、晋王李治为太子。

这天，太宗对身边的大臣说："昨天李泰扑到朕怀里说：'我到今天才成为陛下最亲近的儿子，这是我的再生之日。我有一个儿子，等我死的时候，我会杀死他，然后传位给晋王李治。'谁不爱惜自己的儿子啊？朕听李泰这么说，既感动，又怜悯他。"

谏议大夫褚遂良就说："陛下的话不妥。陛下万岁以后，魏王拥有天下，他怎么肯杀死自己的爱子，将皇位传给晋王呢？从前陛下既立承乾为太子，又宠爱魏王，对他的宠爱甚至超过太子，以致酿成今日的灾祸。陛下如果一定要立魏王为太子，希望先安置好晋王，只有这样政局才能够稳定。选立太子是国家大事，不能草率，希望陛下深思熟虑，千万不要再出现失误。"

这句话点醒了太宗，他想到李承乾，不禁悲从中来，流着泪说："朕是错了，现在后悔已经来不及了。立太子一事，朕自会好好考虑清楚。"

魏王李泰见太宗允诺自己之后又没动静了，知道事情有变，打算从竞争者——李治这里入手。于是，他跑去恐吓李治："你与汉王李元昌关系很好，他跟着太子一起谋反，被赐自尽，你难道一点儿也不担心吗？"

李治听了，果真担心起来，整天满面愁容。太宗看到了，感到奇怪，就问李治怎么了。李治一开始不敢说，太宗多问了几次后，他才把李泰对他说的话告诉了太宗。

太宗心里一下子明白过来：李泰这是想通过恐吓李治，引导他有所行动而犯错。"李泰这孩子当面一套，背后一套，挺让人寒心的，他如果当了皇帝还不知道会怎么对李治。"太宗忧心忡忡，开始后悔以前对李泰许下的承诺，同时他又想起了之前自己当面责备李承乾谋反时，李承乾哭着说的话："我已经是太子了，还能有什么要求呢？只是因为李泰图谋不轨，我只好向朝廷大臣请教保全自己的办法，却不料被不法之徒利用，所以才走到今天这一步。我的确罪有应得，可是若立李泰为太子，那就正好落入他的圈套了。"

太宗越想，心里的天平越是往李治那边倾斜，他觉得李治性格宽厚，不喜争夺，远离政治斗争，太难得了，而他自己当初是杀了兄弟，踏着血路才登上皇位的，骨肉相残是他心里永远的痛。而且，若李泰为太子，李承乾和李治恐怕都难逃一死，而李治为太子，则李承乾与李泰都能安然无恙。

主意打定，太宗亲自驾临两仪殿，他让群臣都退下，单独留下晋王李治和长孙无忌、房玄龄、李世勣、褚遂良四位大臣。

众人正纳闷，只听太宗说："朕的儿子和弟弟，谋反的谋反，诡诈的诡诈，如此为人做事，朕的心里实在是苦闷，觉得百无聊赖，真想死了算了。"说完就往床头撞去。长孙无忌赶紧抢上前，一把抱住他。太宗又抽出佩刀，想要刺自己。褚遂良手快，又一把夺下刀，交给晋王李治。

众人吓坏了，"扑通"跪下，哭着求道："陛下是万金之躯，千万不可伤害。请陛下告诉臣等您想怎么做。"

太宗这才说："朕想立晋王为太子。"

大家见太宗都以死相逼了，哪敢反对？长孙无忌就立刻说道："谨奉诏令！谁敢反对，臣请求将他斩首。"

太宗便转向李治，对他说："你舅舅①已经应许你了，你还不拜谢他？"李治赶忙拜谢长孙无忌。

太宗又对长孙无忌等人说："你们都同意朕的意见，但不知道百官会怎么议论。"

长孙无忌等人齐声回答："天下人都知道晋王仁义孝顺，请陛下召见文武百官，试探着问问看，如果有反对的，就是臣等辜负陛下，罪该万死。"

太宗于是在太极殿召见六品以上的文武大臣，对他们说："李承乾大逆不道，李泰也居心险恶，都不能立为太子。朕想从诸皇子中选一位继承人，谁可以担当？你们可以明讲。"

众人欢呼，高声说："晋王宽厚仁孝，应当立为太子。"太宗听了，十分高兴。

得到消息的魏王李泰心急如焚，他决定铤而走险，就率领一百多骑兵来到永安门，打算发动兵变。太宗得到报告，敕令守门的官员带人拦住他的骑兵。区区一百多人怎么可能成功？李泰最后被幽禁在北苑。

不久，太宗正式下诏立晋王李治为皇太子，他对身边的大臣说："李泰从小就很聪敏伶俐，是朕最疼爱的儿子，但朕不能让后世子孙认为太子之位可以通过耍手段而得到。从今往后，凡是太子失德，而藩王觊觎，两个人都弃置不用。这个规定要传给子孙，永远为后代效法。"

随后，太宗任命长孙无忌为太子太师，房玄龄为太傅，萧瑀

① 太子李承乾、魏王李泰、晋王李治都是长孙皇后所生，长孙无忌是长孙皇后的哥哥，是他们的亲舅舅。

为太保，并规定了太子见三师的礼仪：太子在殿门外迎接三师，太子先拜，三师答拜；每道门都要让三师先行，三师坐下后，太子才能坐下；太子给三师的书信，前后都要自称名字，并加上"惶恐"二字。

为了避免重蹈覆辙，太宗十分重视对太子李治的教育，遇见任何事情都亲自教诲，看见他用饭，就说："你要是知道稼穑艰难，就能经常吃上饭。"看见他骑马，则说："你要让马劳逸结合，不耗尽它的力量，就能经常骑它。"看见他在树下休息，又说："木头经过墨线处理才能正直，君主善于纳谏，才能成为圣君。"看见他坐船，更是语重心长地告诫："水能够载舟，也能够覆舟，百姓就像这水，君主就像这舟。"

但是，太宗觉得李治有些软弱，对立他为太子又有些动摇，曾经私下里对长孙无忌说："你一再劝朕立李治为太子，可朕担心李治过于懦弱，恐怕守不住社稷江山，怎么办呢？吴王李恪英武果断很像朕，朕想改立他为太子，你觉得怎么样？"

长孙无忌反对这么做，太宗笑着说道："因为李恪不是你的外甥，所以你才反对，对吗？"

长孙无忌赶忙跪下，说道："太子仁义厚道，真正是守成的君主，而且太子是储君，位置至关重大，怎么可以多次更改呢？希望陛下慎之又慎。"

太宗叹了口气，只好打消了这个念头，但他还是不放心，提醒道："我在李治这个年龄时，往往不按常规办事。李治待人是宽厚，但男孩子应该多一些狼性，不能像软弱的绵羊。朕希望他再大些能有所改变。你要从旁多点拨他。"

长孙无忌忙说："陛下神明英武，是拨乱反正的大才，太子仁义宽厚，是守成修德之才，志趣爱好虽然不同，但都能尽好各自的职责，这实在是皇天保佑大唐、降福于万民百姓。"

后来，为了让太子系统地学习为君之道，太宗总结了自己治国理政的经验，亲自撰写《帝范》十二篇赐给太子，并谆谆教导他说："修身和治理国家的道理，都在这十二篇里，你要好好体会。但朕也有很多过失，你千万不能效仿，比如锦绣珠玉从来没断过，又大兴土木修筑宫室，犬马鹰鹘（hú）无论多远也要弄来，还到处游玩，劳累地方百姓，这些都是朕的大过失。回顾往事，朕虽然有普济苍生、创建大唐基业的功劳，但离尽善尽美还有很大的差距，朕感到很惭愧。你没有朕这些功劳而继承朕的富贵，一定要竭力向善，这样国家才能安定，如果骄奢懒惰，恐怕自身都难保。成功来之不易，败亡却能瞬间降临，希望你珍惜！"

成语学习①

稼穑艰难

稼穑，播种和收获。指农事劳苦。

造　句：稼穑艰难，我们要珍惜每一粒粮食。	
近义词：朝耕暮耘	

---

① 这个故事的原文里还有成语"忧形于色"（忧虑的心情在脸上表现出来。形容抑制不住内心的忧虑）、"拨乱之才"（能平定乱世，使天下恢复安定的人才）、"水可载舟，亦可覆舟"（指事物用之得当则有利，反之必有弊害）。

【 身外之物 】

《资治通鉴·唐纪十三》

天下譬犹一身：两京，心腹也；州县，四支也；四夷，身外之物也。高丽罪大，诚当致讨，但命二三猛将将四五万众，仗陛下威灵，取之如反掌耳。

译 文

天下如同人的整个身体：长安、洛阳，如同心脏；各州县，如同四肢；四方少数民族，乃是身体以外的东西。高丽罪恶极大，诚然应当去讨伐，只要命令两三个猛将率领四五万士兵，仰仗着陛下的神威，攻取他们易如反掌。

一场胜利的"败仗"

"去年高丽国大臣泉盖苏文杀死高丽王高建武，把他斩成数段，扔进水沟里，其凶残暴虐简直令人发指。如今他又和百济一起攻打新罗^①，新罗派使者来求援，我们应该发兵征讨高丽。"

"泉盖苏文立高丽王的侄子高藏为王，封自己为莫离支^②，兵权国政都由他独揽。陛下去年之所以不愿发兵讨伐，是顾念天下苍生，担心再起兵事，劳扰百姓。然而，高丽国的百姓也是陛下的子民，如今他们生活在泉盖苏文的跋扈统治下，叫苦连天呢。"

太极殿上，唐太宗正在和大臣们讨论新罗使者带来的消息：百济攻占了新罗四十多座城，又与高丽联合，试图断绝新罗到唐朝的通道。

见大臣们都倾向于立刻发兵攻打高丽，太宗说道："高丽国王每年都向大唐进贡，从未间断，去年却被贼子杀死，朕非常哀痛，一直不能忘怀。以大唐今日的兵力，攻取他们并不难，但朕实在不愿烦扰百姓，还是打算先派人去调解，他们奉诏便罢，如若违抗，继续作恶，再讨伐也不晚。"于是派使节带着皇帝诏书前往高丽，对他们说："新罗归顺我大唐，每年朝贡不少，你们与百济最好都停战，如果继续进攻新罗，明年大唐就要发兵征讨你们。"

大唐使节到达平壤时，泉盖苏文已经率领军队攻下了新罗的两

---

① 高丽、百济、新罗三国的故地均在今朝鲜半岛。三国之间世代结怨，相互攻伐，战事连绵。
② 相当于吏部尚书兼兵部尚书。

座城。他傲慢地对大唐使节说："以前隋朝东征高丽时，新罗趁机侵占高丽土地五百里，如果他们不归还，我们恐怕很难休战。"

大唐使节斥责道："辽东各城，本来都是中原帝国的郡县，中原帝国尚且没有过问，高丽怎么能自作主张索要故地呢？"但泉盖苏文不听，继续攻打新罗。

使节回到京城，详细报告了出使的情况。太宗眉头一皱，说："泉盖苏文杀死高丽王，迫害大臣，虐待百姓，如今又违抗朕的诏令，侵略邻国，必须讨伐他。"

大臣们纷纷表示赞同，只有谏议大夫褚遂良反对："陛下麾旗一指，中原大地就平定，眼睛一转，四方民族都归服，威望无与伦比。如今却要渡海远征小小的高丽，如果能很快取得胜利，那还可以，万一遭遇挫折，损伤威望，再引起百姓起兵反抗，国家就危险了啊！"

太宗一听，反而激起斗志，表示不但要讨伐高丽，而且还要亲自去。褚遂良暗暗叫苦，只好继续劝说："天下就像人的身体，长安、洛阳是心脏，各州县是四肢，而四方少数民族乃是身外之物。高丽罪恶极大，就算要讨伐，也没必要陛下亲自前往，只要派两三个猛将率领四五万士兵去就行了。陛下是一国之主，不能轻易远行。"

太宗不听他的谏议，意气风发地说："泉盖苏文欺凌国王、暴虐百姓，老百姓翘首企盼救援，这正是高丽灭亡的时候。"

第二年，即贞观十八年（公元644年），太宗准备亲自征伐高丽。有个退休的臣子，曾跟隋炀帝讨伐过高丽，太宗特意将他召去询问计策。那名臣子认为辽东路途遥远，运粮比较艰难，而且高丽人善于守城，恐怕不能很快攻下来。

太宗却自信地说："今日的大唐，远不是以前的隋朝可以比的，你就等着听好消息吧。"七月，他下令造船四百艘用来运军粮，并派营州都督张俭等人率兵先进攻辽东，观察一下形势。张俭回来后，详细报告了山川地势、物产资源等情况，太宗听后很高兴。

十一月，太宗命令刑部尚书张亮率领兵马四万、战舰五百艘，从莱州①渡海直逼平壤；又命令李世勣统领六万步骑兵进逼辽东。水陆两军合围并进，相互呼应。

贞观十九年（公元645年）二月，太宗亲自统率的各路大军则从洛阳出发，三个月后抵达辽东，与李世勣的军队会合。此时，李世勣已经与辽东城内的高丽兵交了几次手。太宗带着几百骑兵来到辽东城下，见士兵们正在背土填壕沟，就上前分了最重的一块土。随从官员一见，争先恐后帮着背土。

唐军将士被激励，昼夜不停地进攻辽东城，却遭到高丽兵的拼死抵抗，十几天过去了，依然没有攻下。这天，南风刮得很大，太宗派勇士登上攻城车的顶端，点着了西南面的城楼，火借风势很快蔓延到城内。太宗趁机指挥将士们快速登城，高丽兵抵挡不住，辽东城这才被攻克。

唐军乘胜继续向前推进，到达白岩城②下。在第二天的战斗中，大将军李思摩身上中箭，太宗亲自为他吸出败血。将士们听说后，无不感动。

这时，城主孙代音暗中派人前来请求投降："我愿意投降，就怕城里有人不听我的。"太宗让人给了对方一面唐军的旗帜，并说："如果决定投降，你们就把这面旗插在城墙上。"孙代音照做了，城里的人见了旗帜，以为唐朝军队已经登上城楼，于是都跟着孙代音投降了。

二十天后，唐军抵达安市③城下。高丽北部酋长高延寿、高惠

---

① 今属山东。
② 在今辽宁辽阳市东北。
③ 在今辽宁海城市东南。

真率领十五万高丽和靺鞨人马前来援救，其部队在距离安市城东南八里的地方依山扎营，布下阵形。

太宗和长孙无忌等人带领几百骑兵登高眺望，观察周围的地形，寻找可以埋伏以及出入的地点，讨论攻破高延寿大军的策略。

为了麻痹高延寿，太宗派使者前去骗他："大唐这次前来兴师问罪，完全是因为泉盖苏文杀死你们的国王。至于两国交战，并非朕的本意。但是我军进入高丽境内后，粮食暂时供应不上，所以才攻下了几座城，等到你们重修臣国的礼节，朕就将那几座城归还。"高延寿信以为真，便不再设防。

太宗当即命令李世勣率兵在西岭布阵，长孙无忌带领精锐士兵，悄悄从山的北面穿越峡谷，以冲击高延寿军队的后尾，他自己则亲率四千步骑兵，挟带鼓和号角，登上北山，约定到时大家以鼓声和号角声为令，一齐出兵进击。

第二天，毫无防备的高延寿见李世勣在排兵布阵，吓了一跳，连忙命令士兵做好迎战准备。可是，只听一阵紧急的擂鼓声，以及震天响的号角声，唐军将士踏着飞扬的尘土，高举大旗，从各个方向呐喊着一同攻过来。

高延寿惊慌失措，想要分兵几路击退唐军，可他刚下令布阵，突然电闪雷鸣，不一会儿就下起大雨来。就在高丽士兵迟疑之际，一位叫薛仁贵的唐军将领从队伍中冲了出来，只见他穿着一身奇装异服，一边挥舞着手里的兵器，一边大喊着杀向高丽人。高丽兵被他的气势吓到了，纷纷逃窜。唐朝大军趁机掩杀过去，高丽兵死的死、伤的伤。

高延寿等人只得投降，他们走到军门前跪下，用膝盖前行，磕头请罪。太宗看着他们说："你们这些东夷少年，可以在偏僻的海隅横行霸道，至于攻城略地、决战取胜，肯定不及我们老年人，你们今后还敢与大唐天子交战吗？"高延寿等人听了，吓得大汗淋漓，一句话也不敢说。

太宗很高兴，下令将军队迁到安市城南，命人传捷报给太子，又写信给妻舅高士廉①等人："怎么样，朕带兵打仗的水平还可以吧？"

听说高延寿投降，安市的高丽人非常愤怒，他们远远地望见太宗的旗帜伞盖，就登上城楼敲鼓呐喊示威。太宗大怒，李世勣请求攻下城池当天，将城中男女老少全部活埋。安市人听了，更加坚定了守城的意志，唐军攻打了好多天，也没攻下。

这天，太宗注意到城内传出鸡和猪的叫声，便对李世勣说："围攻了这么久，城内的炊烟越来越稀少，现在鸡和猪叫得厉害，一定是在犒劳士兵，想在夜里出来偷袭我们，应当严加防范。"

果然，当天夜里，几百名高丽士兵顺着绳子从城墙上爬下来。太宗得到报告，立即召集将士，亲自来到城下伏击这些高丽兵。高丽兵被杀了个措手不及，死了几十人，其余的则逃回城中。

安市久攻不下，太宗不免焦虑起来。江夏王李道宗想出一个办法，他率领部下在城东南堆筑土山，渐渐逼近城墙。六十天后，就在土山山顶离城只有几丈、可以向下俯瞰城里的情形之时，土山突然坍塌，压向城墙，把城墙砸出一个大口子。原本这是个极好的进攻机会，没想到守山的唐军将领私自离开了，高丽兵趁机从城墙缺口处出来进攻，夺取了土山，并在那儿挖沟防守。

太宗震怒，将那名擅离职守的将领斩首示众，下令发起总攻，却还是没能攻下。眼见天气越来越寒冷，草木枯萎，河水结冰，而且粮食快吃完了，太宗觉得不宜久留，只好班师还朝。结果，路上

① 长孙皇后的舅舅。

又碰到暴风雪，很多唐军士兵被冻死。

这次征讨高丽，总共攻克了十座城池，杀死四万多高丽兵，有七万高丽人迁徙加入唐朝户籍，但唐朝也耗资巨大，损失惨重，将士阵亡了近两千人，战马损失了十之七八。所以，太宗觉得这仗没打赢，他十分后悔此次出征，感叹道："如果魏徵还在的话，不会让朕出兵的！"

成　语　学　习 ①

身 外 之 物

身体以外的东西。表示无足轻重的意思。

造　句：财富是身外之物，更重要的是	
良好品德的养成。	
近义词：身家性命	

---

① 这个故事的原文里还有成语"凌上虐下"（欺侮在上的人，虐待在下的人）、"喜形于色"（内心的喜悦表现在脸上。形容抑制不住内心的喜悦）、"出奇制胜"（出奇兵战胜敌人。比喻用对方意料不到的方法取得胜利）。

【 言犹在耳 】

《资治通鉴·唐纪十五》

皇后名家，先帝为陛下所娶。先帝临崩，执陛下手谓臣曰："朕佳儿佳妇，今以付卿。"此陛下所闻，言犹在耳。皇后未闻有过，岂可轻废！

译 文

皇后出身名家，是先帝为陛下娶的。先帝临死的时候，拉着陛下的手对我说："朕的好儿子好儿媳，如今就托付给你了。"这些话都是陛下亲耳听到的，仿佛还在耳边。未听说皇后有什么过错，怎么能够轻易废掉呢！

皇帝的家事

这一年，大唐出现一件怪事。负责玄武门警卫的左武卫将军、武连县公、武安人李君羡值守期间，金星曾经多次在白天出现，太史占卜说："这是女皇登基的预兆。"

当时民间也在到处传，说一些预言未来的书籍上记载："唐朝历经三代之后，将会有姓武的女皇取代李氏，拥有天下。"

唐太宗对这种说法极为厌恶。有一天，太宗在宫中宴请众武将。饮到高兴处，大家开始行酒令，每个人要讲出自己的小名。轮到李君羡时，他自称小名叫五娘。

太宗一惊，笑着掩饰道："你既为女子，为何如此雄健勇猛？"

因为李君羡的官衔、封号、籍贯，都有一个"武"字，连小名也有"武"的发音，太宗对他很是疑忌，便将他外派到地方，出任华州刺史。

到华州后，李君羡认识了一个叫员道信的人。此人自称通晓佛法，可以不吃东西。李君羡非常敬慕员道信，与他形影相随，两人常常窃窃私语，结果遭到御史弹劾，说李君羡勾结妖人，图谋叛乱。李君羡最终因此事被处斩，家产被抄没。

李君羡死后，太宗稍稍松了口气，但他还是不放心，私下悄悄问太史令李淳风："那些关于女皇的传言，真有其事吗？"

李淳风答道："臣观察天象，发现这个人已经在陛下宫中了，是陛下的亲属。从现在开始算，不超过三十年，这个人就会做天下的君王，并将大唐皇室子孙杀得不剩几个。"

太宗大惊："如果朕把可疑的人全部杀掉，能改变吗？"

李淳风答道："征兆已经形成了，这是天意，不能违抗。而且，这个人一定死不了，反而白白地杀死无辜之人。再说，三十年后，这个人也已经老了，也许还存有慈善心肠，祸害可能会小些。退一步说，就算找到这个人，把她杀死，老天可能会降生一位更厉害的人来，那样的话，陛下的子孙恐怕就无一幸免了。"

太宗想想，觉得天命难违，便不再过问此事。

贞观二十三年（公元 649 年），一代圣君唐太宗驾崩，留下遗命由长孙无忌和褚遂良辅政。太子李治登上皇位，即唐高宗，太子妃王氏被立为皇后，但她因为没有生儿子，所以并不受宠。高宗最宠幸的是萧淑妃。

高宗做太子的时候，入宫侍奉太宗，看见才人^①武氏，一下子就喜欢上了她。太宗驾崩后，武氏和其他没有子女的妃嫔到感业寺出家为尼。到了太宗的忌日，高宗到感业寺上香拜佛，又与武氏相遇，二人哭着互诉离别后的思念之情。

王皇后听说后，主动劝高宗将武氏纳入后宫，想以此打击自己的情敌——萧淑妃。高宗早有此意，当即安排武氏重新入宫。

武氏机敏聪慧，善施权术，刚进宫时，对王皇后谦恭有礼，王皇后很喜欢她，经常在高宗面前称赞她。

高宗十分宠幸武氏，不久就封她为昭仪，萧淑妃果然失宠。原本应该高兴的王皇后却高兴不起来，因为她还是不受宠，于是她转而和萧淑妃一起说武氏的坏话。

得宠后的武氏立马变脸，针锋相对，反咬她们，每次高宗都不

---

① 妃嫔称号。

相信王皇后和萧淑妃的话，只信任武氏。

王皇后不会曲意奉承高宗身边的人，她的母亲、魏国夫人柳氏和舅舅、中书令柳奭晋见六宫妃嫔时，又不讲礼节，所以，王皇后一家都不得人喜欢。而武氏一发现王皇后讨厌谁，她就与谁结交，得到的赏赐也分给他们。大家就都依附武氏，王皇后和萧淑妃的一举一动，都会报告给武氏。

然而，王皇后虽然不得宠，但高宗并没有废掉她的想法，这让武氏很不高兴，因为她想当皇后。

不久，武氏生了个女儿，王皇后很喜欢，经常逗她玩。这天，王皇后刚离开，武氏趁没人注意，将亲生女儿掐死，然后又盖上被子。高宗来了后，武氏假装欢笑，打开被子一同看孩子，发现女婴已经死了。武氏立即表现得悲痛不已，大哭起来。

高宗也很难过，问身边的人这是怎么回事。那些人吓坏了，忙说："皇后刚刚来过这里。"

高宗勃然大怒，叫道："是皇后杀了我的女儿！"

武氏趁机哭诉王皇后的罪过。王皇后洗刷不掉自己的嫌疑，高宗从此有了废黜她、改立武氏的打算。

但废立皇后是一件大事，最好能够得到朝中重臣的支持，这其中，长孙无忌的态度至关重要。长孙无忌当初在立太子的事上，坚定地站在高宗一边，高宗即位后，他以顾命大臣身份尽心辅佐，在朝中威望无人能及。

于是，高宗便和武氏一道来到长孙无忌的府中。长孙无忌赶忙设宴招待他们。在酒席上，高宗将长孙无忌的三个儿子都拜为朝散大夫，又命人装了十车金银财宝、锦缎丝绸赐给长孙无忌，然后提及王皇后没有子嗣一事，暗示长孙无忌。长孙无忌自然明白高宗的心思，却故意岔开话题。

之后，武氏又让母亲杨氏多次到长孙无忌那儿，请他不要反对立自己为后，长孙无忌始终没有答应。礼部尚书许敬宗也曾劝长孙无忌顺从高宗的心意，长孙无忌严肃地斥责了他。

这天，高宗退朝后，召长孙无忌、李世勣、于志宁、褚遂良四位大臣进内殿。李世勣猜到多半是为了后宫的事，便假称身体不舒服，没有留下。

长孙无忌等人进了内殿，高宗开门见山地说道："皇后没有子嗣，武昭仪有，现在朕想立武昭仪为皇后，你们看怎么样？"

褚遂良首先开口："皇后出身名家望族，是先帝为陛下选的。先帝临死的时候，拉着陛下的手对臣说：'朕的好儿子好儿媳，如今就托付给你了。'当时陛下就在旁边，言犹在耳啊。皇后没有什么过错，怎么能轻易废掉呢？臣不敢违背先帝的遗愿！"

长孙无忌也反对，于志宁则不表态，高宗很不高兴，只好暂时作罢。

第二天，高宗又说起这件事，褚遂良就说："陛下一定要换皇后，臣请求从全国的世家望族中挑选，何必一定要武氏？武氏曾经侍奉过先帝，这是众所周知的，天下人的耳目，哪能遮掩得住？千秋万代之后，人们又将怎么评价陛下呢？愿陛下三思！"

说完，褚遂良将朝笏放在殿内台阶上，然后解下头巾，一边磕头，一边说："还陛下的朝笏，请求放我回老家去。"高宗勃然大怒，命人把他拉出去。

一直在偷听的武氏也按捺不住，在隔帘内大声叫道："为什么不就地杀了这老东西！"

长孙无忌忙说："褚遂良是先帝留下的顾命大臣，有罪也不可以加刑。"

于志宁见状，不敢说话。

高宗平时虽然温和，甚至懦弱，但在这件事上却出奇的坚决。他又召来李世勣，问道："朕想立武昭仪为皇后，褚遂良极力反对，他是顾命大臣，他反对，这件事是不是只能算了？"

李世勣答道："这是陛下的家事，何必问外人呢？"

高宗一听，原本紧蹙的眉头顿时舒展开来，有了李世勣的支持，他的腰板挺得更直了，打定主意要废掉王皇后，改立武氏。

许敬宗依附武氏，在朝中扬言说："庄稼汉多收了几十斗麦子，还想着要换个老婆呢！何况天子要立皇后，和别人又有什么关系，干吗多管闲事？"武氏就让身边人将此话讲给高宗听，以坚定他的心意。

永徽六年（公元655年）十月，高宗不顾长孙无忌等人的反对，下诏废王皇后、萧淑妃为庶民，册封武氏为皇后。当天，群臣在肃义门朝拜新皇后。

然而，废黜诏令颁布没几天，高宗不知怎么的，突然挂念起王氏和萧氏来，便偷偷前往囚禁她们的别院去看望她们。到了那儿，他见屋子封闭得很严密，只有墙上留了一个小洞送食物，不禁伤感起来，大声呼喊："皇后、淑妃，你们在哪儿？"

王氏听到高宗的声音，不禁悲从中来，哭着回答："陛下，我们在这儿。"

高宗走到洞口，见王氏面容憔悴，心里很难受，哽咽着说道："皇后受苦了啊！"

王氏已经泣不成声，过了好一会儿才说："我们犯下罪过，已经是奴婢，哪里还有尊称？皇上如果念及从前的情分，让我们重见天日，就请将这个院子赐名为回心院。"

高宗连连点头："朕马上安排。"

有人偷偷将此事报告给武后。武后大怒，立即派人把王氏和萧氏各杖打一百下，砍去手脚，扔进酒坛子里，并恨恨地说："让这两个老女人连骨头都醉掉！"没过几天，两人就死了，又被斩下首级。

临死前，萧淑妃大骂武后："阿武，你这个恶毒妇，但愿来生我是猫，你是鼠，我要用我的利爪刺穿你的喉咙。"

武后于是下令宫中不准养猫，然而她却经常看见王、萧二人披头散发、浑身是血站在自己面前。武后只好搬到蓬莱宫居住，却还是会看见，后来她干脆迁到洛阳了，从此再也没有回到长安。

成语学习①

言犹在耳

比喻说的话还清楚地记得。

造　句：	虽然很多年过去了，母亲的谆谆教诲依然言犹在耳，时刻提醒着他做人要厚道。
近义词：	记忆犹新、历历在目

---

① 这个故事的原文里还有成语"犹豫未决"（指拿不定主意）。

〖 变生肘腋 〗

《资治通鉴·唐纪十六》

古人有言："当断不断，反受其乱。"安危之机，间不容发。无忌今之奸雄，王莽、司马懿之流也。陛下少更迁延，臣恐变生肘腋，悔无及矣！

译 文

古人说："该决断时不要犹豫不决，不然就要产生祸乱。"情势已经危急到极点，安危之间连一根头发的距离都没有。长孙无忌是王莽、司马懿那样的奸雄。陛下再耽误下去，臣恐怕变乱立马就会发生，到那时后悔就来不及了！

国舅死得有点儿冤

武氏当上皇后，终于扬眉吐气了。她开始处心积虑地对付当初反对她当皇后的人，尤其是长孙无忌，收了那么多重礼，得了那么多好处，竟然不帮自己。武后每次想到这件事，就恨得牙痒痒。

可是，长孙无忌是高宗的舅舅，当今天下权势最重的人，扳倒他相当困难。得找帮手！可找谁呢？武后想到了李义府。

李义府原来是中书省的属官，他表面上温文有礼，与人说话总是和颜悦色，但是内心阴险毒辣，凡是冒犯他的人，都会遭到他的暗算。当时人都说他笑里藏刀，背地里称他为"李猫"。长孙无忌更是觉得李义府心术不正，很厌恶他，就找机会把他给降职了。

可是贬职的敕令还没下达到门下省①，李义府就已经知道了，便向同僚王德俭请教挽救的办法。

王德俭就给他出主意："皇上想要立武昭仪为皇后，担心宰相们会反对。你如果能提议立武氏为后，就能转祸为福了。"

李义府马上向唐高宗上表章，请求废掉王皇后，立武昭仪为皇后，以满足黎民百姓的愿望。高宗十分高兴，亲自召见李义府，赏赐给他一斗珍珠，并恢复了他的官职。武氏也暗中派人慰劳李义府，不久又在高宗面前游说，破格提拔他为中书侍郎。李义府自然感激涕零，不遗余力地与许敬宗等人一起为武氏立后造势，最终助她达

---

① 中书省拟好诏书后，送门下省复核。门下省若反对此项诏书，即将原诏书批注送还，称为"封驳"；若同意，则送尚书省执行。

成所愿。

想到这儿，武后立即把李义府和许敬宗找去，让他们想办法除掉与自己作对的人。二人便迎合武后的旨意，首先诬陷侍中韩瑗、中书令来济与褚遂良图谋不轨。韩瑗、来济当初也反对立武氏为后，因此都被降职，终身不许朝见皇帝。褚遂良更是被一贬再贬，最终在爱州刺史任上忧愤而终。一段时间下来，凡是当初反对高宗立武氏为后的臣僚，一个个的不是被罢免，就是被疏远。只有长孙无忌做事滴水不漏，他们一直没找到对付他的办法。

这天，李义府和许敬宗又凑到了一块。许敬宗愤怒地说："之前我多次劝长孙无忌，让他不要反对立武后，可每次他都要臭骂我一顿，我恨不得杀了他，以解我心头之恨。"

李义府一脸狰狞，也骂了起来："这个老东西！要不是王德俭给我出了个主意，我就被他贬到鸟不拉屎的地方去了！我早就想报这个仇了！"

许敬宗叹了口气，没精打采地说："就怕我们撼动不了他啊！"

李义府想了想，建议道："要不您去找皇后商量商量？"

偏巧这时，武后派人找许敬宗前去，商量如何对付长孙无忌。一见面，许敬宗就面露难色地说："长孙无忌是先帝留下的第一辅政大臣，还是陛下的亲舅舅，陛下被立为太子，他的功劳最大，恐怕很难撼动他。"

"长孙无忌阻挠我当皇后，这笔账我一定要跟他算！"武后目露寒光。

"臣一定会找到机会的。"许敬宗立刻满脸堆笑，谄媚地说道。

恰好这个时候，有人告发太子洗马韦季方等人结集党羽，图谋不轨，高宗就命许敬宗负责审问。许敬宗刑讯逼供，韦季方不堪忍受，便自杀，却没有死掉。

许敬宗眉头一皱，计上心来。在当时，只要是沾上了"谋反"的边，无论是皇亲国戚，还是宗室王公，统统没有好下场。于是，他向高宗报告说韦季方与长孙无忌勾结，诬陷皇室亲戚和忠臣，企图把朝权集中在长孙无忌一人手中，然后再找机会谋反，现在事情暴露了，所以自杀。

高宗大惊，忙问："怎么会有这种事？舅舅被小人离间，小矛盾是有的，怎么会谋反呢？"

许敬宗说："臣仔细推究过，他们谋反的事实十分明显，陛下如果不相信，这恐怕不是社稷之福。"

高宗流着泪说："家门不幸，亲戚里总有想谋反的人。以前高阳公主与房遗爱谋反 ①，现在舅舅又这样，让朕愧对天下人。这件事情如果是真的，该怎么办？"

许敬宗阴险地说："房遗爱是幼稚小儿，与一个女子串通谋反，能有什么结果？可长孙无忌不同，他帮助先帝夺取了天下，天下人都佩服他的智谋。他担任宰相三十年，天下人又都畏惧他的权威。如果有一天他发动政变，陛下能派谁抵挡他呢？好在有神灵保佑，微臣从审问小案子中发现大恶人，这实在是值得庆贺啊！臣担心长孙无忌一旦得知韦季方自杀，狗急跳墙，立刻发动叛乱，国家就危亡了。以前宇文化及的父亲宇文述受到隋炀帝的信任和重用，隋炀帝还和他结为姻亲 ②，把朝政托付给他。可结果呢？宇文述死后，宇文化及掌管禁军，一个晚上就灭了隋朝。这件事并不遥远，希望陛下赶快决定！"

高宗还是犹疑不定，他对许敬宗说："你进一步审察案情，以免冤枉了朕的舅舅。"

---

① 房玄龄的儿子房遗爱娶了唐太宗的女儿高阳公主。高阳公主骄横放纵，被唐太宗责备，心有怨恨，便怂恿房遗爱造反，最后被唐高宗处死。
② 宇文述的另一个儿子宇文士及娶了隋炀帝的女儿南阳公主。

许敬宗从高宗那儿离开后，立刻就向武后报告。武后想了想，对他说："既然陛下对长孙无忌谋反这件事半信半疑，那你再加把火，就说韦季方已经承认……"

许敬宗心领神会，第二天，他便向高宗上奏说："昨天臣连夜审问韦季方，他亲口承认与长孙无忌串通谋反。臣问韦季方：'长孙无忌是皇上的至亲，备受荣宠，满朝文武无人能比，有什么理由谋反啊？'韦季方回答说：'韩瑗曾经对长孙无忌说："褚遂良劝您立梁王为太子，现在梁王被废①，皇上开始怀疑您了，所以才把您的亲戚高履行外派到地方上。"长孙无忌很恐惧，开始考虑保全自己的办法。后来他看到堂侄长孙祥又被调到外地，韩瑗被贬，更加担心有朝一日会清算到他头上，于是日夜与我们商量谋反。'臣反复检验供词，确认与事实都符合，请陛下依法逮捕长孙无忌。"

高宗已经泪流满面，他哽咽着说："舅舅如果真的这样，朕也不忍心杀他，否则后世会怎么说朕呢？"

许敬宗生怕高宗放过长孙无忌，就别有用心地说："汉朝的薄昭是汉文帝的舅舅，汉文帝从代地回京即位，薄昭也有功劳，后来他杀了人，汉文帝就让百官穿上丧服到他家去哭，让他自杀，到现在天下人都说汉文帝是明君。现在长孙无忌辜负两朝恩德，图谋社稷，他的罪过与薄昭相比，有过之而无不及。幸亏事情败露，叛徒认罪，陛下为什么还迟疑不定呢？古人说：'当断不断，反受其乱。'现在情势已经危急到极点，安危之间连一根头发的距离都没有。"

见高宗没有说话，许敬宗便继续刺激他："长孙无忌是当世的奸雄，是王莽、司马懿之流。陛下再拖延下去，恐怕变生肘腋，到那时后悔可就来不及了啊！"

---

① 武氏做了皇后，就废黜了太子李忠，将他贬为梁王，改立自己的儿子、代王李弘为太子。

这话深深地刺痛了高宗。自高宗即位，长孙无忌便操纵了朝政，凡事都是他说了算。当初，房遗爱谋反案牵连到高宗的同父异母哥哥、吴王李恪，高宗考虑到手足之情，曾经请求长孙无忌留吴王一命，却被他冷冰冰地拒绝了。而在"废王立武"事件中，高宗作为当朝天子，亲自跑到长孙无忌家行贿，希望他支持自己，却仍然遭到他的无声反对。

一桩桩往事在高宗脑海里像走马灯似的闪了一遍，他越想越恼火："我才是大唐天子，为什么事事都要由舅舅做主？"

想到这里，高宗狠下心来，竟然没有召见长孙无忌当面询问，就下诏书削除他的太尉一职和封地，任命他为扬州都督，安置在黔州，按一品官的标准供给俸禄。

不久，许敬宗又上奏说："长孙无忌图谋叛逆，是由褚遂良、韩瑗等人煽动的。于志宁也是长孙无忌的同党。"

唐高宗于是又下诏，削除已经去世的褚遂良的官爵，开除韩瑗的官籍，永不录用，免去于志宁的官职。长孙无忌的儿子长孙冲等人也被削除官爵，流放岭南，褚遂良的两个儿子则在流放途中被杀。

就这样武后还不肯罢休，几个月后，又派李世勣、许敬宗等人重审长孙无忌的案子。许敬宗派中书省的官员袁公瑜等人前往黔州，重新讯问长孙无忌的谋反罪状。袁公瑜等人到了那儿，就逼着长孙无忌上吊自杀了。

长孙无忌死后，高宗以为自己从此可以乾纲独断了，谁知，他的权力很快就被武后等人架空。

变 生 肘 腋

肘腋，胳肢窝。比喻事变就发生在身边。

造　句：	这件事必须立刻采取行动，否则变生肘腋，可能就一发而不可收了。
近义词：	一触即发

---

① 这个故事的原文里还有成语"不可同年而语"（形容不能相提并论）、"间不容发"（空隙中容不下一根头发。比喻与灾祸相距极近或情势危急到极点）。

〖 大义灭亲 〗

《资治通鉴·唐纪十八》

上素爱太子，迟回欲宥之，天后曰："为人子怀逆谋，天地所不容。大义灭亲，何可赦也！"

译 文

唐高宗一贯喜爱太子，迟疑不决，想赦免他，天后武则天说："作为人子而有叛逆之心，天地所不容。应该为了正义，对犯罪的亲人不徇私情，使其受到应得的惩罚，怎么可以赦免！"

从"二圣"临朝到太后称制

唐高宗得了风邪①，头晕目眩，眼睛不能看东西，就把各部门的奏章交给武后裁断。武后聪明敏锐，读过不少文史方面的书，处理起事情来很符合高宗的心意，高宗于是放手把国家政事都委托给她。

没当上皇后时，武氏处处小心谨慎，从不违背高宗的心意，所以高宗不顾大臣们的反对，执意立她为皇后。等到她得志之后，便开始恢复本性，独断专横，作威作福，甚至高宗想做点儿什么，都会被她牵制，高宗因此十分愤怒。

这天，宦官王伏胜向高宗报告，说有个叫郭行真的道士，被皇后叫进宫里施行巫术。高宗大怒，想废掉武后，于是秘密召见西台侍郎②上官仪。

上官仪也对武后插手朝政不满，便说："皇后专权恣肆，天下人都很反感，陛下早就应该废黜她。"高宗经上官仪这么一怂恿，胆子就更大了，当即命他起草废后诏令。

谁知，高宗身边的人立刻跑去告诉了武后。武后又急又气，立刻去找高宗。高宗见武后来了，赶忙把诏令草稿藏起来。武后梨花带雨地哭闹了一番，高宗一下子又心软了，不忍心废掉她，甚至还怕她恼恨自己，就把责任推到上官仪身上："我本来没有这个想法，

---

① 中医学名词。指受外邪而感得风寒、风热、风湿等症。属于"六淫"之一。所谓"六淫"，指风、寒、暑、湿、燥、火六气太过，是外感疾病的主要病因。
② 即中书侍郎，中书省次官，参议朝政，传宣皇帝旨意，审复中书舍人所拟诏敕，处理本省日常公务。唐高宗在龙朔二年（公元662年）改中书省为西台，咸亨元年（公元670年）又恢复旧称。

都是上官仪出的主意。"

武后气急败坏，便指使许敬宗找机会诬陷上官仪和王伏胜谋反，并最终处死了他们。很多朝廷官员因为与上官仪有交往，不是被贬职，就是被流放。

从此，每逢高宗上朝，武后都在后边垂帘听政，政事无论大小，她都要参与。官员的升降，甚至生死，往往取决于她一句话，高宗成了无所事事的闲人，朝廷内外称高宗为天皇，武后为天后，即所谓"二圣"。

不久，高宗的风邪病更厉害了，便与大臣们商议，想让天后摄政，却遭到宰相们的反对："从前魏文帝曹丕立下法令，即使皇帝年幼，也不许太后临朝听政，为的是防止祸乱发生。陛下怎么能将高祖、太宗的天下，不传给子孙，而托付给天后呢？"高宗只好作罢。

天后很恼火，就想削减宰相的权力，她广泛招揽人才，让他们编撰《臣轨》等书，向百官提出为官的准则，又让这些人秘密参与裁决各部门的奏疏。

因此很多人害怕天后甚于天皇，事事顺从天后，但有一个人却经常违背天后的心意做事，他就是天后的长子、太子李弘。李弘为人谦虚谨慎、仁爱孝顺，高宗很疼他，臣子们也都爱戴他，只有野心勃勃的天后不喜欢他。

李弘的两个异母姐姐——义阳公主、宣城公主，是萧淑妃的女儿，当年因受母亲牵连获罪，被幽禁在后宫，三十多岁了还不能出嫁。李弘偶然得知她们的处境后，既吃惊又同情，便向高宗上奏，请求准许她们嫁给朝中贵人，得到高宗的批准。天后得知后震怒不已，当天就把两位公主分别嫁给了正在值班的两名侍卫。

不久，李弘无缘无故地死了，人们都猜他是被自己的母亲用鸩酒毒死的。一个多月后，雍王李贤被立为太子，他是天后的第二个儿子。

李贤自幼聪明伶俐，很有才学，曾亲自带领一批文士给《汉书》作注。被立为太子后，他很想有所作为，便积极参与国政。可这样一来，天后就不高兴了。

有个叫明崇俨的人，精通巫术和相术，得到天后的宠信，他看出了天后的心思，经常私下对天后说："太子李贤不能继承帝位，英王李哲的相貌像太宗皇帝，相王李轮的相貌则最显贵。"

当时宫中恰好有传言说李贤是天后的姐姐韩国夫人所生，明崇俨的话似乎印证了这个传言，李贤因此很讨厌明崇俨，并渐渐与天后产生隔阂。

后来明崇俨被人杀死，朝廷下令捉拿凶手，却始终没抓到，天后怀疑这事是李贤干的，便指使人告发他贪恋女色，与家奴赵道生狎昵等丑事。高宗很生气，让人审问李贤，结果意外在东宫的马坊里搜出几百件黑色铠甲，赵道生又供认说是李贤指使他杀死明崇俨的。

高宗虽然震怒，却因为喜爱李贤，想赦免他，天后却说："做儿子的有叛逆之心，天地不容。应该大义灭亲，怎么可以赦免？"于是将李贤贬为平民。

高宗只好改立天后的第三个儿子，也就是英王李哲为太子。

后来，高宗的病越来越重，眼睛已经不能看东西了，御医建议用针刺头上的穴位，说出血后可以痊愈。

天后不希望高宗的病治好，假装大怒："竟敢在天子头上刺出血，拉出去斩首！"

高宗求医心切，就说："让他刺吧，也许有点儿用呢。"

御医施针后，高宗觉得更好了，高兴地说："我好像看得见了。"

天后也假装很高兴，说："这是上天的赐福啊！"她还亲自背了一百匹彩缎赐给御医。

然而一个月后，高宗就驾崩了。临终前，高宗召大臣裴炎入宫，让他辅政。太子李哲继承皇位，即唐中宗，尊天后为太后。这一年是公元683年。

中宗刚即位，就大张旗鼓委任自己的心腹亲信，他打算任命皇后韦氏的父亲韦玄贞为侍中，又想授给乳母的儿子五品官衔。但是，顾命大臣裴炎觉得中宗这样做会危害李氏江山，因而坚决反对。

中宗大怒，负气地说："我就是把天下送给韦玄贞，又有什么不可以？"裴炎非常害怕，报告了太后。太后便在乾元殿召见群臣，宣布废中宗为庐陵王，放逐到房陵①。

中宗不服，诘问："我犯了什么罪？"

太后冷冷地看了他一眼，说："你想把天下送给韦玄贞，怎么没有罪？"接着宣布立第四个儿子、豫王李旦②为皇帝，即唐睿宗。不过，太后让睿宗居住在别的大殿，且不得干预朝政大事。

接二连三地废太子、废皇帝，使太后的野心更加膨胀，但她清醒地认识到，想要在政治舞台上走得更远，必须争取朝中重臣的支持，尤其是那些功高德劭的老臣，哪怕就是一个不反对的态度也好。于是，她主动写信给在长安的宰相刘仁轨，把他与汉朝的丞相萧何相提并论，表示要把关中的事情全部委托给他。

刘仁轨在高祖时是一名文官，后来又受到太宗的赏识，到了高宗时期，他因为刚正清廉，得罪了宠臣李义府，被贬到外地，由此弃文从武，在对阵高丽、百济、新罗等国的战事中立下大功。高宗非常宠幸他，任命为宰相，命他留守长安。

有一次，高宗请刘仁轨到自己新装修的镜殿做客。当时，镜殿四壁都镶嵌着明亮的镜子，镜中照影出几个高宗，刘仁轨惊慌失措

---

① 在今湖北房县。秦始皇时为流放罪人之地。
② 相王李轮后来改封豫王，并更名为李旦。

地跑出殿。高宗很奇怪，问他怎么了。刘仁轨战战兢兢地回答："天无二日，地无二主，可是刚才臣见四周墙上有几位天子，真是不祥之兆啊！"高宗若有所思，随后命人将镜子拿掉。

刘仁轨早就不满太后的擅权，所以这次太后主动抛出橄榄枝，他不但不买账，上书说自己年纪大，不能胜任，还趁机陈述汉朝吕后祸败的事实，字里行间都是对太后的劝诫之意。

这要换了别人，太后早就翻脸了，但这次她态度谦恭，回信说："现在皇帝正在守丧期间，我暂时代他亲政，您从那么大老远的地方写信劝诫我，又以年迈来推辞职务，让我感到既惭愧又安慰。您是德高望重的老臣，是天下人的表率，希望您不要以年老为由推托。"为了表示隆重，太后还派侄子武承嗣专程将信送到长安。这次，刘仁轨没有说什么。

稳住了长安的刘仁轨，太后就一门心思在洛阳临朝称制。她提拔武承嗣为礼部尚书，授意他上奏追封她的先祖为王，建立供奉武氏七代祖先的祖庙。

按照礼制规定，只有皇帝才有资格建立七庙。于是，裴炎站出来反对："太后，您是天下人的母亲，应当以公心为重，怎么能偏私于自己的亲属呢？难道看不见当年吕后的失败吗？"

太后大为光火，怒目相向："当初吕后之所以失败，是因为将权力交给活人。而我现在追尊的是我逝去的祖先，有什么不可以呢？"

裴炎毫不退让，大声说："做事情应当防微杜渐，一出现不好的苗头，就要掐灭，不能任由其发展下去。"

考虑到裴炎是先帝任命的辅政大臣，太后不得不退让一步，将七庙改为五庙。但是，太后并没有因此抑制自己的野心，称帝才是她的终极目标，只是裴炎的态度让她明白，朝中还有强硬的反对派，现在还不是称帝的时候。

成语学习 ①

大 义 灭 亲

大义，正义；亲，亲属。为了维护正义，对犯罪的亲属不徇私情，使其受到应有的惩处。

造　句：	以她如此正直的品性，就算父母犯了罪，她也会大义灭亲的。
近义词：	大公无私、公事公办
反义词：	徇私枉法、徇私舞弊

---

① 这个故事的原文里还有成语"始终不渝"（自始至终一直不变）。

【 人人自危 】

《资治通鉴·唐纪十九》

时诸武用事，唐宗室人人自危，众心愤惋。……皆会于扬州，各自以失职怨望，乃谋作乱，以匡复庐陵王为辞。

译 文

当时武氏亲属掌权，李唐皇族每个人都觉得自己很危险，大家既悲愤又惋惜。……他们聚在扬州，都因失去官职心怀不满，于是以恢复庐陵王李哲的帝位为借口，阴谋作乱①。

---

① 等到真的起兵造反时，他们又借已故废太子李贤的名义号令天下。

李敬业一败涂地

从入感业寺出家为尼，到临朝称制，太后武氏花了将近四十年的时间。在此期间，反对她的人层出不穷，尤其在她废掉中宗李哲，另立豫王李旦为皇帝，大肆提拔自己的亲属，并派人前往废太子李贤的流放地，将李贤杀害后，李姓藩王人人自危，不少人还打算起兵反抗。

率先发难的是英国公李敬业。李敬业是李世勣的孙子，虽然出身不凡，但从小顽劣不羁，李世勣认为他早晚要出乱子。果然，在担任眉州刺史时，李敬业因事获罪被降职，他的弟弟李敬猷（yóu）也被免官。

李敬业为此愤懑不平，就在扬州纠集了一帮人，商量起兵造反。这些人中有唐之奇、骆宾王、魏思温、杜求伦等，他们也都因为犯了事，或被降职，或被免官，对太后专权心怀怨愤，便一致推举李敬业为主将，由魏思温任军师。

起初事情进展得非常顺利。魏思温写信联络他的死党薛仲璋，暗示一同参与造反。薛仲璋是宰相裴炎的外甥，在朝中担任监察御史①，读了信后，马上心领神会，向朝廷请求出使扬州。等薛仲璋到了扬州，魏思温就让一个叫韦超的人跑到薛仲璋那儿，报告说"扬州长史陈敬之谋反"。陈敬之当时负责扬州的政务，薛仲璋便把他抓起来，关进了监狱。

---

① 负责巡查州县，监督地方行政等事务。

几天后，李敬业假称自己是新任扬州司马，大摇大摆前去赴任，说什么"奉天后密旨，发兵讨伐叛贼"。因为有薛仲璋确认，扬州的官员都信以为真。就这样李敬业顺利打开扬州府库，取出兵器和盔甲，发放给监狱里的囚徒。有些官员看出端倪，试图反抗，被李敬业斩首示众，其他官员吓得不敢再出声。

光宅元年（公元684年），李敬业发动了整个州的兵马，他自称匡复府上将，兼领扬州大都督，并找来一个长得很像废太子李贤的人，骗大家说："李贤没有死，逃亡到扬州，他命令我们起兵。"于是以李贤的名义号令天下，不到十天就聚集起十几万人。

为了凝聚更多的人气，李敬业让满腹才情的骆宾王写了一篇檄文，向各州县发布，大意是说："那个非法把持朝政的武氏，并非温和善良之辈，她在当太宗皇帝的妃子期间，就阴谋迷惑当时还是太子的高宗皇帝，后来又耍尽手段登上皇后的宝座，把我们的君王推到乱伦的丑恶境地。她心如蛇蝎，残害忠良，为人神所共恨，为天地所不容。她还包藏祸心，图谋夺取帝位。……先帝坟上的黄土还没干，李氏的宗亲如今在哪里？……试问今天的中国，究竟是谁家的天下？"

檄文写得文采斐然，极具煽动性，在各州引起了很大的反响，有好几个州县起兵响应李敬业。太后看了这篇檄文后，忍不住问身边的大臣："这是谁写的？"

有人回答："是一个叫骆宾王的。"

太后惋惜地说道："这是宰相的过失啊。此人有这样的才华，却让他漂泊失意，不被重用！"转头又问裴炎怎么对付李敬业。

裴炎因为造反的人里有自己的外甥薛仲璋，开始一直没有说话，见太后问自己，他斟酌了半天才说："现在皇帝已经长大了，还不能亲政，所以李敬业那些小子才以此为借口起兵。如果太后您肯将朝政交还给皇帝，这些人不用讨伐自会平定。"

太后正野心勃勃地准备称帝，现在裴炎却当众让她交权，她心里那个气啊，不过她没有发作，而是冷静地派将军李孝逸领兵三十万，前去讨伐李敬业。

退朝后，监察御史崔察向太后进言："裴炎心怀不轨，企图独揽朝政大权，否则为什么要请太后交权呢？"崔察的意思很明显，就是说裴炎是李敬业、薛仲璋的内应，想夺取朝政大权。

太后听了更加生气，又想到当年裴炎阻挠她建七庙，打算新账老账一起算，就将裴炎逮捕入狱，派人严加审问。裴炎义正词严，不肯屈服，有人劝他："你还是向太后说些软话，求求情，或许可以保住性命。"

裴炎叹息道："宰相被下了狱，哪有活命的道理！"

朝中大臣都不相信裴炎会勾结李敬业谋反，纷纷跑到太后那儿为他求情，有的大臣甚至对太后说："裴炎有功于国家，天下人都知道，我们可以证明他不可能谋反。"

太后淡淡地说："裴炎谋反是有缘由的，只是你们不知道而已。"

大臣又说："如果裴炎都会反，那我们这些人也会反。"

太后却笑着说："我知道裴炎会反，但你们不会。"

几天后，太后就将裴炎杀了，那些为裴炎求情的大臣也跟着受牵连，不是被抓进监狱，就是被贬官。裴炎临死时，看着那些被他连累的大臣，流着泪说："你们的官职都是自己辛苦挣来的，我没出丝毫的力，如今你们却因我而受连累，真是令人悲痛啊！"后来朝廷查抄他的家产，发现他竟然家徒四壁。

薛仲璋听说舅舅被处死，既伤心又愤怒，索性劝李敬业图谋霸业："金陵有帝王气象，又有长江天险，不如先夺取常①、润②二州，

---

① 治所在今江苏常州市。
② 治所在今江苏镇江市。

作为霸业的基础，然后向北夺取中原。这样的话，进可以取胜，退也有立足之地。"

魏思温不赞成，他对李敬业说："您既然是以匡复社稷为口号，就应当率领大军大张旗鼓地前进，直接向东都洛阳进发，这样四面八方都会响应。天下人以为我们是为了救国，才响应我们，如果您是为了自己图霸业，人心就会离散啊！"

李敬业听说朝廷已经追削自己祖父和父亲的官爵，还派人掘墓砍棺，恢复了他的本姓徐氏，便铁了心跟朝廷对抗，所以没有听魏思温的。他派唐之奇守扬州，自己领兵渡过长江，攻打润州。

魏思温叹息道："兵力合在一起则强大，分散则削弱，不聚集兵力渡过淮河，夺取洛阳，失败就在眼前啊！"

徐敬业攻下润州后，得知朝廷派大将李孝逸来讨伐自己，便从润州回军抵抗，驻扎在高邮，另外派弟弟徐敬猷进逼淮阴，又派将领韦超、尉迟昭驻扎在都梁山。

果然如魏思温所料，李孝逸利用徐敬业兵力分散的弱点，首先进攻兵力单薄的都梁山和淮阴，斩杀了尉迟昭，徐敬猷和韦超兵败逃跑。

徐敬业只好隔着高邮境内的下阿溪布阵据守。双方对峙了很长时间，李孝逸的将领就出主意说："现在是顺风，芦苇干燥，是火攻的好机会。"

李孝逸采纳了这个建议，发兵进攻，并顺着风势放火。大火烧向徐敬业的大营，士兵们抱头鼠窜，四散逃命，被斩首七千人，淹死的士兵更是数不过来。

徐敬业逃回扬州，带着妻子儿女准备走海路投靠高丽，结果走到海陵地界时，被部将砍下脑袋。魏思温等人也被捕获，斩首后，他们的脑袋都被送往东都洛阳。

成语学习①

人人自危

每个人都感到自己不安全，有危险。

造　句	疫情初期，人人自危，幸好国 家出手，才将疫情控制住。
近义词	人心惶惶
反义词	高枕无忧

---

① 这个故事的原文里还有成语"人神同嫉"（人与神都憎恨厌恶）。

【 请君入瓮 】

《资治通鉴·唐纪二十》

或告文昌右丞周兴与丘神勣通谋，太后命来俊臣鞫之。俊臣与兴方推事对食，谓兴曰："囚多不承，当为何法？"兴曰："此甚易耳！取大瓮，以炭四周炙之，令囚入中，何事不承！"俊臣及索大瓮，火围如兴法，因起谓兴曰："有内状推兄，请兄入此瓮！"

译 文

有人告发文昌右丞周兴与丘神勣串通谋反，太后命令来俊臣审讯他。来俊臣与周兴正讨论事情一起进餐，来俊臣对周兴说："囚犯多不认罪，应当采用什么办法？"周兴说："这很容易，取一个大瓮，用炭火在四周烤它，让囚犯进入瓮中，还有什么事情不承认？"来俊臣便找来大瓮一个，按周兴说的办法四周用火烤，然后站起来对周兴说："有宫内的文书要审问老兄，请老兄进这大瓮！"

出来混迟早要还

平定徐敬业造反之后，太后怀疑天下还有不少人想谋害自己，于是大开告密的渠道。凡是告密的人，官员不得过问，要给告密者提供驿马，供应五品官标准的伙食，送他们到太后所在的地方。种田的农夫、打鱼的渔民，只要是告密，都能得到太后的召见，所说的事情如果符合旨意，就破格授予官职，即使与事实不符，也不问罪。于是，四方告密的人蜂拥而起，人们都吓得小心翼翼，生怕哪儿做得不对，被人抓住把柄。

有个叫索元礼的胡人，明白太后的用意，他通过告密，获得太后的召见，被提拔为游击将军，负责审查监狱里的囚犯。索元礼性情残忍，审讯一个人，一定会牵连出几十甚至上百人。太后很满意，多次召见他，并赏赐大量财物，以扩大他的权威。

很多人争相仿效，尚书省的官员周兴通过告密接连升官，做到秋官侍郎①，还有一个叫来俊臣的，也因为多次告密升官到御史中丞。他们勾结在一起，私下豢养了几百个无赖，专门从事告密活动。来俊臣还写了一本《罗织经》，教这些无赖如何搜集无罪之人的言行，再捏造各种细节，编造成谋反的罪状。

而太后一接到这种告密，就交给这些酷吏审讯。为了逼犯人招供，他们发明了各种各样的酷刑：用木橡把人的手脚串联起来旋转

---

① 即刑部侍郎，为刑部副长官。

的，叫作"凤凰晒翅"；用东西固定住人的腰部，将脖子上的枷向前拉的，叫作"驴驹拔橛（jué）"；让人跪在地上捧着枷，又在枷上堆砖的，叫作"仙人献果"；让人站在高木桩上，将脖子上的枷向后拉，叫作"玉女登梯"。此外还有将人倒吊，在脑袋上挂石头；用醋灌鼻孔；用铁圈套住脑袋，在脑袋和铁圈之间钉楔子，以致脑袋裂开，脑浆外流。

每次有囚犯来，酷吏们就先陈列各种刑具，让他们观看。囚犯们看了都两腿发抖，冷汗直冒，很多人还没等用刑，就已经认罪了。

来俊臣尤其残酷，他曾经在审讯犯人时，不问一句口供，先砍下脑袋，再伪造案情上奏。每当有赦免的命令下来，他总是命令狱卒先杀死重犯，然后才宣布赦令。

太后认为他们忠心耿耿，越加宠信他们，群臣和老百姓则听到他们的名字就心惊肉跳。大臣陈子昂为人正直，便上疏说："近来告密之风兴起，稍有嫌疑，就被严刑逼供，以致牵连无数人，给了奸恶之徒尽情报复他们的仇人的机会，这恐怕达不到惩罚罪人、安抚百姓的初衷。古代贤明的帝王一向推崇宽缓刑罚，希望您慎重考虑！"

太后不但听不进去，反而越发鼓励告密，重用酷吏。有个叫侯思止的，是个诡诈的无赖，起初靠卖饼谋生，后来给游击将军高元礼当仆人。当时，恒州刺史裴贞杖罚了一名判司。这位判司怀恨在心，便对侯思止说："诸王谋反，朝廷正在追查余党，你何不趁此机会告发舒王李元名与裴贞谋反呢？朝廷一定会重赏你，说不定还会给你个官当，你就不用再给人当奴仆了。"

侯思止果然跑到京城，诬告李元名与裴贞谋反。朝廷下令追查，李元名因此被流放，他的儿子、豫章王李亶被处死，裴贞则被灭族。

侯思止因为告密有功，被授予了较低级别的武官。当时，告密的人往往能当五品官，侯思止嫌官小，便要求担任御史。

太后笑着问他："你都不识字，怎么能担任御史呢？"

侯思止回答说："獬豸（xiè zhì）① 还不识字呢，却能用它的独角辨别忠奸。"

太后听了哈哈大笑，立即任命侯思止为侍御史。过了几天，太后得知他没有住宅，便将早先没收的一处官宅赐给他。

侯思止不肯接受，说："我憎恶那些背叛您的逆贼，他们的宅第，我不愿意住。"太后听了更加高兴，越发宠信他，给他大量的赏赐。

衡水人王弘义，一贯品行不好，曾经向邻居讨瓜吃，邻居不给，他就向县官报告说，瓜田中有白兔。县官赶紧派人去找，结果白兔没找到，瓜田都被踩坏了②。有一次，他看见乡间父老做佛事活动，便诬告他们谋反，导致两百多人被杀，他却被提拔为武官，不久又升任殿中侍御史③。

后来有人密告胜州都督王安仁谋反，太后就让王弘义去审问。王安仁不认罪，王弘义就在他戴着枷锁的时候砍下他的脑袋，又要搜捕他的儿子，他的儿子恰好来到，王弘义便也砍下他儿子的脑袋，用盒子盛着带回洛阳。路过汾州④时，汾州司马毛公请他吃饭。席间，王弘义突然怒喝一声，上前砍下毛公的脑袋，一路用枪挑着，进入洛阳。行人看见了，无不恐惧颤抖。

在这种持续的高压下，朝廷官员人人自危，相见时不敢交谈，在路上遇到只能用眼睛示意，有的人在上朝的路上会突然被秘密逮

---

① 传说中一种能以其独角辨别邪正的神羊。
② 古代中国没有家养的兔子，野生的兔子大都是黄褐色或其他杂色，白色的兔子极少。物以稀为贵，所以像白虎、白猿、白马、白鹿、白雉、白兔等都是祥瑞之物。发现祥瑞，一定要献给皇帝，所以官府要派人去找。
③ 唐朝时，御史台属有三院：一台院，其官为侍御史；二殿院，其官为殿中侍御史；三察院，其官为监察御史。
④ 治所在今山西汾阳市。

捕，因此群臣每次入朝前，都要与家人诀别："恐怕我们不能再相见了。"

经过几年的大清洗，反对太后的人几乎绝迹，太后称帝的道路

上已经没有任何阻碍。公元 690 年，太后宣布改唐为周，以皇帝李旦为皇太子，赐武姓。中国历史上唯一的正统女皇帝就这样诞生了，她就是武则天。

武则天坐稳江山后，在处理复杂的政务方面，表现出非凡的才干：她奖励农桑、兴修水利、减轻赋役、整顿均田制，使社会经济

不断上升，人口稳步增长；她改革吏治，重视人才，完善科举制度，提拔了一大批出身寒门的能人，巩固了"贞观之治"的成果。

随着武周江山逐渐稳固，来俊臣等酷吏已经失去了利用价值。可是，他们自己并没有意识到这一点，反而继续制造冤案，以邀功请赏。到后来，来俊臣竟然诬告皇太子李旦谋反。他亲自审讯李旦府里的官员，因为手段严酷，多数官员都招了，只有一个叫安金藏的抵死不认，说道："您既然不相信我所说的话，那就让我挖出心脏以证明太子没有谋反。"他抽出佩刀剖开自己的胸腹，把五脏六腑都露出来，然后昏死过去。

武则天听说后，命人将他抬到宫中救治。第二天，她听说安金藏苏醒了，亲自前去看望，感叹道："我的儿子不能自证清白，却要你替他证明。"随后命令来俊臣："这件事到此为止！"

从此，武则天越来越厌恶来俊臣等人的做法，又听说他们横行无忌，贪赃枉法，渐渐有了除掉他们的打算。恰好有人告发已经是宰相的周兴谋反，武则天打算先拿他开刀，便让来俊臣审问他。

来俊臣犯难了：他和周兴同是酷吏，如果用平时对付普通人的方法，周兴一定不会认罪，必须设一个巧妙的局才行。他苦思冥想，终于想到一个"以其人之道，还治其人之身"的办法。

这天，来俊臣在家里准备了一桌丰盛的酒席，然后把周兴请来。两个人推杯换盏，酒过三巡，来俊臣故意叹了口气。

周兴忙问："兄弟你为何叹气啊？谁得罪了你，你告诉我，我让他死无葬身之地。"

来俊臣把手中的酒杯往桌上重重一放，苦着脸说："我最近碰到一个死不认罪的犯人。我用尽所有办法，却始终撬（qiào）不开他的嘴。不知老兄有什么好办法？"

周兴先是把杯中酒一饮而尽，然后笑道："这还不容易？"

来俊臣装出急切的样子，问道："请老兄快快指教。"

周兴露出阴险的笑容，说道："你找一个大瓮，用炭火烤热，再让犯人进到瓮里，保管你让他招什么他就招什么。"

来俊臣连连点头称是，随即命人找来一口大瓮，按照周兴说的那样，在四周点上炭火，然后回头对周兴说："有人告密，说老兄谋反，陛下让我负责审问。对不起，现在就请老兄自己钻进瓮里吧。"

周兴一听，吓得手里的酒杯掉在了地上，连连磕头说："我有罪，我有罪，我招，我招！"最终他在流放岭南的途中被仇家杀死。

几年后，来俊臣又企图陷害武氏诸王及太平公主①等一批武则天最亲近的人。武氏诸王及太平公主忍无可忍，转而揭发来俊臣的种种罪行，武则天就下令将他关进监狱，判处死刑。

行刑那天，人们奔走相告，无不拍手称快。第二天，不论官员，还是老百姓，在路上遇见了，都互相庆贺："从今往后，睡觉时可以安心地把脊背贴在席子上了。"

---

① 高宗李治与武则天的小女儿，中宗李哲和睿宗李旦的妹妹，极受父兄尤其母亲武则天的宠爱，权倾一时。

成语学习 ①

请君入瓮

比喻用某人整治别人的办法来整治他自己。

造　句：警察叔叔来了个"请君入瓮"，
将坏人一网打尽。
近义词：以其人之道，还治其人之身；
以牙还牙，以眼还眼

---

① 这个故事的原文里还有成语"睚眦之嫌"（睚，眼眶；眦，眼角。睚眦，生气瞪眼。指别人瞪眼这样小的怨恨）、"杀人如麻"（如麻，像乱麻一样数不清。形容杀的人多得数不清）、"前事不忘，后事之师"（记取从前的经验教训，作为以后工作的借鉴）。

〖 蚁穴坏堤 〗

《资治通鉴·唐纪二十一》

又曰："蚁穴坏堤，针芒写气，权重一去，收之极难。"长上果毅^①邓注，又著《石论》数千言，述昭德专权之状。凤阁舍人逄弘敏取奏之，太后由是恶昭德。

译 文

又说："小小的蚁洞可以毁掉大堤，针尖大的小孔足以泄气，权力一旦失去，要收回就极难。"长上果毅邓注又写了《石论》，以数千言文字叙述李昭德专权的事实。凤阁舍人逄弘敏将它上奏，太后因而憎恶李昭德。

---

① 唐朝时，凡是卫兵都要定期轮流到京师担任宿卫，兵部会选取其中骁勇之人担任武官，让他们长期入宫值班，而非轮流，这种武官就叫作长上。果毅即果毅都尉，为统兵军官。

"其他石头都造反？"

作为中国历史上唯一的正统女皇帝，武则天有绝顶的政治才能与超常的治理手腕。一方面，她精通权谋，心狠手辣，为了维护武周的江山，任用来俊臣、周兴这样的酷吏大肆诛杀李氏宗室，打压反对自己的人；另一方面，她明察善断，知人善任，网罗了李昭德、娄师德、狄仁杰、杜景俭、徐有功等能臣干将，帮她治理天下，而李昭德是她称帝之初最为倚重的大臣。

李昭德是刑部尚书李乾祐之子。虽然出身于官宦家庭，李昭德却没有依靠父荫，而是通过明经科①的考试踏上仕途。由于他能力出众，敢做敢当，很快就引起了武则天的注意，被提拔为凤阁侍郎②。

天授二年（公元691年），洛阳人王庆之率数百名轻薄的恶少上奏表，请求武则天改立她的侄子武承嗣为太子。武周建立时，武则天虽然已经立儿子李旦为皇太子，但是武承嗣一直觊觎太子之位，变着花样讨好武则天，乞请她改变主意。与此同时，他极力结交武则天的宠臣，谋求他们的支持。

依附武承嗣的宰相张嘉福见女皇一直没表态，决定推波助澜，指使王庆之上奏表。事关重大，武则天便召集宰相们商议。

---

① 科举考试科目之一。汉代至南北朝，明经为察举的科目之一，即各地举荐通晓经学的人。隋炀帝时，明经科与进士科并为科举考试科目。唐朝沿置，并增加秀才、明法、明字、明算四科，为六科。

② 即中书侍郎。公元684年，武后改中书省为凤阁，中书令为内史；门下省为鸾台，侍中为纳言；尚书省为文昌台，左、右仆射为左、右相，其下六部（吏、户、礼、兵、刑、工）为天、地、春、夏、秋、冬六官，由尚书分掌行政事务；御史台为左、右二台，左台知百司、监军旅，右台察州县、省风俗。

"太子李旦已经在东宫了，怎么可以随便换掉！是谁指使的？应当严惩！"文昌右相岑长倩率先反对，言辞相当激烈。

武则天又询问地官尚书、同平章事格辅元①的意见。

"绝对不可以这样做！"格辅元一字一顿地答道。

武则天见大家都反对，便不再说什么了。武承嗣十分恼怒，就捏造罪名，诬陷岑长倩、格辅元等人谋反，还牵连大臣欧阳通等人。欧阳通被来俊臣审讯，任凭毒刑加身，他却始终不招。来俊臣没办法，只好假造了一份他认罪的口供。最终，岑长倩、格辅元、欧阳通等人都被处死。

武承嗣等人又怂恿王庆之上表。这次，武则天召见了王庆之，问他："皇嗣是我的儿子，为什么要废黜他？"

王庆之答道："'神灵不享受不同族类的人的祭品，百姓不祭祀不同种族的神。'现在拥有天下的人姓武，难道要以姓李的为继承人吗？"

听了这话，武则天表面上波澜不惊，内心却翻江倒海：她费尽心机，一路拼杀，足足花了四十多年时间，才从李氏手中夺得天下，可她毕竟不能长生不老，将来传位给谁呢？她自己姓武，按理应当传给武氏，而武氏中最得她欢心的就是武承嗣；可是，她嫁给了李家，当年高宗待她不薄，而太子又是她的亲儿子……

一阵无力感突然袭来，武则天挥了挥手，示意王庆之退下。

谁知王庆之突然放声大哭，跪在地上不肯起来，还不断磕头，弄得脸上鲜血直流。武则天被他感动，就送给他一纸盖有印章的凭证，说："下次想见朕，就让守门人看这个。"

王庆之自以为得到女皇特别恩宠，动不动就求见，见了就要女

---

① 格辅元虽然只是尚书省下面的六部长官之一，但因为他加有"同平章事"的职衔，所以列位宰相，入政事堂（宰相们共议国政之所）议政。所谓"同平章事"，即"同中书门下平章事"，意思是与中书、门下一样，同平章奏，共议国政。

皇更换皇嗣。武则天见他越来越狂妄，非常生气，就命李昭德对他施以杖刑。

李昭德非常憎恨王庆之，当即将他领出大殿外，对左右说："你们瞧瞧，这个无赖竟然想废黜我朝皇嗣，立武承嗣为太子，他是不想活了！"说完，命人将王庆之高高举起，再用力摔在地上，把他摔得耳朵、鼻子、嘴巴直流鲜血，然后再用刑杖打死。消息传出，王庆之的党羽吓得作鸟兽散。

其实，武则天的本意是惩罚一下王庆之，李昭德却自作主张打死了他。大家都担心李昭德会受责罚，他却不当回事，大大咧咧地进殿报告了此事，并趁机进言："天皇是陛下的丈夫，皇嗣是陛下的儿子。陛下拥有了天下，理当传给子孙以保万代家业，怎么能让侄子做继承人呢！自古以来就没听说侄子当了天子，为姑姑立庙的！况且陛下当初是受天皇临终托付才拥有江山，如果把天下交给武承嗣，那谁来祭祀天皇呢！"

武则天一愣，低头不语。

打这以后，武则天就把李昭德当成心腹，经常找他商讨机要大事。有一次，议完政事，李昭德突然说："武承嗣既封为魏王，又担任宰相，权力太重了。"

"他是我的侄儿，自然要任为亲信。"武则天脱口而出。

"侄子和姑姑关系再亲，能亲得过儿子和父亲吗？儿子还有杀死父亲的，何况侄儿呢！"李昭德一边说，一边观察武则天的脸色，发现有一丝惊慌在她眼中掠过，便继续说道："他现在的权势几乎与君王相等，万一他产生异心，陛下您的江山还能坐安稳吗？"

真是一语惊醒梦中人，武则天又是脱口而出："朕还真没考虑到这点。"不久，她免去武承嗣的宰相一职，而赐以没有实权的特进。

武承嗣得知是李昭德的主意，气得差点儿吐血，他怒气冲冲地进了宫，在武则天面前诋毁李昭德。武则天却说："自从朕任用了李昭德，觉都睡得更踏实了。他是什么样的人朕很清楚，你不要再说了。"

在武则天的支持下，李昭德不仅敢向权倾一时的武承嗣叫板，面对令人胆寒的酷吏，他也无所顾忌，经常抨击他们的违法暴行。

古人嫁娶讲究门当户对，就是双方家庭的社会地位与经济状况要相当，尤其名门望族，还讲究声望，哪怕是新贵，若名声不好，名门望族也看不上。但是，来俊臣就倚势权势，强娶了太原望族王氏家的女儿为妻。侯思止听说后，也有样学样，上奏要娶赵郡高门李氏家的女儿。武则天拿不定主意，便让大臣们商议。

"真是太可笑了！"李昭德义愤填膺地说，"来俊臣那小子逼娶王氏之女，已经是大辱国家。侯思止不过是一个卖饼的奴才，竟然索要李家的女儿，难道不是再次辱国吗！"

此事于是作罢。但是，李昭德却不打算放过侯思止。不久，李昭德查到侯思止私存违禁品——彩色织锦，就果断查办他，并将他当堂打死。

在李昭德的雷霆手段之下，酷吏们不得不稍稍收敛。武则天乐见其成，对强硬刚正的李昭德愈加赏识，提拔他做了宰相。谁知，女皇的宠幸让李昭德有点儿得意忘形，几次让她当众下不来台。

因为得位不正，武则天总想利用祥瑞为自己歌功颂德，一些溜须拍马之徒就变着法子制造祥瑞，讨她欢心。

一次，有人在洛河里发现一块带有赤色花纹的白石，就进献给武则天，还说："这块石头有一片赤诚之心，所以献给陛下。"

喜欢逢迎的臣子就附和道："连洛河中的石头都对陛下赤胆忠心，足见陛下是真命天子。"

武则天听得心花怒放，不料李昭德却冷冷地说："这块石头的心

赤诚，难道河里的其他石头全都造反吗?"大臣们都暗中发笑，武则天却感到很扫兴。

不久，有个叫胡庆的家伙，用红漆在龟的腹部写上"天子万万年"几个字，然后拿到皇宫门口进献。李昭德二话不说，直接用刀把那五个字刮除，并奏请将胡庆法办。武则天下令放了胡庆，说："算啦，这个人并没有坏心。"

这么搞了几次后，武则天对李昭德就有些意见了。但是李昭德没有察觉，个性依旧张扬，甚至有些独断专行，这样一来，他不仅被酷吏们视为眼中钉，还成了不少朝臣的对头。他们轮番上疏抨击李昭德，说什么"以前政事都由陛下自己决断，自从委任李昭德为相，他处理国家大事往往独行其是"；"他的胆子比身体还大，鼻孔朝天，气冲霄汉"；"蚁穴坏堤，针尖大的细孔足以泄气。皇上您手中的权力一旦失去，想收回就难了"……

这种话听多了，武则天就憎恶起李昭德来，降了他的职，并流放到外地。过了三年，武则天偶然想起才干出众的李昭德，便召他回来当监察御史。李昭德兴冲冲地返回京城，准备大展拳脚，谁知等待他的竟然是灭顶之灾。

原来，来俊臣怕李昭德回京后不利于自己，就诬告他谋反，将他逮捕入狱。不久，来俊臣又想罗织罪名诬告武氏诸王及太平公主，不料反被他们揭发，也被关进了监狱。

这年的六月，李昭德和来俊臣同一天被杀。这两人一忠一奸，却在同一个地方，以相同的方式结束自己的一生。那天，洛阳城大雨滂沱，人们为来俊臣之死拍手称快的同时，也为李昭德的死痛哭流涕："今日大雨，真是一喜一悲啊。"

成语学习

蚁穴坏堤

比喻小事不注意，就会出大乱子。

造　句：	"孩子，蚁穴坏堤并不是危言
	耸听，可千万别觉得你只是犯
	了个小错误而满不在乎呀。"
	妈妈语重心长地说。
近义词：	积羽沉舟、群轻折轴

【 北门南牙 】

《资治通鉴·唐纪十九》

苏良嗣遇僧怀义于朝堂，怀义偃蹇不为礼。良嗣大怒，命左右捽曳，批其颊数十。怀义诉于太后，太后曰："阿师当于北门出入，南牙宰相所往来，勿犯也。"

译文

苏良嗣与和尚怀义在朝堂相遇，怀义傲慢不行礼。苏良嗣大怒，命令随从拽住他，打耳光数十下。怀义告诉太后，太后说："你应当从北门出入，南牙是宰相往来之地，不要去触犯。"

猖狂的假和尚

武则天称帝前后，大肆诛杀李氏诸王及亲朋，只有唐高祖李渊的女儿千金公主因为善于逢迎得以幸存。为了求生，千金公主变着法地讨好武则天，为她物色男宠，其中最著名的要数冯小宝了。

冯小宝原是一个在洛阳街市上卖膏药的无赖，长得身强力壮，体貌魁伟，深得武则天的喜爱，经常被召进宫伺候。为了不让人说闲话，武则天想了个办法，重修白马寺，让冯小宝到寺里出家，改名为怀义。又因为他出身寒微，武则天赐他姓薛，让太平公主的丈夫、驸马都尉薛绍叫他叔叔。不久，武则天又让薛怀义做了白马寺的住持。从此，改名为薛怀义的冯小宝经常以念佛诵经的名义，堂而皇之地进出皇宫，日夜陪伴武则天。

一个市井无赖，突然得到至高无上的女皇的宠爱，自然就变得忘乎所以，不可一世。薛怀义进进出出骑的是皇帝的御马，还有十几个太监为他清道，无论是官员还是老百姓，来不及躲开的，都会被打得头破血流。朝中的权贵见了他，都跪在地上叩头参拜，连武则天的侄子武承嗣、武三思在他面前也卑躬屈膝，像奴仆一样为他牵马执鞭。

薛怀义还让往日的一帮无赖朋友都剃度为僧，他们经常聚在一起横行霸道，作威作福。人们都敢怒不敢言，只有右台御史冯思勖不满薛怀义的胡作非为，多次依法处置他们。薛怀义怀恨在心，竟然在路上截住冯思勖，指使随从把他打了个半死。

有一天，文昌左相苏良嗣在朝堂前碰到薛怀义。薛怀义目不斜视，抬头挺胸在他面前经过。苏良嗣不禁纳闷："这个和尚好傲慢，见了我也不行礼！"

已经走过去的薛怀义此时也暗想："朝中大臣个个对我毕恭毕敬，连武三思他们都要小心翼翼，这老头竟然不向我跪拜！"他越想越恼怒，转身指着苏良嗣，问一旁的太监："这个狗官是谁？"

苏良嗣是堂堂宰相，从来没有人敢对他如此出言不逊，一听之下勃然大怒，命令身边的随从："给我把这个秃驴拿下！"

一名随从慌忙提醒苏良嗣："这个和尚千万惹不得，他可是……"

苏良嗣见随从欲言又止，这才意识到眼前的和尚就是武则天宠幸的无赖薛怀义。这下更是火上加油，苏良嗣声色俱厉地喝令随从上去打他的嘴巴。

随从们见宰相发飙，不敢怠慢，硬着头皮冲上去，把薛怀义死死按住，然后左右开弓，扇得薛怀义嗷嗷叫。就这样一连扇了几十下，薛怀义的牙齿都被打落了一颗，苏良嗣才让随从住手，然后扬长而去。

薛怀义哪里吃过这种亏？他捡起地上的牙齿，捂着被打肿的脸，跑进后宫向武则天告状。武则天很吃惊，摸着他的脸，心疼地问道："是谁这么大胆竟然欺负朕的阿师？"

薛怀义刚想说话，一扯动嘴角，就疼得龇牙咧嘴，眼泪都差点儿掉下来。跟随他的太监急忙回禀武则天："是苏良嗣，苏左相打的。"

苏良嗣为人刚烈耿直，忠于国事，敢于直谏，武则天对他很是尊重。所以，一听是苏良嗣，武则天"哦"了一声，反而埋怨薛怀义："你以后从北门进出吧，南牙^①是他们宰相办公的地方，你没事跑那儿干什么？"

薛怀义原以为武则天会替自己出气，没想到她反而责怪自己不该去惹苏良嗣，感到非常失望，却也无可奈何，只能自认倒霉。

武则天担心薛怀义再闯祸，就对外找了个借口，说他在建筑设计上心思巧妙，命他主持修建明堂^②。没想到，薛怀义带领数万工匠，不到一年就建起一座气势恢宏、巍峨庄严的大殿。

武则天非常满意，封薛怀义为左威卫大将军、梁国公，对他越发宠爱。然而，武则天毕竟年纪大了，薛怀义渐渐生了腻烦之心，不喜欢进宫了，多数时间住在白马寺，他还收罗了上千名身强力壮的人，让他们都剃度为僧。

御史周矩听说后，怀疑薛怀义图谋造反，向武则天请求审查他。武则天说："你先回官署，朕让他马上去你那儿投案。"

周矩刚回到官署，薛怀义也到了，他跳下马，昂首上公堂，一屁股坐在椅子上，傲慢地开口道："有话快问，贫僧忙着呢！"说着伸了个懒腰，露出了肥厚的肚皮。

周矩大怒，吼道："给我把这个贼秃拿下！"衙役们刚要动手，薛怀义纵身跃起，冲出公堂，跳上马，狂笑着飞驰而去。

周矩气得血往上涌，立刻进宫报告武则天。武则天听了，哈哈大笑，说："这个和尚疯疯癫癫的，不要跟他一般见识。他寺里的那些剃度僧人，你随意处理好了。"周矩见武则天有意袒护薛怀义，只好作罢。

过了几年，武则天有了新的男宠，就渐渐地冷淡薛怀义。薛怀

---

① 又称"南衙"。
② 帝王宣明政教、祭祀祖先神灵的建筑，"黄帝曰合宫，尧曰衢室，舜曰总章，夏后曰世室，殷人曰明堂，周人曰明堂"。汉代以后，历代统治者多在都城内建有这种象征王权的建筑。《乐府诗集·木兰诗》里便有"归来见天子，天子坐明堂"之句。

义很失落，又想方设法讨好武则天，希望重获宠爱。元宵节这天，武则天要在明堂开法会。一大早，薛怀义就在明堂前挖了一个深达五丈的大坑，然后在坑中预先埋下一幅巨大的佛像，装好机关，又用华美的彩绸在坑上搭了一个宫殿。武则天一到，薛怀义就命人按下机关，只见佛像从地下徐徐升起，一直升到彩绸搭成的宫殿中。然后，他上前几步，讨好地对武则天说："陛下，这幅佛像是臣杀牛取血绘制成的。佛头有二百尺高，则是臣刺破膝盖取血，一笔一笔画成的呢。"武则天听了，只是淡淡一笑。

眼见自己一番苦心，武则天毫不在意，薛怀义怒不可遏。当天夜里，他悄悄潜入明堂北面用来贮藏大佛像的五层天堂，放了一把火。结果，这把火借着风势蔓延到了明堂。没多久，整个明堂就被火舌吞噬，冲天的火光把洛阳城照得如同白昼。到天亮时，曾经金碧辉煌的明堂已经变成了一片焦黑的废墟，那幅用牛血画的大佛像也化为灰烬。

明堂是武周国运的象征，竟然付之一炬。武则天又惊又怒，派人调查后，才知道是薛怀义干的。武则天知道是失宠的薛怀义借此撒气，但她不愿让人知道真相，就说是负责日常维护天堂的工匠疏忽导致的，然后下令重建明堂和天堂，仍然让薛怀义主持这项工作。

而薛怀义纵火之后，一直心神不宁，担心武则天找自己算账，后来见她仍让自己负责新明堂的修建，就放下心来。他看出武则天有所顾忌，便越发放纵起来，还到处散布自己与武则天的关系。对于武则天来说，明堂烧了，可以花钱重建，但薛怀义四处揭她的底，却不可宽恕。武则天决定除掉他。

这天晚上，薛怀义正在白马寺和手下那帮喽啰喝酒，一个小太监跑来说，皇上召他进宫。

薛怀义很高兴，以为武则天回心转意了，立刻起身进宫。走到宫门口，他突然莫名地害怕起来："该不会是要杀我吧？"

小太监见他停住脚步，笑着催他说："太后让人在瑶光殿准备了一桌酒席，正等着您呢。"

薛怀义这才打消心中的疑虑，快步往前走。走到瑶光殿前的树下时，突然从黑暗中跑出来一群身强力壮的宫女，每个人手里都拿着棍棒。薛怀义一惊，知道不好，转身就跑，却被宫女们团团围住。

"打！"为首的宫女喊了一声，薛怀义的后脑上就结结实实地吃了一棒，他惨叫一声，一头栽倒在地上。顷刻间，棍棒如雨点般落下。薛怀义挣扎着从地上爬起来，想往宫门外跑去，结果没跑出几步，又冲出来一批人，这次是壮汉，个个比他魁梧，领头的是建昌王武攸宁。

"杀了他！"只听武攸宁一声令下，将士们挥拳打向薛怀义。一开始，他还号叫不止，后来叫声越来越弱，到最后没了声音。

有人拿来了灯，往地上一照，只见薛怀义已经被打得血肉模糊，再一摸，气息全无。武攸宁指挥将士把他的尸体拖出去烧成了灰，骨灰连夜送到白马寺，埋在一座塔下。骄横不可一世的假和尚薛怀义就这样毫无踪迹地莫名消失了。

北门南牙

北门，指羽林军将领；南牙，指宰相。即文武重臣的意思。

造　句：北门南牙，一文一武，共同维	
系着大唐帝国的运转。	
近义词：文武百官	

【 唾面自干 】

《资治通鉴·唐纪二十一》

师德愀（qiǎo）然曰："此所以为吾忧也！人唾汝面，怒汝也。汝拭之，乃逆其意，所以重其怒。夫唾，不拭自干，当笑而受之。"

译 文

娄师德神色忧虑地说："这正是我担忧的！人家唾你脸，是因为恨你，你擦拭，便违背人家的意愿，正好加重人家的怒气。唾液，不擦拭它会自己干，应当笑而承受。"

国老狄仁杰

宰相是古代重要的官职，所谓"一人之下，万人之上"。有时候，宰相的权势甚至会威胁到皇权，所以，自西汉以来，宰相的权力就被不断分割，人数从一个变成一群。唐朝采用的就是"群相制"，即同一时期有多位宰相，有时候一个屋子都坐不下。武则天在位十五年，任用了七十多位宰相，是历史上任用宰相最多的皇帝。她任命的这些宰相，被杀是家常便饭，流放是小菜一碟，至于被贬官，那都不算事，但有一人得以全身而退，他就是狄仁杰。

狄仁杰，字怀英，太原人。他小的时候，家里有一个仆人被杀，县衙派人前来调查，家人都忙着接待，接受问询，他却一动不动地坐着读书。县衙的人责怪他，他振振有辞地说："我忙着接待书中的圣贤呢，哪有工夫理你这样的庸俗小吏？"

成年后，狄仁杰参加明经科考试被录取，成了一名司法官，后来升任大理寺丞，在一年内判决了大量积压案件，涉及一万七千人，却没有一人冤诉，又被朝廷提拔为侍御史。

武则天主政后，狄仁杰外放为宁州刺史。在宁州时，他特别善于处理官民关系，得到当地百姓的爱戴。武则天很欣赏他，先后拜为冬官侍郎①、江南巡抚使，之后又派他去做豫州刺史。正赶上越王李贞起兵造反，被宰相张光辅率军平定，受此牵连的有好几千人，

---

① 即工部侍郎。

有的要判罪，有的要籍没官府当奴婢。朝廷催促豫州方面赶紧执行判决，可是狄仁杰不理睬，还上书向武则天求情。武则天考虑再三，同意宽恕这些人，只是将他们流放。

受牵连的几千人获救了，狄仁杰的麻烦却来了。张光辅平定叛军后，并没有马上离开豫州，而是仗着军功在当地敲诈勒索。狄仁杰当众斥责他。张光辅恼羞成怒："你一个小小的州官竟敢轻视当朝宰相！"

狄仁杰冷冷地说："一个李贞死了，又跑出来一万个李贞！"

张光辅怒道："你小子给我说清楚，这话什么意思？"

狄仁杰毫不畏惧，大声说道："您统兵三十万，所要杀的只是一个越王李贞。这次朝廷大军前来，城中不少人主动出来投降。可是您却杀了这些已经投降的人，导致城中血流成河，平定叛乱后还放纵手下军士抢掠，这不是一万个李贞又是什么！要是有一把尚方宝剑，我会马上宰了您，即便我因此而死，也无怨无悔！"

张光辅气得七窍生烟，一回到朝廷，就在武则天面前告状，说狄仁杰出言不逊，侮辱宰相。武则天知道狄仁杰被诬陷，但为了让他免遭张光辅的私下打压，仍然降了他的职。等到两年后她称帝，才调狄仁杰回京城当宰相。

有一次，武则天问狄仁杰："你在豫州干得不错，却有人诬陷你，你想知道是谁吗？"

狄仁杰说："陛下知道臣是被诬陷的，臣觉得自己已经很幸运了，并不想知道是谁诬陷臣。"

武则天深为叹服，从此非常信任狄仁杰，经常向他询问国家大事，并采纳了他的许多建议。

这样一来，酷吏来俊臣就看不惯了，便捏造证据，诬告狄仁杰谋反，将他逮捕下狱。审讯时，来俊臣皮笑肉不笑地对狄仁杰说：

"按照朝廷的规定，只要承认谋反，就能够免去死罪。"

狄仁杰心想："来俊臣的恶名天下皆知，如果不承认，可能活不过今晚。大丈夫能屈能伸，先活下来再想办法。"于是承认自己谋反。

来俊臣没想到事情这么容易就办成了，一高兴，就对狄仁杰多了几分宽容。来俊臣的属官王德寿也以为狄仁杰是块软骨头，便悄悄对他说："这次您一定能保命。我最近想找一个升职的门路，有人暗示我最好将宰相杨执柔扳倒，麻烦您在供词中指控他，助我一臂之力好吗？"

不料，狄仁杰悲愤地说："苍天在上，竟要狄仁杰干这种肮脏事！"说完一头撞向墙壁。王德寿见他满脸鲜血，吓得半死，连连道歉。

既然狄仁杰承认谋反，狱卒们便放松看管，只等最终判决。狄仁杰趁机从被子上撕下一块布，再咬破手指，用血写上自己的冤屈，然后把血书塞进自己的棉袄里。第二天，他对王德寿说："现在天气热了，我想将这件衣服交给家里人，让他们拆掉里面的丝绵，您看行吗？"王德寿同意了。

当天晚上，狄仁杰的儿子狄光远将血书送到武则天面前。武则天读了，大吃一惊，问来俊臣："狄仁杰既然承认谋反，这封血书是怎么回事？"

来俊臣先是一慌，但马上镇定下来："陛下明鉴，我没有动狄仁杰一根手指头，是他自己承认谋反的！"

武则天不太相信，决定亲自复查。第二天，她把狄仁杰召去，见他身上果然没有受刑的痕迹，便质问道："你既然承认谋反，为什么还要写血书？"

狄仁杰缓缓地说："如果不承认，臣早就被打死了。"说完，将事情经过陈述清楚。武则天认为他遭到冤枉，便放了他，但降职到外地做县令。

过了几年，契丹人率兵来犯，把河北地区搅得天翻地覆。武则天为了稳定局势，重新起用狄仁杰，让他到河北去做地方官。在这之前，狄仁杰的前任因为害怕契丹人打来，让老百姓扔下庄稼，全部到城里修筑工事，加强戒备。

狄仁杰到任后，对老百姓说："你们回家安心种地吧，胡人距离我们这么远，用不着躲起来。万一敌人来了，官兵会抵挡他们。"老百姓都很高兴。

契丹人早就听说狄仁杰善于治理地方，又深得民心，担心在他的地盘上讨不到什么便宜，便不战而退。

武则天很高兴，就赐给他一件高品级官员才穿的紫色朝服，还亲自在衣服上题写了十二个金字，以表彰他的功绩。

来俊臣等酷吏倒台后，狄仁杰重登相位，成为武则天的左臂右膀。他经常在朝堂上直言规谏，武则天多数采纳，即使有时候生气，过后也不计较。

有一年，武则天要建造一尊大佛像，算下来要花很多钱，狄仁杰就上书劝阻："现在全国的佛教寺院的建筑规模已经超过皇帝的宫殿。建这些寺院不可能借助鬼神，一点一滴都要从老百姓的地里来。可这些年天灾不断，边境又老打仗，如果为造大佛像而掏空国库，用尽民力，试问，万一哪个地方突然发生灾难，陛下将拿什么去救援呢？当初，释迦牟尼创立佛教，是以大慈大悲为宗旨的，哪里要劳民伤财弄这些浮华无用的装饰呢？"

武则天读完，召狄仁杰进宫，笑着对他说："您诚心诚意地劝我行善，我怎么能违背呢？"于是停止修建大佛像。

这次狄仁杰入朝当宰相，实际上是另一位宰相娄师德推荐的。

娄师德文武全才，为人朴实稳重，从不计较别人的冒犯。一次，他的弟弟要到外地去做刺史，临别时，他问弟弟："我在朝中任宰相，你又在地方上当刺史，得到的恩宠太盛，容易引起他人的忌妒，你知道怎么避祸吗？"他弟弟跪着说道："要是有人将唾沫吐在我脸上，我只是用袖子擦拭而已，哥哥不必担忧。"娄师德叹了一口气，说："你这样才让我担忧啊！人家吐唾沫在你的脸，是因为恨你，你擦拭，就是违反对方的意愿，岂不是加重人家的怒气吗？唾液，应当由它自己干，你只需要微笑承受就好。"

狄仁杰并不知道娄师德推荐自己的事，总觉得他活得太窝囊，很瞧不起他，还经常排挤他。武则天有意调和他们的关系，便问狄仁杰："你觉得娄师德这个人贤德吗？"

狄仁杰答道："他作为一名将领，能够守卫边疆，忠于职守，至于贤德与否我就不知道了。"

武则天微微一笑，又问："娄师德有识人之才吗？"

"我曾经和他共事，没听说他在这方面有特别的才能。"狄仁杰淡淡地说。

"朕之所以再次重用你，就是娄师德推荐的缘故。"武则天缓缓道出实情。

狄仁杰愣住了，过了好久才惭愧地说："娄公有大德啊，原来他一直在包容我。"从此，他以娄师德为榜样，经常无私地推荐人才。

后来，狄仁杰因为年老体弱，提出辞职，武则天虽然没同意，却想物色能够接替他的人，便说："请您推荐一个出类拔萃的人才，我要重用他。"

狄仁杰问道："陛下打算让他担任什么职务？"

武则天说："将相。"

"那就只有张柬之了。"狄仁杰刚说出名字，见武则天微微皱了皱眉，赶紧补充道，"他年纪虽然大了些，却是宰相之才。"武则天便提拔张柬之做了洛州司马。

过了几天，武则天又要求狄仁杰举荐人才。

狄仁杰说："前几天我给陛下推荐的张柬之，您还没有用呢。"

武则天愣了一下，忙说："啊，朕已经给他升官了。"

狄仁杰笑道："张柬之是做宰相的人才，不是用来做司马的。"

武则天就再次提拔张柬之，让他做了宰相。

就这样，狄仁杰先后向武则天推荐了姚元崇、桓彦范、敬晖等数十名能臣。有人对狄仁杰说："您真是桃李满天下，您看看，当朝的贤臣都出自您门下呢。"

狄仁杰却轻描淡写地说："举荐人才，是为国家社稷考虑，并不是为我个人打算。"

武则天听说后，更加信任狄仁杰，称他"国老"。为了照顾狄仁杰，武则天在他入朝参见时，让他不要行跪拜礼，还说："每当看到您行跪拜礼，朕的身体都会感到痛楚。"当时，宰相晚上要在宫中轮值，武则天特地免了狄仁杰的值班任务，并告诫他的同僚们："如果没有十分重要的军国大事，都不要去打扰朕的国老。"

唾面自干

别人往自己脸上吐唾沫，不擦掉而让它自干。形容受了污辱，极度容忍，不加反抗。

造　句：除非迫不得已，否则这世上没	
几个人能做到唾面自干。	
近义词：逆来顺受	
反义词：针锋相对	

---

① 这个故事的原文里还有成语"政由己出"（指把持大权，独断专行）、"皇天后土"（对天地的敬称）、"犯而不校"（受到别人的冒犯或无礼对待也不计较）。

〖 栉风沐雨 〗

三十七

《资治通鉴·唐纪二十二》

文皇帝栉风沐雨，亲冒锋镝（dí），以定天下，传之子孙。大帝以二子托陛下。陛下今乃欲移之他族，无乃非天意乎！且姑侄之与母子孰亲？

译　文

太宗文皇帝不避风雨，亲自冒着刀枪箭镞，平定天下，传给子孙。高宗大帝将两个儿子托付给陛下。陛下现在却想将国家移交给外姓，这不是不符合上天的意思吗？而且姑侄与母子相比谁更亲呢？

李唐归来

圣历元年（公元698年）的一个早晨，一向注重容貌的武则天跟往常一样，装扮完后便立在镜前审视。镜中人雍容华贵、神采奕奕。女皇满意地笑了。然而，鬓边的几缕白发，无情地揭示了她日渐衰老的现实。

"哐当"一声，镜子跌在地上，将武则天从失神状态中拉了回来。她已经七十五岁了，留给她的时间不多了。难怪最近她的侄子武承嗣、武三思也加快了谋求太子之位的步伐，频繁派人前来游说，劝她更换太子："自古以来天子就没有以外姓人为继承人的。"

当天退朝后，武则天留下国老狄仁杰，却没有提改立太子之事，只是聊些家常话。狄仁杰心如明镜，主动对她说："太宗皇帝栉风沐雨，亲自冒着刀枪箭镞，平定天下，传给子孙，陛下现在却想将天下移交给外姓人？而且姑侄与母子相比谁更亲？陛下立儿子为继承人，将来就能在太庙享受祭祀；如果立侄子，臣可是从来没有听说过侄子当了天子会祭祀姑姑的！"

相同的话，七年前宰相张昭德说过，也许她真的老了，今天再次从狄仁杰口中说出，竟如一把匕首直插她的心窝，但她冷冷地说："这是朕的家事，你不要参与。"

狄仁杰不慌不忙地说："君王以四海为家，四海之内，什么事不是陛下的家事呢？君王和臣子是一个整体，君王是头脑，臣子是四肢，何况我凑数当了一个宰相，有事哪能不参与呢？"他见武则天沉默不语，又建议她召回被放逐到房陵的唐中宗，也就是庐陵王李哲。武则天沉默不语。

过了几天，武则天对狄仁杰说："昨晚朕做了一个梦，见到两只翅膀都折断了的大鹦鹉，这里面有什么含义吗？"

狄仁杰就说："武是陛下的姓氏，两只翅膀代表两个儿子。陛下起用两个儿子，则两只翅膀就可以重新振作起来了。"武则天听了，若有所思。

宰相吉顼和狄仁杰一样，希望天下回到李氏手中，为此想方设法。当时，武则天有两个男宠，那就是张易之和张昌宗兄弟，他们年轻俊美，精通音律，很受宠爱。吉顼有意和他们结交，并劝说他们："你们兄弟现在的显贵，全都是皇上给的！如今皇上年纪大了，迟早要把皇位托付给他人。武氏兄弟已经不是她心目中的人选，而天下人至今还念着李唐的恩德，你们为何不劝皇上立庐陵王为继承人？这样，你们不但可以免祸，还能长久享受富贵呢。"

二人恐惧，采纳了吉顼的建议，多次劝说武则天，使她打消了传位给侄子的念头。正好皇太子李旦也请求让位给庐陵王，武则天便召回李哲，立他为皇太子，恢复原来的名字李显，改封李旦为相王。可是，她又怕自己死后太子与武氏诸王不能相容，就命令太子、相王、太平公主和侄子武攸暨（jì）等人拟定互不伤害的誓词，在明堂向天地立誓。

武氏子弟得知这是吉顼的主意，对他切齿痛恨。有一次，武则天的侄子武懿宗与吉顼在朝堂上争吵起来。吉顼长得高大魁梧，又能言善辩，武懿宗则矮小驼背，性格木讷。当吉顼逼视武懿宗时，武懿宗迫于他的威严没再吭声。武则天很不痛快，心想："现在我还活着，这些人就敢轻视我们姓武的，一旦我死了，他们还不把武家人欺负死？"

成语说 资治通鉴

后来，吉顼进宫奏报事情，滔滔不绝的，武则天就怒道："别说了，朕听够了。当年，太宗皇帝有一匹名叫狮子骢的马，性情暴烈，难以驯服。朕对太宗说，只需要给朕铁鞭、铁棍、匕首这三件东西，朕就能驯服它。先用铁鞭抽它，不服，改用铁棍敲它的脑袋，还不服，就用匕首割断它的脖子。太宗听了，夸赞朕有魄力。今天难道

你值得玷污朕的匕首吗？"

吉顼吓得跪在地上求饶。武氏的亲贵们趁机揭发吉顼的家人犯法的事，吉顼因此被驱逐出京。

离京那天，吉顼向武则天辞行，流着泪对她说："从此我将远离朝廷，再也没有机会见到陛下了，还有一句话请允许我说出来。"

武则天问他想说什么。

"请问陛下，水与土合成泥，有争斗吗？"吉顼问。

武则天不知道他什么意思，随口说："没有。"

"如果分成两半，一半给佛家，一半给道家，有争斗吗？"吉顼又问。

武则天脱口而出："这就有争斗了。"

吉顼磕了个头，说道："皇族、外戚各守本分，则天下安定。现在陛下已经立了太子，又让外戚当王，恐怕今后他们免不了争斗。"

武则天长叹了一口气，轻轻地说："朕也知道，但事已至此，无可奈何。"

但是，武则天万万没想到，太子与武氏外戚的争斗还没开始，自己就先被赶下了台。自从决定把江山还给李家后，武则天就卸下重担，放权给张易之、张昌宗兄弟。二人可谓权倾朝野，显贵至极，连武承嗣、武三思都经常等候在他们家门口，抢着替他们牵马递鞭，讨好巴结。

独揽威权的张氏兄弟便大肆陷害反对自己的人，宰相魏元忠弹劾他们的罪行，反遭诬告，被逐出京城。发展到后来，他们不仅跟大臣结怨，也迫害李氏宗亲。邵王李重润与妹妹永泰郡主等人，因为看不惯他们的做派，就私下议论了几句，结果被人告密，惨遭杀害。这件事让太子李显及拥护他的大臣感到莫大的威胁。

长安四年（公元 704 年）年底，武则天一病不起，一直住在长生院，她一向倚重的宰相狄仁杰已于四年前去世，其他宰相都不能进去拜见，只有张氏兄弟在她身边侍候。张氏兄弟见武则天病情危重，担心她死后自己将大祸临头，便与同党暗中谋划，准备篡位。

很多大臣看出张易之兄弟的心思，不断有人写匿名信举报，甚至将匿名信张贴在闹市的大街小巷，武则天却不闻不问。大家都很焦虑，便把遏制张氏兄弟的希望寄托在宰相张柬之身上。张柬之见情况紧急，就与另一位宰相崔玄暐，以及敬晖、桓彦范、袁恕己等大臣一同谋划杀掉张易之兄弟。

次年一开春，张柬之等人就紧锣密鼓地行动起来。为了能一举成功，他们决定拉拢掌管羽林军的两名大将军李多祚与杨元琰。

张柬之首先去找李多祚，问他："将军今日的荣华富贵，是谁给的？"

李多祚流着泪说："是先帝高宗给的。"

张柬之又问："现在先帝的儿子受到姓张的两个小子的威胁，难道将军不想报答先帝的恩德吗？"

李多祚斩钉截铁地说："只要对国家有利，我都听您的。"

张柬之又去找杨元琰，对他说："当初，我们曾一同在长江上泛舟，当小船漂到江心时，您慷慨激昂，希望恢复李唐天下。不知您的这一志向是否已经改变？"杨元琰立即指天发誓，愿与他一同铲除张氏兄弟，匡复李唐。

接着，张柬之安排桓彦范、敬晖等人担任左右羽林军的将军，让他们控制禁军。此举却引起了张易之、张昌宗兄弟的怀疑，张柬之为免打草惊蛇，就任用张易之的党羽为右羽林大将军，张氏兄弟这才放心。

一切安排妥当后，桓彦范和敬晖前往东宫，把计划告诉了太子李显。李显一开始有点儿犹豫，在桓彦范、敬晖的再三劝说下，他最后同意了。到了约定行动的这天，李多祚带着人马去迎接李显，李显又迟疑着不愿动身。

李多祚等人就说："先帝把皇位传给殿下，殿下无故遭到废黜，天下人无不义愤填膺，至今有二十三年了。现在羽林军将领和大臣们同心协力，立志诛灭奸邪小人，恢复李氏的江山，希望殿下跟我们一同到玄武门去。"

李显怯怯地说："奸邪小人的确应该剪除，但是现在皇上身体不好，你们这样做会惊扰她，还是以后再说吧。"

大家见太子这样懦弱，都有点儿生气，说："为了国家，我们不顾身家性命，已经没有退路了，难道殿下想让我们被人扔进锅里煮吗？"李显这才和他们一起来到玄武门。

张柬之、崔玄暐、桓彦范等人率领五百多羽林兵已经等候在那里。他们砍断门闩（shuān），进入迎仙宫，恰好遇到迎面而来的张易之、张昌宗兄弟，立即冲了上去，一刀一个，将他们斩首。随后，一群人进入武则天居住的长生殿，围绕在她病榻前。

武则天在睡梦中惊醒，坐起来问道："是谁作乱？"

张柬之回答说："张易之、张昌宗阴谋造反，臣等奉太子的命令将他们杀掉了，因为担心可能会走漏消息，所以事先没有向陛下禀告。"

武则天见李显也在人群中，便问他："这件事是你让他们干的吗？那两个小子已经死了，你可以回东宫了。"

李显一向惧怕武则天，这时吓得脸色煞白，嗫嚅着，半天说不出话。桓彦范便走上前说："天下人思念李家很久了，希望陛下顺从民意，将帝位传给太子！"

武则天没有理他，转而问崔玄暐："其他人就不说了，你是朕亲手提拔上来的，你怎么也参与其中呢？"

崔玄晖回答说:"臣这样做正是为了报答陛下的大恩大德。"

武则天叹了口气,没有再说话。第二天,她颁下制书,宣布由李显代为处理国政。第三天,她正式将皇位还给李显。李显下诏恢复大唐国号,将武则天迁到上阳宫居住。由于这一年是神龙元年,历史上称这次政变为"神龙革命"。

这年年底,武则天驾崩,终年八十一岁,临死前,她留下遗命:"去掉皇帝称号,称则天大圣皇后。"最终以皇后的身份与唐高宗合葬。

成语学习①

栉风沐雨

栉，梳头发；沐，洗头发。风梳发，雨洗头。形容不顾风雨辛苦奔波。

造　句	为了养活一家人，爸爸栉风沐雨，奔波劳碌了一辈子。
近义词	风餐露宿、筚路蓝缕
反义词	席丰履厚、优哉游哉

---

① 这个故事的原文里还有成语"四海为家"（原指帝王占有全国。后指志在四方，不留恋家乡）、"言出祸从"（话一出口，祸患随之而来）、"忠孝两全"（对国家尽忠，对父母尽孝，两样都做得很好）、"同心协力"（团结一致，共同努力）。

【 危如朝露 】

《资治通鉴·唐纪二十四》

彼五人日夜切齿欲噬大王之肉，非尽大王之族不足以快其志。大王不去此五人，危如朝露，而晏然尚自以为泰山之安。

译文

那五个人对您恨之入骨，日夜都想吃您的肉，如果不能把大王灭族，他们是不会称心如意的。大王您如果不尽快除掉这五个人，您的生命安全就会像早晨的露水一样没有保障，可是您却还是怡然自乐，自以为像泰山一样安然无恙。

三思杀五王 [1]

诛灭张易之、张昌宗兄弟后，有人劝张柬之等人同时铲除武三思等武氏诸王。当时武承嗣已经病死，张柬之觉得武三思也是案板上的肉了，不会有什么作为，所以没有杀他。谁知，张柬之的判断大错特错，武三思不仅奇迹般地成了唐中宗李显跟前的大红人，还要了他们这五个闹"神龙革命"的大臣的命。

事情要从中宗的皇后韦氏说起。被幽禁在房陵期间，中宗和韦氏共同经历了各种艰难困苦，感情十分深厚。每当武则天派使者前去，中宗就惊慌失措，吓得要自杀，韦氏都会阻止他："是祸是福，还说不定呢，最多不过一死，何必这么着急？"

中宗因此很感激韦氏对自己不离不弃，曾经对她说："如果以后我能重见天日，一定让你随心所欲，想做什么就做什么。"

所以等到中宗复位，韦氏重新当上皇后，就像武则天在高宗时那样，她也开始干预起朝政来。桓彦范因此上表进言："臣发现陛下每次临朝，皇后总是坐在帷帐后面。自古以来，没有哪一朝的帝王与妇人共同执政而不落得个国破身亡的。希望陛下吸取妇人干政的教训，敦促皇后严守做皇后的本分。"中宗完全听不进去。

当年，上官仪因为建议高宗废掉武则天，被武则天杀死后，他的孙女上官婉儿被没入后宫。上官婉儿聪明伶俐，能言善辩，写得

---

[1] 唐中宗李显登基后，将张柬之、崔玄暐、敬晖、桓彦范、袁恕己都封为郡公，以表彰他们恢复李唐王朝的功劳，故称五王。

一手好文章，又熟悉官府事务，武则天十分喜欢她，经常让她参与处理各部门的表章奏疏。中宗即位后，也很信任她，让她当宫中女官，专门负责起草诏书。

这时候，上官婉儿与武三思私通，常常在她草拟的诏令中推崇武氏集团。她还向韦后推荐武三思，并将他领进宫中。中宗于是开始与武三思商议政事，还经常让韦后与武三思一起玩一种叫作双陆的游戏，自己坐在一旁为他们数筹码。一来二往，武三思就与韦后私通，武氏的势力因此又强大起来。

张柬之等人这才后悔莫及，力劝中宗杀掉武三思："当初我们之所以没有杀死武三思，是想让皇上亲自杀死他，以彰显天子的声威。现在皇上却反过头来重用他，这不是天下人愿意看到的！"

结果，中宗不但没有采纳他们的建议，而且与武三思走得更近，有几次还穿着便服到武三思的家里去。有人上密奏劝中宗："陛下的权力刚刚恢复，朝中还有大批武周时期的旧臣，您怎么能轻易地外出游幸呢？难道陛下没听过白龙化身为鱼，被打鱼的豫且射中的故事吗？①"

中宗一概不予理睬，他甚至还把武三思当成对国家有功劳的人，赐予铁券，规定除非武三思犯的是谋反罪，否则可以免死十次。

武三思虽然重新得势，但他还是很忌惮张柬之等人，就找来同党商议。他们对武三思说："张柬之等人对您恨之入骨，不把您灭族，他们是不会甘心的。他们既然能废掉太后的帝位，对付您自然易如反掌。您必须尽快除掉他们，否则您就会危如朝露。"并建议武三思和韦后联手。

于是，武三思与韦后天天在中宗面前诬陷张柬之等人，说他们

---

① 白龙装扮成鱼的样子，结果为渔人豫且所困。故事见汉刘向《说苑》："昔白龙下清泠之渊，化为鱼，渔者豫且射中其目。"后用以比喻贵人微服出行而遇险。

仗着功劳，专擅朝政，将对大唐的江山不利。中宗渐渐就相信了。武三思又出主意，说不如封他们为王，同时罢免他们的职务，这样表面上是嘉奖他们，实际上又能剥夺他们的权力。中宗又照做了。

之后，武三思暗地里派人将韦后的丑事写在纸上，然后张贴在洛阳的大街小巷。中宗勃然大怒，下令彻查。负责此事的官员是武三思的党羽，上奏诬陷说："这些文字是张柬之、崔玄暐、敬晖、桓彦范、袁恕己派人书写和张贴的，他们不但想逼迫陛下废黜皇后，还要图谋叛逆，请陛下将这五个人灭族。"

中宗考虑到曾赐给敬晖等人铁券，许诺过不杀他们，便下令将他们及其子弟中凡十六岁以上的都流放到岭外。

有人就对武三思说："日后如果张柬之等人又回到朝中，您就危险了，不如派人诈称皇帝的命令把他们杀掉。"

武三思于是派与敬晖等人结怨的大理正^①周利用去干这件事。周利用到达岭外时，张柬之和崔玄暐已经去世。之后，周利用在贵州遇到桓彦范，就命令手下人将桓彦范捆绑起来，放倒在竹筏子上拖着走，直到桓彦范身上的肉被磨掉，露出骨头，才用杖把他打死。周利用恨透了敬晖，抓到敬晖后，将他身上的肉一刀刀割下来，让他在剧烈的痛苦中慢慢死去。对待袁恕己，周利用则逼他喝毒汁。袁恕己毒性发作，疼得用手扒土，几乎把手上的指甲都磨掉，周利用才用棍棒将他活活打死。

武三思杀死张柬之等五王后，权势已经超过中宗，凡是依附他的，都得到提拔，凡是反对他的，都遭到打击。他常常对身边人说："我不知道世上什么样的人是善人，什么样的人是恶人；我只知道对我好的人就是善人，对我不好的人就是恶人。"

---

① 大理寺的属官，对判罪不当的案子，依据刑法进行纠正。

武则天在位时，武三思就动了将来继承皇位的心思，如今整个朝廷他说了算，他的野心再次膨胀起来。但有一个人让他觉得很碍眼，那就是太子李重俊。李重俊聪明果决，武三思想夺位，必须先把他除掉。恰好由于李重俊不是韦后亲生的，韦后也很讨厌他，武三思便劝韦后一起铲除李重俊。

安乐公主是韦后在中宗被放逐到房陵的路上生的，所以中宗特别喜欢她，把她嫁给了武三思的儿子武崇训。安乐公主仗着中宗的宠爱，骄横放纵，卖官鬻爵，经常自己起草诏书，然后把内容盖住，让中宗在下面签字。中宗总是笑着答应，竟连诏书的内容都不看。安乐公主和驸马武崇训也经常侮辱太子李重俊，有时甚至叫他奴才。武崇训还唆使安乐公主向中宗建议废掉太子，立她为皇太女。

长期受到安乐公主等人欺压的太子李重俊本就积愤难平，又听说安乐公主想当皇太女，他更是恨之入骨，心想："韦后专权，父皇懦弱，安乐公主跋扈，再这样下去，我这个太子之位肯定保不住。"思来想去，他决定以非常的手段来捍卫自己的尊严与地位。

神龙三年（公元 707 年），李重俊与左羽林大将军李多祚等人，假传皇帝的命令，调集羽林骑兵三百多人，直奔武三思的家，将武三思、武崇训父子当场杀死。随后，李重俊和李多祚带领兵马冲入宫中，四处搜寻上官婉儿。

上官婉儿大惊，就对中宗说："看来他们是想先杀我，然后是皇后，最后是皇上。"中宗便带着韦后、安乐公主、上官婉儿一起爬上玄武门的门楼躲避，同时派右羽林大将军刘景仁率领羽林飞骑一百多人在楼下保护。

李重俊和李多祚来到玄武门时，都有些犹豫，他们勒住兵马，没有立即攻打，而是希望中宗能出来询问他们起兵的原因。

当时，负责宫廷事务的官员杨思勖站在中宗身边，他向中宗请求，允许他带兵出击。中宗同意了，杨思勖便下楼来。他上前一剑，就将担任前锋的李多祚的女婿、羽林军将领野呼利斩落马下。李多祚手下军士顿时丧失了胆气。

中宗这时才走出来，扶着栏杆，俯身对楼下的骑兵们说："你们都是朕的卫士，为什么要跟着李多祚谋反？如果你们能杀掉谋反的人，不用担心没有荣华富贵。"骑兵们贪图好处，转而将李多祚等人斩首。

李重俊只好带着一百多名骑兵逃往终南山，半路上在树林里休息时，他被手下人杀死。

中宗将李重俊的首级献到太庙，然后又用它祭奠武三思和武崇训，最后悬挂在朝堂上示众。

危 如 朝 露

像清早的露水，太阳一出就会消失。比喻处境极危险。

造　句：	一连串打击下，他的生命已然危如朝露。
近义词：	岌岌可危
反义词：	安若泰山

---

① 这个故事的原文里还有成语"殷鉴不远"（原指殷子孙应以夏的灭亡为借鉴。指前人的教训就在眼前）、"祸福无常"（指祸与福没有固定不变的常规）、"不知死所"（不知道死在哪里）、"噬脐无及"（自咬腹脐够不着。比喻后悔不及）、"安堵如故"（像原来一样相安无事）。

〖 神色不挠 〗

《资治通鉴·唐纪二十五》

许州司兵参军偃师燕钦融复上言:"皇后淫乱,干预国政,宗族强盛;安乐公主、武延秀、宗楚客图危宗社。"上召钦融面诘之。钦融顿首抗言,神色不挠,上默然。

译 文

许州司兵参军、偃师人燕钦融又进言道:"皇后淫乱,干预朝廷政事,并且其宗族势力强盛;安乐公主、武延秀、宗楚客阴谋危害大唐的宗庙社稷。"唐中宗召见燕钦融,当面责问他。燕钦融以头叩地,高声回答,神色毫无变化,中宗默然不语。

李隆基登场

太子李重俊一死，储君的位置空了出来，安乐公主便蠢蠢欲动，想要当皇太女。可是，当时摆在她面前的有两大障碍：相王李旦与太平公主。中宗即位后，曾想立李旦为皇太弟，被李旦拒绝，尽管如此，他的存在依然是个威胁；太平公主则是武则天生前最宠爱的女儿，多谋善断，权倾一时，而且对政事很热心，也是一个大麻烦。

安乐公主思来想去，就和自己的心腹、兵部尚书宗楚客商量，要找机会除掉他们俩。

机会说来就来。有关官员在审问李重俊的谋反案时，罪犯中有人牵扯上李旦。那名官员私下在中宗面前为李旦申辩，中宗就不想追究此事。安乐公主和宗楚客哪里肯放过这个千载难逢的机会，马上指使人诬陷李旦和太平公主，说他们参与了李重俊的谋反。中宗便派吏部侍郎萧至忠审理此案。

萧至忠流着泪对中宗说："相王为人宽和仁厚，谦恭谨慎，而且淡于名利，当初他做太子时，曾请求则天太后允许他把天下让给陛下，这是海内外臣民都知道的事情。如今陛下拥有整个天下，却反而容不下一弟一妹了吗？为什么仅凭某个人的一句话就怀疑起相王来呢？"

中宗对相王李旦及太平公主一向友爱，听了这番话后，就把这件事放下不问了。安乐公主恼怒极了，却也没办法。她知道，自己跟李旦和太平公主是结下仇了，李旦还好说，太平公主肯定不会善罢甘休，于是经常跑去找韦后商量对策。

韦后自从把控朝政后，也学着当年武则天的样子，不断培植宗族势力。私生活上，她也学武则天，宠爱几名近臣，任由他们出入后宫。

很快，宫里宫外都在传韦后的丑闻。大臣燕钦融向中宗上奏说："皇后的宗族势力日益强盛，她本人在后宫行为不检点，安乐公主、宗楚客等人则阴谋危害大唐的宗庙社稷啊！"

中宗看了奏章，很不高兴，当即召见燕钦融，责问他："你怎么能胡乱编排？"

燕钦融神色不挠，高声说："确有此事，请陛下明察。"

中宗默然不语，挥手示意燕钦融出去。没想到宗楚客早就得到消息，安排飞骑兵埋伏在殿外，燕钦融刚一出来，就被飞骑兵摔在殿前石块上，折断了脖子当场死去。宗楚客站在旁边，拍手叫好。

中宗虽然没有追究此事，但心里快快不乐。韦后开始害怕起来，安乐公主趁机劝她临朝主持政事，自己好顺理成章当皇太女。

"武则天当年为了权力不择手段，我为什么不可以？"韦后恶狠狠地想。此时的她已经不是当年与中宗患难与共的韦后了，她要做武则天，而中宗已然成了她通往最高权力的绊脚石。

于是，韦后和安乐公主一起策划杀掉中宗。中宗喜欢吃甜饼，她们便命御膳房精心制作了一盘甜饼，然后偷偷在里面放上毒药，进献给中宗。中宗吃了一块后，大赞不已，又拿了一块。接连吃了好几块之后，他感觉肚子好像不太舒服，但也没多想。结果当天晚上，中宗就毒发身亡。

韦后没有公布消息，她要先把兵权掌握在自己手里，便分别任命自己的亲属统领各路兵马，又在重要的职位上安插自己的心腹，并命宫中女官上官婉儿起草遗诏。

上官婉儿见韦后连中宗都不放过，感到很恐惧，她意识到依附韦后没有好下场，所以心开始向李氏这边靠拢，便在遗诏上写下让相王李旦辅政的内容。

韦后和宗楚客看后很不满，命上官婉儿将这项内容改掉，重新誊抄一份。一切布置妥当后，韦后才召集文武百官，公布中宗驾崩的消息，并宣布自己十五岁的儿子、温王李重茂即位，由她临朝摄政。

宗楚客、安乐公主、韦家的人都劝韦后效仿武则天称帝，不过他们担心相王李旦与太平公主会从中作梗，于是又谋划除掉他们。

兵部侍郎[1]崔日用一向和韦家人亲近，与宗楚客的交情也好，因此知道韦后等人的阴谋，他担心自己会受到连累，就想把此事告诉相王李旦。不过，崔日用了解李旦的为人，知道他对权力没有什么野心，一直主动回避政事，似乎不想卷入无休止的争斗中。

崔日用思来想去，想到李旦的儿子、临淄王李隆基。李隆基为人英明果断，早就暗中结交宫中智勇双全之士，准备匡复大唐社稷。羽林军中有一支精锐部队，名叫"万骑"，李隆基与其中几个统领都有深交，这个时候找他比找李旦管用。打定主意后，崔日用就派人秘密向李隆基报告，并劝他迅速行动。

李隆基大惊，便联系太平公主，与大臣钟绍京、刘幽求等人策划，打算抢先举兵发难，铲除韦氏集团。为保证万无一失，李隆基又找来"万骑"的果毅葛福顺和李仙凫，让他们设法调羽林军前来支援。

有人建议李隆基告诉他父亲李旦。李隆基说："我们是为了大唐的江山社稷才干这种事的，如果成功，福分归相王，万一失败，我

---

① 兵部的次官。

们自己受死，不要连累相王。"所以李旦一直被蒙在鼓里。

当时，左右羽林军将士都驻扎在玄武门。等到夜里，葛福顺率先闯进羽林军营，将韦后安插的将领斩首示众，然后高声喝道："韦后毒死先帝，图谋社稷，今晚大家要齐心协力，铲除韦家的人，还有他们的同党。倘若有人敢有二心，灭他三族。"羽林军将士都欣然听命。

控制了羽林军后，李隆基命葛福顺率领"左万骑"攻打玄德门、李仙凫率领"右万骑"攻打白兽门，然后在凌烟阁前会师，他自己则和刘幽求、钟绍京率兵守在玄武门外等待。

三更时，李隆基听到宫内喊声四起，知道葛福顺和李仙凫已经攻入宫中，便立即率兵入宫。在太极殿守卫中宗灵柩的卫兵听到喧哗声，全都穿上铠甲，响应李隆基。

韦后仓皇中逃进飞骑营，被一个飞骑兵斩首。安乐公主正对着镜子画眉，也被士兵斩杀。上官婉儿听说后，拿着灯笼，率领宫人前去迎接李隆基的人马，并把她起草的遗诏底稿拿给刘幽求看，乞求免她一死。尽管刘幽求苦苦为上官婉儿求情，李隆基还是将她斩首。

接着，李隆基下令捕捉韦氏和武氏的族人，一律斩首。宗楚客穿着丧服，骑着一头黑驴外逃，被守门的士兵认出，也遭斩首。天快亮的时候，宫内宫外全部平定。

李隆基出宫拜见父亲李旦，为自己的隐瞒行为向他叩头谢罪。李旦流着泪，抱着他说："大唐宗庙社稷得以保全，都是你的功劳啊！"

李隆基于是迎接李旦入宫辅佐少帝李重茂。少帝李重茂改封李隆基为平王，并要将皇位让给李旦，李旦坚决推辞。

刘幽求就对李隆基说："相王之前就当过皇帝，百姓都爱戴他。

现在民心未定，在国家大事面前，相王怎么能拘泥于小节呢？"

李隆基无奈道："相王生性淡泊，之前当皇帝的时候，还想把帝位让给别人，何况当今天子是他的亲侄子，他又怎么肯取而代之呢？"

刘幽求又说："民心不可违背，相王虽然想高居世外，独善其身，但大唐的宗庙社稷怎么办？"

李隆基于是极力劝说父亲接受帝位。李旦考虑了很久，最后答应重登帝位。

第二天，少帝李重茂在太极殿面西而坐，相王李旦站在中宗的灵柩旁边，太平公主上前对少帝说："天下臣民之心已经归附相王，这不再是你这个小孩子的座位了！"说完不客气地把他从御座上拉了下来。

公元 710 年，相王李旦再次登上皇位，即唐睿宗。睿宗恢复了李重茂的温王爵位，但在太子人选上，他犹豫不决，因为宋王李成器是嫡长子，但是这次李隆基却立下大功。

李成器看出父亲很为难，一连几天流着泪请求睿宗将太子之位传给李隆基："国泰民安时，应该立嫡长子，国家多难时，则应该立有大功的人为太子。"

大臣们也多认为李隆基有功于社稷，应当被立为太子。刘幽求就说："平王使大唐社稷免遭倾覆，拯救君亲于危难之中，论功劳没有谁比他更大的，论德行他又是最贤良的，立他为太子再合适不过了。"

睿宗于是立李隆基为太子。

成语学习 ①

神 色 不 挠

神态、脸色没有改变。

造　句：看他一副神色不挠的样子，这件事估计不是他干的。	
近义词：镇定自若	
反义词：惊慌失措	

---

① 这个故事的原文里还有成语"怏怏不悦"（因不满意而很不快乐）。

【 除旧布新 】

《资治通鉴·唐纪二十六》

太平公主使术者言于上曰："彗所以除旧布新，又帝座及心前星皆有变，皇太子当为天子。"上曰："传德避灾，吾志决矣。"

译 文

太平公主指使一个懂天文历法的人向唐睿宗进言说："彗星的出现标志着将要清除旧的，建立新的，再说帝座和心前星都有变化，是皇太子应当登基即位的征兆。"唐睿宗说："将帝位传给有德之人，以避免灾祸，我的决心已定。"

太平公主不太平

侄子李隆基当了太子，太平公主这个当姑姑的心里很不平静。李隆基在诛杀韦后等人时表现出的冷静睿智、英明威武让她非常忌惮。不过，她转而一想，自己什么大风大浪没经历过？对付这个初出茅庐的年轻人还是绰绰有余的。

的确，太平公主可不是一般的皇室公主。她的父亲、母亲、哥哥都当过皇帝，受这种环境的影响，她遇事沉着机敏，富有谋略。当年，武则天觉得她很像自己，因而在众多的子女中对她格外偏爱，经常让她参与机密要事的谋划。尽管如此，武则天在世时，太平公主还是因为畏惧母亲，行事比较收敛。

太平公主曾参与诛杀张易之、张昌宗兄弟，又和李隆基一起铲除了韦氏集团。屡立大功后，她的权势更加显赫。每次太平公主入朝奏事，都要和睿宗坐在一起说一会儿话，商量朝廷的大政方针，有时她没去上朝，睿宗就会派宰相去她家征求她对某些问题的意见。宰相们奏事的时候，睿宗都要问："这件事与太平公主商量过吗？"接下来再问："和三郎商量过吗？"三郎就是李隆基。在得到肯定答复之后，睿宗才会批准他们的意见。

凡是太平公主想干的事，睿宗没有不同意的，朝中文武百官自宰相以下，或升迁或降免，全在她一句话，所以对她趋炎附势的人数不胜数。

这样一来，李隆基就备感压力，他年轻，有主见，在很多事情上都与太平公主的意见不一，两人之间的矛盾因此逐渐加深。

太平公主见李隆基并不把她这个姑姑放在眼里，就想改立一个老实听话的人做太子，以便自己能长期保有现在的地位。于是，她多次散布流言，说什么"太子不是嫡长子，不应当被立为太子"之类的话。睿宗见惯了皇室子弟为了权力骨肉相残的悲剧，并不希望儿子与妹妹争斗，便下诏警告天下臣民，不准再议论废立太子的事情。

太平公主见这招不管用，又派人监视李隆基，在他身边安插了很多耳目，还经常在睿宗面前说李隆基的坏话。睿宗开始不信，时间一长，也有些动摇了，便悄悄召见大臣韦安石，问道："听说满朝文武都一心归附太子？您要对此多加留意！"

韦安石回答说："陛下，您是从哪里听来的这种亡国言论呢！这一定是太平公主在挑拨离间。太子为大唐立下了大功，而且一向孝顺父母、友爱兄弟，这是众所周知的事实，希望陛下不要听信谗言。"

睿宗沉默片刻后说："朕明白了，这件事从此不必再提。"

接二连三出手，都没有达到目的，恼怒之下，太平公主干脆做了一件让人意想不到的事情。这天，她乘坐辇车拦住准备上朝的宰相们，暗示他们应当上奏请求改立皇太子。

在场的宰相都大惊失色，不敢说话，只有宋璟大声质问太平公主："太子为大唐社稷立下大功劳，是宗庙社稷的主人，公主为什么突然提出这样的建议？"

宋璟觉得不能任由太平公主胡闹下去，就与另一位宰相姚元崇秘密向睿宗进言："太平公主多次散布流言，制造事端，会使东宫地位不稳。请陛下将宋王^①外放为刺史，免去其他亲王的大将军职务，

---

① 即唐睿宗的嫡长子李成器。

将太平公主安置到东都洛阳去。"

睿宗脸上露出为难的神情，说道："朕现在已经没有兄弟了，只有太平公主这一个妹妹，怎么可以把她远远地安置到东都去呢？至于那些亲王，就按照你们的意思去安排吧。"

不久，睿宗让李隆基代理政务，凡是六品以下官员的任命，还有对轻罪犯人的审核，都由他全权处理。

太平公主得知这一切都是姚元崇和宋璟的主意，勃然大怒，跑去责备李隆基。李隆基很害怕，就向睿宗上奏，说姚元崇和宋璟挑拨自己与姑姑、兄弟的关系，请求惩处他们。睿宗便将姚元崇和宋璟都贬黜出京，从此朝廷纲纪紊乱，又恢复到中宗时候的老样子。

延和元年（公元712年），西方的天空中出现彗星，太平公主趁机指使一个懂天文历法的人向睿宗进言："彗星的出现标志着除旧布新，暗指太子要登基即位。"

太平公主本意是想诬陷李隆基要造反，不料反而促使睿宗下决心让位给儿子："将帝位传给有德之人，以避免灾祸，这就是朕该做的。"

太平公主没想到弄巧成拙，十分懊恼，便和她的同伙们极力谏阻。李隆基知道这个消息后，也赶忙入宫朝见睿宗。

李隆基跪在地上，一边磕头，一边说："儿臣因为一点儿小小的功劳，就被破格立为皇位继承人，还日夜担心无法胜任，现在父皇突然要将帝位传给儿臣，儿臣十分惶恐！"

睿宗慈爱地对李隆基说："大唐的宗庙社稷之所以再次安然无恙，朕之所以能够再次君临天下，都是你的功劳。现在有灾异①出现，所以朕将帝位禅让给你，以便能转祸为福！"

---

① 古人认为出现彗星不吉利，预示着会出现灾祸。

李隆基还是坚决推辞不受，睿宗便说："你如果是个孝子，就应当接受禅让，难道非要等朕死了，你才肯在朕的灵柩前即皇帝之位吗？"

李隆基只好流着泪答应，将睿宗尊奉为太上皇，然后登基为帝，即唐玄宗。

太平公主心有不甘，劝太上皇："禅让之后，您最好还要亲自执掌朝政大事。"

太上皇便对玄宗说："你刚即位，是不是觉得政务太繁重，需要朕帮你分担一些呢？想当初，唐尧虽然将帝位禅让给虞舜，还是经常到各地去巡视，现在朕虽然将帝位传给了你，但哪能就对家国大事漠不关心呢？"于是，军政大事仍由太上皇决定。

而太平公主倚仗太上皇的信任，在朝中仍然拥有强大的势力，七位宰相有五人出自她的门下，文臣武将之中也有一半以上的人依附她。太平公主经常把他们找去，谋划废掉玄宗，这些人里包括窦怀贞、岑羲、萧至忠、常元楷、李慈等人。此外，太平公主还与宫女元氏合谋，准备在进献给玄宗服用的天麻粉中投毒。

中书侍郎王琚听到风声，就劝玄宗："太平公主已经开始动手了，形势十分紧迫，陛下必须迅速行动。"玄宗想着大唐连续经历几次政变，不希望此时再大动干戈，又考虑到太上皇一向疼爱太平公主这个妹妹，因此犹豫不决。

这天，崔日用入朝奏事，当面劝玄宗："太平公主图谋叛逆，是由来已久的事情。陛下做太子时，在名分上还是臣子，那时要想铲除太平公主，需要用点儿计谋。现在您已经是全国之主，只需颁下一道制书，谁敢抗命？不能再犹豫下去了！"

玄宗叹了口气，说道："你说的这些朕都知道，朕只是担心会惊动太上皇。"

崔日用就说："天子的大孝在于使四海安宁。如果犹豫不决，让奸党的阴谋得逞，以致社稷化为废墟，那才是真正的不孝！"

玄宗这才下定决心，要铲除太平公主及其党羽。先天二年（公元713年）七月，有人告发太平公主准备在本月四日发动叛乱。玄宗亲自率领三百多禁兵，以迅雷之势将太平公主手下的得力干将常元楷、李慈、萧至忠、岑羲等人捕杀，窦怀贞则自缢而亡。

太平公主逃到山上寺庙躲避，三天后才出来，被玄宗赐死在她自己的家中，她的儿子以及几十名党羽被处死。朝廷在没收太平公主的财产时，发现她家中的财物堆积如山，珍宝器玩可以与皇家府库的媲美。

太上皇得知玄宗已经扑灭了太平公主的势力，便发布诰命，称自己一向清静无为，修身养性，以后所有军政事务都由玄宗处理。至此，玄宗才掌握了国家的最高统治权。这年年底，他把年号改为开元，表明自己励精图治，再创大唐盛世的决心。

除旧布新

布，安排。清除旧的，建立新的。比喻以新的代替旧的。

造　句：	快过年了，家家户户都忙着除旧布新。
近义词：	推陈出新、革故鼎新
反义词：	因循守旧、墨守成规、蹈常袭故

---

① 这个故事的原文里还有成语"积小成大"（积累少量的东西，能成为巨大的数量）。

坐镇雅俗

《资治通鉴·唐纪二十七》

姚崇①尝有子丧，谒告十余日，政事委积，怀慎不能决，惶恐，入谢于上。上曰："朕以天下事委姚崇，以卿坐镇雅俗耳。"

译 文

姚崇曾有一次为儿子办丧事请了十几天的假，以致要处理的政务堆积成山，卢怀慎无法决断，感到十分惶恐，入朝向玄宗谢罪。玄宗对他说："朕把天下之事委托给姚崇，只是想让您安坐而对雅士俗人起镇抚作用罢了。"

---

① 即姚元崇，因避"开元"年号之讳，故改名为姚崇。

开元贤相

经过几次政变，李唐王朝元气大伤。唐玄宗决心学习当年的太宗皇帝，花大力气将国家治理好，让老百姓过上富裕的日子。而当年太宗之所以能开创贞观盛世，离不开治国能臣，尤其是房玄龄、杜如晦等贤相的辅佐。所以，玄宗就想挑一个有才能的人当宰相，他将满朝文武大臣在心里过了一遍，一个名字久久在他的脑中盘桓：姚崇。

当初，在狄仁杰的推荐下，武则天拜姚崇为相，并让他兼任兵部尚书。姚崇果然不负所托，处理政务精明干练。有一年，契丹发兵侵扰河北地区，大量的军事文书如雪花似的飞到朝廷。姚崇平时就对边境地区的戍兵驻屯营地，士卒、马匹、仓储器械的数量，以及侦察瞭望哨所等情况，知道得一清二楚，所以处理起这些文书来快得像流水。

后来，张柬之等人发动神龙政变，逼武则天迁居上阳宫时，大臣们都在为恢复李唐江山而庆贺，只有姚崇当场痛哭起来。

张柬之责怪他："这是什么时候，您怎么能哭？恐怕您就要大祸临头了！"

姚崇凄然答道："我侍奉则天皇帝这么久，现在突然要分手了，自然悲痛难忍。前几天和你们一起诛灭张氏兄弟，我是在尽做臣子的本分；现在辞别旧主，也是在尽做臣子的本分。如果因此而受到惩罚，我也无话可说。"当天姚崇就被贬出京城。

睿宗复位后，再次起用姚崇做宰相。不久，姚崇因为想保护当时还是太子的玄宗，得罪了太平公主，再次遭到贬谪。

"姚崇能力强，人品好，当宰相最合适不过了。"玄宗打定主意，便将姚崇召来聊天。玄宗越聊越觉得姚崇是难得的治国人才，当即要任命他为相。

可是，姚崇却没有马上答应，而是对玄宗说："陛下答应我十件事，我才能做这个宰相。"

玄宗忙问："哪十件事？"

姚崇说："一、施行仁政；二、息兵休战，不追求边功；三、公平执法；四、宦官不得干政；五、杜绝租赋外的贡献；六、皇亲国戚不能当台省官①；七、礼待大臣；八、虚心纳谏；九、不再增建寺庙、宫殿；十、限制外戚专权。这十条，陛下您能做到吗？"

玄宗欣然答应。就这样，姚崇开启了自己的第三次为相之路。

有一年，山东出现特别严重的蝗虫灾害，庄稼遭到无情的吞噬，当地百姓却认为这是天降灾祸，不敢下手捕杀蝗虫，只是一个劲儿地在田边焚香跪拜，祈祷上天保佑。

姚崇听说后非常着急，向玄宗提出建议："请陛下派御史督促各州县捕杀蝗虫。"

有的大臣就站出来反对："蝗虫不计其数，靠人力怎么杀得光呢？"

玄宗也有些犹疑，问姚崇："您这个办法到底管不管用啊？"

姚崇看了那个大臣一眼，坚定地说："现在山东的蝗虫漫山遍野，黄河两岸的百姓忧心如焚，我们怎么可以坐视蝗虫吞噬庄稼，却不动手灭蝗救灾呢？即使我的办法不能将蝗虫全部杀死，也比任由蝗灾发展下去强。"

---

① 唐高宗时，以尚书省为中台、门下省为东台、中书省为西台，称三省为"台省"，三省官为"台省官"。

玄宗觉得有道理，打算派出捕蝗使，可是同为宰相的卢怀慎有点儿迷信，说："就怕杀灭的蝗虫太多，会影响天地阴阳之气的调和。"

姚崇不客气地瞪了卢怀慎一眼，大声说道："您不忍心看到蝗虫被杀死，却忍心看着百姓饿死吗？如果这次捕杀蝗虫会招来灾祸，就由我姚崇一人担责！"

玄宗这才下定决心，选派多名捕蝗使到各州县督促捕杀蝗虫。可是，有一个叫倪若水的地方官却带头抵制，还说："蝗虫是天灾，不是人力可以阻止的，朝廷应当通过修善积德来消除蝗灾。"

姚崇马上写信去责问他："你这么说是什么意思？如果说修德可以免除蝗灾，岂不是说蝗灾是因为朝廷无德而招致的吗？"倪若水很害怕，只好执行捕杀蝗虫的命令。

为了扑灭蝗灾，姚崇还连夜查阅典籍，制定了具体的灭蝗办法，并下令将积极捕杀蝗虫和不积极捕杀蝗虫的地方官员姓名报告给朝廷。在姚崇雷厉风行地推动下，山东各地展开了如火如荼的灭蝗行动，从而避免了蝗灾可能导致的严重饥荒。

玄宗听说捕蝗政策成效显著，非常欣慰，觉得自己没用错人。当时，卢怀慎与姚崇同为宰相，但他自认为才干不如姚崇，所以每遇到一件事，都要请姚崇给出意见，人们因此将他称为"伴食宰相①"。

有一年，姚崇因为儿子去世，请了十几天的假回家办丧事，官署里要处理的文书因此堆积如山。卢怀慎不能独自决断，心里很不安，特地进宫向玄宗谢罪。玄宗呵呵一笑，安慰他说："朕知道姚崇能干，所以将天下之事委托给他，而任用您为相，是想借您的名望声誉，坐镇雅俗罢了。"卢怀慎这才稍稍释怀。

姚崇休完假回来，只用了一会儿工夫便将繁多的公务处理完毕，

---

① 意思是不做具体工作，只管陪伴吃饭的宰相。后用来讽喻不称职、无所作为的高官。

他一手拿着笔，一手指着自己，得意地问一旁的官员齐浣："我这个宰相，可以和历史上哪些宰相媲美呀？"

这话问得突然，齐浣一时不知道如何回答。

姚崇追问道："我比起管仲、晏婴来，谁更好些？"

齐浣委婉地说："当年管仲、晏婴制定法令后，能够终身实施。您呢，经常更改自己制定的法令，这样看来，似乎比他们要略逊一些。"

姚崇不甘心，又问道："那么我到底是一个什么样的宰相呢？"

齐浣想了想，谨慎地答道："您可以说是一位救时宰相。"

姚崇将手中的笔扔在桌案上，兴奋地说："能做一位救时宰相，也是很难得的呀！"

姚崇虽然高居相位，生活却非常节俭，在京城连房子都没有，寄居在罔极寺中。有一次，他因病向玄宗请假。玄宗很担心，每天派人去罔极寺慰问他的饮食起居状况。这段时间，另一位宰相源乾曜经常向玄宗上奏。

如果源乾曜的回答与玄宗的心意相符，玄宗就会说："啊呀，这一定是姚崇说的吧？"如果他的回答不合玄宗的心意，玄宗就说："你呀，为什么不事先问问姚崇呢？"

源乾曜连连向玄宗道歉："陛下英明，真的像您说的那样。"

玄宗听罢，微微一笑，以后但凡朝中有大事，他就叫源乾曜到罔极寺询问姚崇的意见。源乾曜怕自己几处奔忙，影响政事，就奏请玄宗允许姚崇从罔极寺搬到四方馆①居住。玄宗马上答应了，姚崇却坚决拒绝："四方馆是官署，不是病人居住的地方。"

玄宗就对姚崇说："四方馆本来就是为官员服务的，朕让您住

---

① 隋炀帝时设置的官署，以接待四方使者，后撤销。唐初又置，属中书省，接受四方进表、华夷纳贡。

进去，不是为了您个人，是为国家考虑。朕恨不得让您住到宫里来，您为什么还要推辞呢？"

对于这时的玄宗来说，真是一天都离不开姚崇。

可是，金无足赤，人无完人。姚崇也有缺点，那就是在教育儿子上出了差错，他自己洁身自好，可他的两个儿子平时广交宾客，收受贿赂，受到当时人的非议，有人还告到玄宗那里。不久，姚崇又因为替犯了罪的朋友求情，惹恼了玄宗，他只好主动辞去宰相职务。

临别前，姚崇向玄宗推荐广州都督宋璟为自己的接班人。玄宗便派自己宠幸的内侍、将军杨思勖前去迎接宋璟。宋璟接了诏书，拜谢之后，就和杨思勖一同回京。

要换作别的大臣，肯定会与杨思勖这个皇帝跟前的大红人套套近乎，送点儿礼物表达谢意什么的，谁料走了几千里的路程，宋璟居然没有与杨思勖说一句话。

杨思勖非常恼火，到京后忍不住向玄宗吐苦水。玄宗听了慨叹万分："这个宋璟好刚直啊！"

宋璟当宰相期间，重视人才选拔，不徇私情，爱护百姓，敢于犯颜直谏，玄宗对他十分敬畏。有时宋璟的意见不合玄宗的心意，玄宗也往往曲意听从。

有一年，王皇后的父亲去世，王家请求修筑五丈二尺高的坟墓。玄宗同意了，宋璟却坚决反对："根据规定，一品官坟墓的高度为一丈九尺，埋葬在皇帝陵墓附近的陪陵也不过高出三丈而已。不能因为他是陛下的岳父就区别对待，那样会影响王皇后的美誉啊。"

玄宗不怒反喜："这种话，一般人是不敢说的，您却严格按照典法礼仪的规定办事，成就朕的美名，为后世子孙留下榜样。您这样正直的宰相，就是朕想要的呀！"

姚崇和宋璟相继为相，姚崇智谋过人，擅长随机应变，宋璟则讲究遵守成法、坚持正道，两个人同心协力辅佐玄宗，使得这个时期赋役宽平，刑罚清省，百姓富庶，历史上称为"开元盛世"。唐朝大诗人杜甫曾经这样描绘当时的盛况："忆昔开元全盛日，小邑犹藏万家室。稻米流脂粟米白，公私仓廪（lǐn）俱丰实。"①

---

① 意思是：回想开元盛世时，连小县城都有上万户人家，农业连年丰收，亮晶晶的稻米和粟米，堆满了公家和私人的仓库。

坐镇雅俗

雅俗，文雅之士和粗俗之人。坐着就能靠德威镇服雅士俗人。

造　句：	尤其在乱世，更加需要能人出来坐镇雅俗。
近义词：	以德服人

---

① 这个故事的原文里还有成语"应答如响"（形容答话敏捷流利）。

〖 口蜜腹剑 〗

《资治通鉴·唐纪三十一》

李林甫为相，凡才望功业出己右及为上所厚、势位将逼己者，必百计去之；尤忌文学之士，或阳与之善，啖以甘言而阴陷之。世谓李林甫"口有蜜，腹有剑"。

译 文

李林甫做宰相后，对才能和功劳在自己之上，并受到玄宗器重，或者权势官位快要超过自己的人，一定会想方设法除掉；他尤其忌恨有文学才能的官员，表面上很友好，说些动听的话，暗地里却使阴招陷害对方。所以，世人都称李林甫"嘴巴涂了蜜，肚子里却藏着剑"。

张九龄李林甫之争

八月初五是玄宗的生日。这天，东都洛阳皇宫广达楼前张灯结彩，花团锦簇，数十匹披着锦绣的骏马跟着音乐的节拍，跳起了祝寿舞，它们舞姿矫健，旋转如飞。不多时，领头的那匹马衔起地上盛满美酒的银杯，送到玄宗面前。百官见了，一齐向坐在高台上的玄宗进万寿酒。

接着，百官纷纷进献生日礼物，有的献上山珍海味，有的送来奇珍异宝。等大臣们送得差不多了，宰相张九龄才不紧不慢地拿出自己的贺礼——五卷本的《千秋金镜录》。

这套书主要是写过去各朝代治乱兴亡的历史教训。玄宗盯着书看了好一会儿，嘴角才勉强挤出一丝微笑，说："爱卿真是一个爱书之人。"然后下令赏赐所有送礼的大臣，包括张九龄。

宴会结束后，玄宗回到寝殿，对身边人说："这个张九龄啊，朕过生日他送这套书，多扫兴呀！"

从前玄宗对张九龄可不是这个态度。唐代文坛人才辈出，张九龄是其中的佼佼者，他不仅写出了"海上生明月，天涯共此时"这样传诵千古的佳句，还提携了许多文学之士，称得上是文坛宗师。恰好玄宗很有艺术修养，特别喜欢文学，便拜张九龄为宰相。张九龄上任后，直言敢谏，使得当时朝廷延续了自姚崇、宋璟任宰相以来的清明风气。

可是，玄宗已经快五十岁了，当了二十多年皇帝，开元盛况让他志得意满，不再像从前那样锐意进取，而是沉溺于个人享乐之中。张九龄敏锐地察觉到这一点，便借送书的机会规谏。遗憾的是，玄宗不再虚怀纳谏，变得只喜欢听顺耳的话了。

这年十月，在东都待了大半年的玄宗，因为宫中出现怪事，便想提前返回西京长安。张九龄劝道："陛下，您每次出行，各地都要安排车驾、清扫道路，准备沿途供给，对于老百姓来说是不小的负担。现在正好是农忙季节，是不是等庄稼收割完再走？"玄宗心里老大不乐意，可张九龄说得句句在理，他也不好驳回，便闷声闷气地说："就按你说的办吧。"

张九龄便领着众官员纷纷告退，只有吏部侍郎李林甫磨磨蹭蹭地没有走。李林甫这个人没什么学问，却善于钻营，暗中结交宫里的宦官、嫔妃，提前知道玄宗的一举一动，所以他每次上朝奏事，都符合玄宗的心意，深得玄宗宠信。

等所有人都离开了，李林甫就对玄宗说："长安和洛阳就像是陛下的东西两宫，去哪儿、回哪儿，全凭陛下高兴，哪里还用挑日子？要是怕影响秋收，把沿途的租税全部免去不就行了？"

"李林甫太贴心了，考虑事情又周到，应当让他当宰相。"玄宗感慨地想。过了几天，他便就此事征求张九龄的意见。

张九龄看出李林甫是个奸佞小人，就劝玄宗："宰相的好坏关系到国家的安危，陛下如果任命李林甫为宰相，恐怕以后会给国家带来危害。"玄宗不听，执意提拔李林甫当了宰相。

李林甫怨恨张九龄阻挠自己升官，逮着机会就说他的坏话，以致玄宗对张九龄的意见越来越大。

当时有个叫萧炅的人，不学无术，却被李林甫推荐为户部侍郎。有一次，萧炅在中书侍郎严挺之面前把"伏腊"读成了"伏猎"。严挺之就对张九龄说："尚书省怎么能有'伏猎侍郎'呢？"于是萧炅被贬到地方上做刺史。为此，李林甫又恨上了严挺之。

而张九龄与严挺之关系密切，想推荐他做宰相，又怕李林甫不同意，就对他说："李林甫正受到皇上的器重，你应该登门拜访，和他搞好关系。"严挺之素来清高，不愿与李林甫这种人同流合污，竟不去拜访。李林甫就更加恨他了，总想找机会陷害他。

机会说来就来。严挺之的妻子被休之后，改嫁给地方官员王元琰。后来，王元琰因为贪污被逮捕，严挺之出面为他说情。李林甫便抓住此事大做文章，向玄宗报告说："严挺之因私情扰乱法度。"

张九龄挺身而出，为好友辩白："王元琰娶的是严挺之的前妻，他们之间不可能再有私情。"

玄宗却说："就算已经离婚，也不能保证就没有私情。"便将严挺之贬为地方刺史。

这事过后，玄宗心里便有了疙瘩，觉得张九龄肯定与严挺之结党营私，才站出来替他说话。

不久，玄宗听说朔方节度使[①]牛仙客在管理河西镇时，能够节约军费，充实仓库，为了嘉奖他，就想提拔他为尚书。

张九龄劝谏道："不能这样做。尚书是一个重要的官职，只有当过宰相和威望高的人才能担任。而牛仙客只是地方上的节度使，如果突然升他为尚书，恐怕有损于朝廷的声誉。"

玄宗打算让步，说："那么只封给他食邑可以吗？"

张九龄摇头说："这也不好。食邑只封给那些有战功的人。牛仙客作为边将，所做不过是他分内的事，并没有立下什么功劳。陛下如果要奖励他，赐他金帛就好了。"玄宗听了，面有愠色。

退朝后，李林甫对玄宗说："牛仙客有做宰相的才能，当不当尚

---

① 贞观初年，因民少官多，根据山河形势将全国分为十道，后又增为十五道，成为州之上的军事兼行政区域，先后设置采访使、观察使、节度使。节度使的权力很大，集军、民、财三政于一身，管辖的地域多则十余州，少则两三州。

书又有什么关系呢？张九龄一介书生，哪里懂得这些道理？"玄宗听了，这才高兴起来。

第二天，玄宗还是想给牛仙客封个食邑，张九龄仍然不同意。玄宗气得脸色铁青，说："难道朝廷大事都由你说了算吗？"

张九龄叩头谢罪说："既然陛下信任我，让我当了这个宰相，那么朝中大事有不对的地方，我一定要说出来。"

玄宗愤愤道："你昨天嫌牛仙客出身低，难道你的出身很高贵吗？"

张九龄不卑不亢地说："我只不过来自岭南的一个贫贱家庭，不像牛仙客生长在中原。但是我在朝廷掌管诰书诏命已有许多年了，所以被任为宰相；而牛仙客原本只是边疆地区的一个小吏，目不识丁，如果委以大任，恐怕难以服众。"玄宗气得半天说不出话来。

等张九龄走后，李林甫又对玄宗说："只要有才能，何必一定要会写诗作文呢？陛下想要重用一个有才能的人，又有什么不可以的？"玄宗就赐牛仙客陇西县公爵位，封给他有三百户人家的食邑。

哪知监察御史周子谅第一个表示不服，上书弹劾牛仙客，说他没有宰相之才。玄宗很生气，命人将周子谅毒打了一顿，再流放外地。周子谅走到半路就伤重而死。李林甫又趁机对玄宗说："陛下您知道吗，这个周子谅当初就是张九龄推荐上来的。"

"好你个张九龄，真的在拉帮结派！"玄宗勃然大怒，将张九龄贬出了京城。

张九龄一走，李林甫就无所顾忌了。为了堵塞视听、独揽大权，他对谏官们说："皇上贤明，哪里还用得着你们多说什么！你们难道没有看见殿外仪仗用的马匹吗？虽然吃的是三品等级的粮料，但是如果敢乱叫唤，立刻就被拉下去宰了。"有个谏官没把他的话当回事，仍向玄宗上书谈论政事，结果，第二天就被贬为县令。朝中官员从此明哲保身，没有人再敢直言。

李林甫城府极深，凡是得罪过他的，或者才能在他之上，又或者受到玄宗宠幸的人，他一定要想方设法除去，但是表面上他经常装出友好的样子，说些动听的话，暗中却耍各种阴招，所以当时人都称他"口有蜜，腹有剑"。

后来，年事渐高的玄宗越来越懒于理政，有一次，他问高力士："朕有十年没有出长安城了，如今天下太平，朕想把政事全都委托给李林甫处理，你觉得怎么样？"

高力士是个头脑清醒的人，马上答道："天子外出巡行是古人留下来的制度。再说国家的大权，不能随便托付给他人。"

玄宗听了，生气地转过脸去。高力士吓得赶忙叩头请罪："我发疯了，说胡话，该死。"

从此，李林甫变得更加肆无忌惮。他网罗到两个酷吏，一个叫吉温，一个叫罗希。这两个人按照李林甫的意图，不断制造冤案，陷害不依附李林甫的人。他们用尽酷刑逼犯人招供，犯人忍受不了，都说："只要让我活命，拿纸来，我什么都承认。"哪怕事后检验犯人的身子，都查不出被打过的痕迹。当时人称这两个酷吏为"罗钳吉网"。

唐朝建立以来，驻守边疆的将帅都任用忠厚的名臣，功勋卓著的往往入朝做宰相。李林甫害怕他们会威胁自己的地位，想杜绝边将入朝为相的路，就上奏说："文臣胆小，不敢打仗，不适合担任将帅，不如用胡人。胡人出身低贱，勇敢好战，陛下若能以恩惠笼络他们，他们一定会为朝廷效命。"

玄宗觉得很有道理，开始重用胡人。从此，各道的节度使都是胡人，精锐将士都戍守在北部边疆，形成内轻外重的局面。后来胡人安禄山发动叛乱，几乎颠覆大唐江山，李林甫是罪魁祸首。

成语学习①

口 蜜 腹 剑

嘴上说得很甜美，心里却怀着害人的主意。
形容两面派的狡猾阴险。

造　句：	千万不要跟口蜜腹剑的人做朋友。
近义词：	佛口蛇心
反义词：	心口如一

---

① 这个故事的原文里还有成语"目不知书"（指读书很少或没读过书）、"老奸巨猾"（指非常阴险狡诈的人）、"野无遗贤"（有才能的人都受到任用。指任人唯贤，人尽其才）。

〖 要害之地 〗

《资治通鉴·唐纪三十一》

军中日夜思战，忠嗣多遣谍人伺其间隙，见可胜，然后兴师，故出必有功。既兼两道节制，自朔方至去云中，边陲数千里，要害之地，悉列置城堡，斥地各数百里。

译 文

军中士卒日夜想要出战，王忠嗣就派遣间谍侦察敌人的动静，见有机可乘，战而能胜，才命令出兵，所以出兵必有战功。等到他兼任两镇节度使后，从朔方至云中，数千里长的边境线上的战略要地，都设置了城堡，开拓地方各达数百里。

西屠石堡取紫袍

"陛下，石堡城^①丢了!"

这天，玄宗正坐在勤政楼观看乐舞，高力士匆匆进来报告了这一消息。前一刻还悠然自得的玄宗，心情顿时跌入低谷。

石堡城又名"铁仞城"，是唐朝通往吐蕃的交通要冲。自从文成公主嫁给了吐蕃国王松赞干布，两国关系稳定，边境和平。到了高宗、武则天时期，实力日渐强大的吐蕃又动起了东进的心思，多次进犯唐朝边境，攻陷西域十八州，唐朝一度被迫放弃安西四镇^②。中宗在位时，虽然送金城公主^③到吐蕃和亲，恢复了友好关系，可是，"蜜月期"一过，吐蕃又打起了河陇地区的主意，他们据守石堡城，不断侵扰唐朝边境。这让已经创下"开元盛世"的玄宗非常愤怒，便命朔方节度使李祎率军千里奔袭，夺下了石堡城。没想到十二年之后，吐蕃竟举全国之力，又把石堡城夺了回去。

"陛下!"高力士的叫声把玄宗从思绪中拉回。

"必须夺回此城!"玄宗沉着脸，给陇右节度使皇甫惟明下达死命令。岂料，皇甫惟明急功近利，作战时只顾攻城，忽略阻击吐蕃援军，结果其军队遭到重创。此后唐军又多次攻城，均以失败告终。

消息传到朝廷，玄宗大发雷霆："换人，让王忠嗣去。"

---

① 在今青海湟源西南。
② 唐朝在西北地区设置的四个军镇，对于唐朝抚慰西突厥，保护中西陆上交通要道，巩固西北边防，起到十分重要的作用。
③ 唐中宗李显养女，景龙四年（公元710年）嫁给赞普赤德祖赞，为唐蕃交流做出了一定的贡献。

王忠嗣原名王训，是将门之子。他七岁时，父亲就在与吐蕃军的一次交战中殉国。他入宫拜见玄宗，伏地痛哭。玄宗安慰他："孩子，你就相当于汉朝霍去病的遗孤啊。别哭啦，长大后拜你为将吧。"并赐名"忠嗣"，收养在宫中。王忠嗣便怀着替父复仇的志向，苦读兵书，每次玄宗考查，他都对答如流。玄宗高兴地说："你将来一定是良将！"后来，王忠嗣果然投身边疆，立下许多战功，才三十多岁就当上了朔方、河东、河西、陇右四镇的节度使，威震四方。

接受攻城任务之后，王忠嗣没有轻举妄动。一连几天，他都骑着马在陇西边防线上巡视。经过勘察，他发现石堡城背靠大山，两侧为悬崖峭壁，只有一条道路可上去。吐蕃人夺下此城后，就贮藏了大量粮食，又堆积无数檑木和石块，如果唐军强攻，必须承受两侧雨点般落下的檑木与石块，肯定会付出惨重的代价。

"石堡城非攻不可吗？"这个念头在王忠嗣脑中挥之不去，带着这个疑问，他仔细研究起了作战地图。几天后，他得出了一个结论："巩固西部边防，没有必要在石堡城争个你死我活。"思路清晰后，他决定绕开石堡城，将重心放在打击吐蕃的西北战线上。

将士们立功心切，日夜请战。王忠嗣总是先派探子侦察吐蕃人的动静，见有机可乘，并且有必胜的把握，才设下重赏，下令出兵，所以每次都能得胜而归。一年之后，从朔方到云中，数千里的要害之地，全都被唐军攻占，各地修筑了大大小小的防御堡垒。有了这些堡垒为依托，王忠嗣又利用骑兵部队的优势，在青海、积石一带发动战役，接连重创吐蕃的西线精锐。

捷报传到长安，玄宗却冷若冰霜，写信责问王忠嗣："为什么还不打石堡城？"

王忠嗣上书解释道："石堡城异常坚固，吐蕃人日夜守卫，如果我们硬攻，肯定要牺牲数万将士的性命才能夺下。到那时，我恐怕所得不如所失。现在西北沿线的堡垒已经连成一线，石堡城的战略地位已经不那么重要了，不妨等有机可乘时再攻取。"

"石堡城必须打，马上打！朕决不能让吐蕃人看笑话！"玄宗听不进解释，怒气冲冲地对宰相李林甫说："王忠嗣不打就换人！"

"陛下，让我去夺石堡城！"将军董延光为了讨好皇帝，便主动请缨。玄宗转怒为喜，连声道："好，让王忠嗣的军队配合你作战。"

王忠嗣不得已，只好奉诏。不过，他虽然把几万士兵交给董延光统领，却没有制定重赏制度，因此将士们都不肯出力。几次战败后，董延光就对王忠嗣心生怨恨。

河西兵马使李光弼是契丹王李楷洛的儿子，有勇有谋，很受王忠嗣器重。他怕董延光向皇帝进谗言，到时候会连累自己，就劝王忠嗣说："皇上铁了心要夺回石堡城，若董延光一直攻不下来，他必然会把罪责推到您身上。军府里有那么多物资，您怎么就不肯拿点儿出来激励将士，以堵住董延光进谗言的口呢！"

沉默片刻后，王忠嗣道出了自己的心声："在我看来，用数万将士的鲜血换取这座城不值得。况且，得此城难以制敌，不得此城亦无损于国家。"

"到时候皇上怪罪下来，您怎么办呢？"李光弼很担忧。

"不过是降级贬官，可我怎么能用数万将士的生命来保全自己的一官半职呢！"

这些话掷地有声，李光弼很受触动，但他还想说点儿什么，却被王忠嗣阻止："李将军，你是真心为我好，但是我主意已定，你不要再说了。"

李光弼见王忠嗣神情坚毅，不由得心生敬意："王将军，看到您像古代圣贤那样做事，把将士们的性命看得高于一切，我深为自己刚才的言语而惭愧，我和您的差距真是太远了。"说完，他恭敬地迈着小步快速退出。

过了玄宗给的期限，唐军还没有拿下石堡城，董延光就上奏说王忠嗣阻挠军计。玄宗气得双目喷火，几乎要将那份奏折点燃。李林甫本就对功名日盛的王忠嗣心怀忌恨，趁机让人上告说："王忠嗣曾经说过他从小在宫中长大，与太子关系十分密切，他想拥兵尊奉太子为皇帝。"

怪不得迟迟不打石堡城了，原来是要谋逆！玄宗恨不得立刻砍了王忠嗣的脑袋，便下令征召他入朝。王忠嗣一回到京城，就被逮捕下狱，三司①的官员日夜审讯，几乎将他折磨致死。

消息传到西北战线，将领们立即炸了锅，纷纷表示要进京为王忠嗣讨个说法。

"正好皇上召我进京，我此去一定为王将军申冤！"这时，一个洪钟般的声音响起。

众将一看，大喜："哥舒翰将军能去就太好了！多带点儿钱去疏通关系，一定要把王将军解救出来。"

"如果人间还有正义，王将军一定不会死；否则，再多的钱也没有用。"说完，哥舒翰策马而去。

哥舒翰是突骑施②哥舒部酋长的儿子，年少时仗着家财万贯，过着醉生梦死的生活，到四十岁那年，他才发愤向上，到边境从军。王忠嗣见他文武双全，就任命为副将，率兵去攻打吐蕃。有一位和哥舒翰同级别的副将，傲慢无礼，不肯服从命令，哥舒翰就当众用马鞭抽死了他，从此军中将士对哥舒翰唯命是从。后来，哥舒翰带领军队多次击败吐蕃军，升为陇右节度副使。当时，积石山驻地是唐军的主要屯田区之一，每年麦子成熟后，吐蕃军总是来抢收，没有人能够

---

① 唐朝以刑部、御史台、大理寺为三司，主理刑狱。
② 原为西突厥五咄陆部之一。

阻挡，边境上的人因此挖苦说积石山是"吐蕃麦庄"。哥舒翰上任后，等到麦熟时，就在麦田旁边埋伏精锐将士，吐蕃军一到，唐军就切断他们的退路，然后两面夹击，杀得他们片甲不留。从此，吐蕃人不敢再来。玄宗听说哥舒翰战功累累，打算重用，便在这时召他入京。

玄宗在华清宫接见了哥舒翰。一番交谈后，玄宗十分赏识哥舒翰，就任命他为陇右节度使。哥舒翰趁机跪下求情："陛下，王将军是冤枉的。"玄宗一听，马上板起了脸，下令起驾回宫。哥舒翰一边叩头一边移动膝盖，流着泪说："我愿以自己的官爵替王将军赎罪。"

玄宗也念起了旧情，就答应免去王忠嗣的死罪，贬为汉阳太守，随后提出一个条件："既然你要替他赎罪，那就去把石堡城夺回来！"哥舒翰十分清楚，石堡城易守难攻，可是有王忠嗣的前车之鉴，他只能硬着头皮答应。

天宝七年（公元748年），哥舒翰率领六万多人马攻打石堡城。唐军发起了一轮又一轮的进攻，将士们一排又一排地倒下，石堡城却岿然不动。心急火燎的哥舒翰打算杀一儆百，就把副将高秀岩和张守瑜骂了一通，然后吩咐推出去斩了。二人连忙求饶，并立下军令状："请再宽限三天，我们一定拿下此城！"

三天后，唐军发起夜袭，终于攻下了石堡城，哥舒翰却高兴不起来。此战俘虏了吐蕃将领铁刃悉诺罗等四百人，而唐军将士却死亡数万。一切如当初王忠嗣所料，而此时，他已在汉阳郁郁而终。然而，得到捷报的玄宗却欣喜若狂，拼命给哥舒翰加官晋爵。

战后，哥舒翰在石堡城设置了神武军，日夜巡逻，吐蕃人吓得不敢来犯。西北边境的人为此编了一首《哥舒歌》，赞颂哥舒翰的功绩："北斗七星高，哥舒夜带刀。至今窥牧马，不敢过临洮。"不过，也有人对哥舒翰以无数将士的鲜血换取功名的行为不耻，"诗仙"李白就写诗嘲讽道："君不能学哥舒，横行青海夜带刀，西屠石堡取紫袍。"

要 害 之 地

　　要害，人体上能致命的部位，比喻军事上处于至关重要位置的地方。多比喻军事战略要地。

造　句：荥阳是要害之地，战略地位太
重要了，自古就有"两京襟
带，三秦咽喉"之称。
近义词：咽喉要地

【 颐指气使 】

《资治通鉴·唐纪三十二》

国忠为人强辩而轻躁，无威仪。既为相，以天下为己任，裁决机务，果敢不疑，居朝廷，攘袂（mèi）扼腕，公卿以下，颐指气使，莫不震慑。

译　文

杨国忠为人争强好胜，但心情浮躁，没有威严的仪表，担任宰相后，自认为大权在握，以天下为己任，处理国家大事，刚愎自用，常常在朝廷上撸起袖子，对王公大臣指手画脚，十分傲慢，以致人人惊恐。

万千宠爱于一身

"嘚嘚嘚！嘚嘚嘚！……"

通往长安的官道上，突然传来急促的马蹄声，紧接着一匹膘壮的驿马如风一般飞驰而过，马蹄所落之处扬起漫天的灰尘，行人纷纷避让。

有人露出惊恐的神色，问旁人："难道边关告急，要打仗了？"

旁人一边拍打身上的灰尘，一边不紧不慢地说："别紧张，那是给杨贵妃送荔枝的。"

问的人惊讶不已："送荔枝？"

这时另一个人抢着说："对啊，杨贵妃喜欢吃荔枝，皇上就让人日夜兼程从千里之外的岭南送来。听说这个荔枝可娇贵了，从树上摘下来，过一天颜色就变了，再过一天香气就少了，又过一天味道就淡了，若过个四五天，色香味全没啦。所以，为了让贵妃能吃上新鲜的荔枝，十里设一个驿站，不停地换快马，送到时叶子还是绿的，就像刚从树上摘下来一般。唉，这一路上，不知道累死多少匹好马，也不知道践踏了多少庄稼哟。"

又有人凑过来说："所以啊，现在的风气是重女轻男，希望生个女儿，能像杨贵妃一样受到皇上的宠爱，一家人好跟着享受荣华富贵呢。"

众人口中的杨贵妃原来是唐玄宗儿子、寿王李瑁的妃子。玄宗最宠爱的武惠妃去世后，他心里怀念不已，虽然后宫女子几千人，却没有一个合他心意的。

这时有人对玄宗说，寿王李瑁的妃子杨氏美貌绝伦，连花见了都自惭形秽，羞得抬不起头来。玄宗十分好奇，很想见见这位"羞花"美人。没想到一见面，他就被杨氏的美貌深深地吸引住了。

无法自拔的玄宗便想将杨氏据为己有，可她毕竟是儿媳妇，怎么来堵住悠悠众口呢？最终，玄宗想到一个办法，那就是让杨氏主动请求出家为女道士，又另外给寿王娶了妃子，然后再偷偷把杨氏接进宫中。杨氏体态丰满，容貌娇艳，天资聪慧，多才多艺，入宫不到一年，受到的宠爱就如当年的武惠妃一样。

天宝四载^①（公元 745 年），玄宗正式册封杨氏为贵妃。玄宗的皇后王氏没有生儿子，她哥哥就请僧人做法帮她，事情败露后，她被玄宗废为庶人。此后，玄宗就没有再立皇后，因此杨贵妃在宫中的地位就相当于皇后。她每次骑马，都是高力士为她拿马鞭、牵辔头，专门为她织绣衣服的工匠多达七百人，朝野内外都争着进献器物、衣服和珍宝。有人因为进献的物品精美而升官，天下的官吏于是纷纷效法，民间因此流传一首歌谣："生男莫喜女莫悲，君今看女显门威。"

杨贵妃虽然集万千宠爱于一身，但有时候玄宗也会想去看看别的妃子。有一次，杨贵妃就吃醋了，大吵大闹，十分泼悍，一下子激怒了玄宗。玄宗就下令把她送回她哥哥家。结果一整天，玄宗都闷闷不乐，高力士试探着请求把杨贵妃平常用的东西送到她哥哥家。玄宗不但同意了，还把自己吃的食物赐给杨贵妃。高力士当即明白了玄宗的心意，到了晚上便劝他接杨贵妃回宫。玄宗立刻传诏，命人打开宫门，迎贵妃入宫。

① 天宝三年（公元 744 年），改"年"为"载"。

又有一次，杨贵妃不知因为什么触怒了玄宗。玄宗再次把她送回杨家，但很快就后悔了，又派宦官把自己吃的饭赐给杨贵妃。

杨贵妃痛哭流涕地对派去的宦官说："我罪该万死，而陛下宽宏大量不杀我，还让我回家。现在要永远离开陛下，从此不能再见，金玉一类的玩物，都是陛下赐给我的，不值得献给陛下，只有头发是父母给我的，请把它献给陛下，以表达我的诚心。"于是剪下一束头发让宦官带回去给玄宗。玄宗一见杨贵妃的头发，心都化了，马上派高力士前去接她回宫。从此，玄宗对杨贵妃的宠爱无人能比。

所谓一人得道，鸡犬升天。杨贵妃还有三个姐姐，也长得美若天仙，都受到玄宗的宠幸，分别被封为韩国夫人、虢（guó）国夫人、秦国夫人。她们家从早到晚门庭若市，全是争着巴结她们的人。凡是她们要求的，府衙执行起来比执行皇帝的敕令还要快。她们竞相建造豪华宅第，建成以后，如果看见别人建的超过自己，就毁掉重建。虢国夫人尤其跋扈，有一天早晨，她亲自带领一帮工匠闯入一位臣子的家中，二话不说就拆掉了他的房子，在原地为自己建了新的宅第。

因为杨贵妃的受宠，她的兄弟都被提拔做了高官，甚至远房堂兄杨国忠[1]，一个市井无赖，也因为杨贵妃的关系一路飞黄腾达，当上了宰相，封为魏国公。

早年，杨国忠因为贫困，靠一个叫鲜于仲通的有钱人接济。有一年，剑南[2]节度使章仇兼琼想找人前往长安，与杨贵妃家人攀上关系，以巩固自己的地位，鲜于仲通就向他推荐了杨国忠。章仇兼琼见杨国忠仪表堂堂、能说会道，十分高兴，就让他带着大量蜀地产的精美货物，前往长安赠送给杨家人。

到了长安，杨国忠把蜀货一一分给杨家人。杨家人很欢喜，便

[1] 原名杨钊，后被唐玄宗赐名为杨国忠。
[2] 指今四川剑阁以南至云贵高原。唐初设剑南道，玄宗即位后设剑南节度使。

经常在玄宗面前替章仇兼琼说好话，还把杨国忠引荐给玄宗。玄宗就让杨国忠当了一名武官，准许他随便出入宫禁。

借着杨家人的权势，杨国忠在长安立住了脚，他小心翼翼地侍奉玄宗，投其所好，从而平步青云，在不到一年的时间里，身兼十五个职位，成为朝廷重臣。

起先，杨国忠为了往上爬，竭力讨好宰相李林甫，李林甫也因为杨国忠是杨贵妃的堂兄，尽力拉拢。在李林甫陷害忠良时，杨国忠积极充当他的爪牙。但随着杨国忠的地位渐渐升高，他对李林甫的态度也跟着变化。等到杨国忠做到兵部侍郎，权势足以与李林甫抗衡时，他开始谋划取代李林甫。

当时一位已经归顺的铁勒部族首领突然叛逃，杨国忠抓住这个机会，向玄宗进言，说李林甫牵连其中，并暗中买通人做伪证。不久，重病缠身的李林甫在忧惧中一命呜呼。

然而，杨国忠并没有放过死了的李林甫，他继续向玄宗诬告，说李林甫与叛逃的铁勒首领曾经结为父子关系，意图谋反。李林甫的女婿害怕受牵连，就按照杨国忠的意思，证明确有此事。玄宗相信了，下令削去李林甫的官爵，剖开棺材，取出他口中含的珍珠，脱掉他的金紫衣服，另外换一副小棺材，按照一般平民的礼仪埋葬。李林甫子孙中有官职的统统罢免，流放到岭南等地，只给随身穿的衣服和路上吃的粮食，其余财产全部没收。

杨国忠如愿当上宰相，从此大权在握。对王公大臣，他也颐指气使，十分傲慢，忤逆他的人，往往被贬为地方官，文武百官没有不惧怕他的。

有一年，杨国忠的儿子杨暄参加科举考试，因为平时学业荒疏，没有中榜。负责这次考试的礼部侍郎达奚珣因为畏惧杨国忠的权势，不敢发榜，特意派自己的儿子达奚抚先去跟杨国忠说明情况。

　　达奚抚在杨国忠家附近转了半天，不敢进去，好不容易熬到杨国忠出门上朝，他才急匆匆地走到杨国忠的马前。杨国忠以为他是来报喜的，脸上漾开了笑意，不料听到的却是杨暄落榜的消息，马上脸色一沉。

　　达奚抚吓得心慌意乱，赶紧补充说："令郎虽然没有考中，但是家父也不敢让他落选。"

　　杨国忠愤怒地说："我的儿子还怕没有富贵吗？哪里需要你们这些鼠辈来讨好！"说完扬鞭催马，头也不回地走了。达奚抚吓得浑身直哆嗦，立刻回去禀告父亲。达奚珣一听，也吓得脸色煞白，赶紧把杨暄列入优等录取了。

　　杨国忠和李林甫一样嫉贤妒能，害怕别人抢走他的位子，不少人因此被他诬陷，或贬官，或流放，甚至死在他手里。然而，对于百姓的疾苦，杨国忠不但视而不见，还歪曲事实。有一年，关中地区连续发生水灾和严重的饥荒。玄宗担心雨水多损害庄稼，杨国忠就挑了一些长势良好的禾苗给玄宗看，并说："雨水虽多，却没有伤害庄稼。"玄宗信以为真。后来有个官员奏报当地出现水灾，杨国忠认为他有意和自己作对，便叫御史去审问他，于是没人敢再汇报灾情。

　　杨国忠权倾朝野，自然有很多趋炎附势的人投到他的门下。有人劝进士①张彖（tuàn）也走走杨国忠的门路，张彖却笑着说道："你们以为他是泰山，可以终身依靠，我却觉得他不过是一座冰山，太阳一出来，就会消失得无影无踪。"

　　张彖的预言在杨国忠当上宰相的第四年成真了，在一场声势浩大的叛乱中，杨国忠被羽林军将士乱刀砍死。

---

　　①　经州县考试后解送朝廷的考生，意为由地方"进"给中央之"士"。

成语学习 ①

颐 指 气 使

颐指，动下巴示意别人；气使，用神情支使别人。不说话而用面部表情示意。形容有权势的人傲慢地指挥别人。

造　句	他以为自己很了不起，整天一副颐指气使的样子，实在让人讨厌。
近义词	盛气凌人、趾高气扬
反义词	唯唯诺诺、低三下四、奴颜婢膝

---

① 这个故事的原文里还有成语"绝世无双"（冠绝当代，独一无二）、"昼夜兼行"（形容急速赶路）、"从风而靡"（指如风之吹草，草随风倾倒）、"攘袂扼腕"（形容激动和气愤）。

【 秣马厉兵 】

《资治通鉴·唐纪三十三》

禄山由是决意遽反，独与孔目官太仆丞严庄、掌书记屯田员外郎高尚、将军阿史那承庆密谋，自余将佐皆莫之知，但怪其自八月以来，屡飨（xiǎng）士卒，秣马厉兵而已。

译 文

安禄山于是决意举兵反叛，他只与孔目官、太仆丞严庄和掌书记、屯田员外郎高尚以及将军阿史那承庆等人密谋，其他将领都不让知道。其他将领只是觉得奇怪，不知道安禄山为什么从八月份以来多次招待士卒，准备打仗。

终结盛唐的大胖子

皇宫南面的朱雀门前，两名手持兵器的卫兵正在站岗，不远处是长安城最繁华的朱雀大街，车流滚滚，人流如织。突然，一阵急促的马蹄声由远而近，熙熙攘攘的街道上，人群仿佛被闪电劈开一样，迅速向两旁躲闪，只见一匹重重地喷着热气的快马飞驰而过，骑在马上的是一名背着圆筒的驿兵，他身上的衣服已经湿透了，手中那条粗壮的马鞭不断地扬起又落下。

快到朱雀门时，驿兵从马上翻落下来，跌跌撞撞地跑向那两名卫兵，气喘吁吁地对他们说："安禄山反了！安禄山反了！"两名卫兵大惊，赶紧从他身上取下圆筒，直奔宫内。

宏丽雄浑的大明宫宣政殿内，唐玄宗端坐在御座上，神情黯淡，一言不发，此刻他的脑子里浮现的是那个肚子大得垂过膝盖、一脸老实相的胡人安禄山。他曾经指着安禄山的肚子，开玩笑说："你这个胡人肚子中都装的什么东西，竟然这么大！"当时安禄山回答说："没有什么东西，只有对陛下的一片赤诚之心！"玄宗听了十分高兴。

现在，这个满肚子只有"赤诚之心"的安禄山反了！玄宗的内心五味杂陈：他不解自己对安禄山那么好，安禄山为什么要造反。他愤怒于安禄山的忘恩负义，更后悔当初张九龄说安禄山有反骨时，自己还斥责了张九龄。当然，他还感到一丝羞愧：堂堂天子竟然被一个胡人给蒙骗了。

安禄山本名阿荦（luò）山，母亲是名女巫，在他父亲死后，改嫁给突厥人安延偃，他便改名安禄山。长大后的安禄山先是做了一名互市牙郎[①]，后来因为骁勇被幽州[②]节度使张守珪任命为捉生将[③]，屡建功勋，升任平卢[④]兵马使。安禄山为人狡猾，善于揣摩人的心思，每次玄宗派人巡视边疆时，他就用重金收买这些人。这些人回去后就在玄宗面前尽力说安禄山的好话，让玄宗以为安禄山很贤能，提拔他做了平卢节度使。

安禄山为了表明自己的忠心，上奏说："去年蝗虫吃禾苗，我向上天祷告说，我如果心术不正，对君王不忠，请让蝗虫吃我的心，否则就请它们散去。结果，从北面飞来一群大鸟，把蝗虫全吃掉了。"玄宗很高兴，让史官记录下来。

这年，安禄山进京朝见玄宗。玄宗让他去见太子李亨。安禄山见到太子并不行礼，左右的人催促他，他却说："我是胡人，不懂得朝廷的礼仪，不知道太子是什么官。"

玄宗笑着说："太子就是将来的皇上，朕去世之后，代替朕统治你的就是他。"

安禄山这才向太子行礼，嘴里说："我愚蠢浅陋，只知道陛下一人，并不知道还有太子。"玄宗听了，更加喜欢他。

玄宗又让杨贵妃等人见他。安禄山知道杨贵妃受宠，趁机请求做她的儿子。杨贵妃觉得很滑稽，乐得笑弯了腰。玄宗也觉得好笑，就随口答应了，然后坐着接受安禄山的跪拜。没想到，安禄山却先拜杨贵妃。玄宗觉得奇怪，问他为什么先拜贵妃。

安禄山露出一副傻样，笑嘻嘻地回答说："我们胡人的习惯是先母后父。"玄宗宠爱杨贵妃，听了又很高兴，还让杨家人与安禄山结为兄弟姐妹。

---

① 买卖双方的中间人。
② 玄宗时边防十镇之一，治所在今北京城西南隅。
③ 打仗时负责捉活口的低级军官。
④ 玄宗时边防十镇之一，治所在今辽宁义县。

返回藩镇后，安禄山意识到光靠嘴巴甜不行，必须多立战功才能得到更多的宠幸，便多次诱骗奚族人和契丹人赴宴，等他们喝下毒酒醉倒后，就把他们活埋，然后把他们酋长的头颅装进盒子里，献给朝廷。玄宗于是认为安禄山是保卫大唐帝国不可多得的人才，对他更加宠信。

安禄山趁机请求再次入朝拜见玄宗。玄宗准了，还下令为安禄山在京城建造宅第，要求越壮丽越好："胡人大方，不要让他笑朕小气。"宅第建成以后，里面摆放的日用器物比皇帝用的还要多、还要好。

安禄山到京后，玄宗让杨家人每天与他游宴，并让梨园弟子和教坊乐队陪伴。玄宗每吃到一种鲜美的食物，或者在后苑中猎获了鲜禽，都要派宦官骑马赐给安禄山。

这次正巧碰到安禄山的生日，玄宗和杨贵妃分别赏赐给他丰厚的生日礼物。安禄山装疯卖傻，各种耍宝，逗杨贵妃开心。杨贵妃也当安禄山是解闷的活宝，安禄山生日后的第三天，她就特召他进宫，命人把他当作婴儿放在大澡盆里，为他举行一种名为"洗三"的沐浴仪式，之后又用锦绣料子特制的大褓褓，把他包裹起来，然后让宫女们用彩轿抬着他，在后宫花园中转来转去，还不停地喊他"禄儿""禄儿"。玄宗听到后宫的欢声笑语，便问在干什么，侍从告诉了他。玄宗好奇，亲自去观看，笑得眼泪都出来了。

从此，安禄山可以自由出入宫中，有时与杨贵妃同桌吃饭，有时甚至一夜不出宫，许多人都知道这件丑事，玄宗却不怀疑，在他心里，"禄儿"是个老实、能干且忠心的良将，他哪里知道狡猾的安禄山在京师安插了大量的眼线，让他们刺探朝廷的动向，一举一动都向自己报告。

此时的安禄山已经是范阳①、平卢、河东三镇的节度使，手握重

---

① 天宝元年（公元 742 年），幽州镇更名为范阳镇。

兵。他见玄宗年事已高，想到自己过去见太子时没有下拜，担心太子即位后会杀害自己，又看到当时天下太平日久，很多人甚至认为可以裁掉军队了，国家的精兵猛将都聚集在西北方防御吐蕃，而国内空虚，武备松弛，便动了造反的心思。

不过，安禄山打算等到玄宗死后再动手，毕竟玄宗对他实在太好了。另外还有一个原因，那就是安禄山很害怕比自己更狡猾的李

林甫，因为李林甫比他更善于揣摩别人的心思。每次安禄山和李林甫在一起谈话，李林甫总能先说出安禄山心里的想法，这让安禄山惊讶不已，态度也恭敬起来，甚至紧张到一见到李林甫，即便是寒冬腊月，他都会汗流浃背。这时李林甫就会对安禄山好言安慰，还解下自己的披袍给他穿上。安禄山十分感激，对李林甫无话不谈，

称他为十郎。每当留在京城打探消息的部下回来，安禄山一定要问："十郎说什么了吗？"如果听到李林甫赞扬他，他就十分高兴，如果听到李林甫要他检点一些，他就会反手握着床沿，连声说："哎呀，我活不成了！"

尽管安禄山隐藏得十分好，还是有人看出他要造反。这人就是杨国忠，他多次在玄宗面前说安禄山要谋反。每次，玄宗都说："朕真心实意地对安禄山好，他一定不会有二心。再说东北地区的奚族人和契丹人还要靠他镇抚。朕可以保证他不会谋反，你不要担心！"

有一次，杨国忠坚持说："以前可能不会，但现在陛下若召他入朝，他一定不会来。"

玄宗为了证明安禄山的忠心，就派人去召他进京。安禄山事先得到消息，于是立刻入朝，向玄宗哭诉："我本是一个胡人，只是受到陛下的信任才有今天的地位，如今杨国忠容不下我，我恐怕活不了了！"

玄宗听了心生怜爱，反而更加信任安禄山，重重地赏赐了他，而对杨国忠的话一点儿听不进去了。为了表达自己对安禄山的信任，玄宗还想加封他为宰相，却遭到杨国忠的坚决反对："安禄山虽然立下战功，可是大字不识几个，怎么能做宰相呢？"玄宗只得作罢。安禄山听说后，怕杨国忠暗算自己，便急急离开了京城。

玄宗为了让安禄山放心，以后但凡说安禄山谋反的人，都把他们捆绑起来送给安禄山处置，因此越来越多的人知道安禄山要谋反，却没有人敢再说一个字。

杨国忠不甘心，日夜搜集安禄山谋反的证据。安禄山没办法，决定提前举兵反叛，便与几名亲信密谋，其他将领都不知道，只是奇怪军中秣马厉兵的，似乎要打仗了。

天宝十四载（公元 755 年），安禄山以讨伐杨国忠为名向南进军，精锐骑兵浩浩荡荡，战尘千里，鼓角震地。老百姓已经几代没有经历过战争，猛然得知安禄山举兵造反，都惊骇不已，凡是叛军经过的州县都望风瓦解，有的大开城门迎接，有的弃城逃命，没有人敢抵抗。

接到告急文书，玄宗立即派人去把宰相们召来，然后他一个人坐在宣政殿内发呆。宰相们一接到诏令，立即放下手中的事赶来，可大家都不知道怎么办才好，一个个面面相觑，只有杨国忠得意扬扬地说："反叛的只有安禄山一个人，我们全国征兵，不出十天，安禄山的人头一定会送来。"

玄宗信以为真，任命自己的儿子、荣王李琬为元帅，大将军高仙芝为副元帅，统领各路军队东征，并派宦官边令诚去监军。

然而，事实证明，杨国忠太乐观了。朝廷军队失利的消息不断传来，河北二十四郡中大多数郡县都投降了叛军，荥阳、洛阳先后失守，叛军进逼潼关。

潼关是关中的东大门、咽喉之地，一旦被攻克，叛军便可突入关中，直捣长安。在得力干将封常清的建议下，高仙芝率领所有兵马退至潼关。很快，叛军追到潼关，却遭到唐军顽强抵抗，一时未能攻下。好在安禄山谋划着在洛阳称帝，暂缓了对潼关的进攻，朝廷才得到喘息的时间来更好备战。

天宝十五载（公元 756 年）正月初一，安禄山自封为大燕皇帝，改年号为圣武。

秣马厉兵

磨利兵器，喂饱马匹。形容准备战斗。

造　句：曹操统一北方后，秣马厉兵，	
准备南下攻打孙刘两家。	
近义词：枕戈待命、摆（huàn）甲披袍	

---

① 这个故事的原文里还有成语"言无不尽"（把内心的话说尽，毫不保留）、"相顾失色"（你看我，我看你，吓得脸色都变了）。

〖 项背相望 〗

《资治通鉴·唐纪三十四》

国忠疑翰谋己，言于上，以贼方无备，而翰逗留，将失机会。上以为然，续遣中使趣之，项背相望。翰不得已，抚膺恸哭。丙戌，引兵出关。

译 文

杨国忠怀疑哥舒翰想谋害自己，就对唐玄宗说叛军没有防备，而哥舒翰逗留拖延，将要失去战机。玄宗也认为如此，又连续不断地派人前去催哥舒翰出兵。哥舒翰没办法，抚胸痛哭。丙戌（初四），亲自率兵出关。

魂断马嵬坡

高仙芝的军队死守潼关，事情本来还有转机。但是，唐玄宗接连做的两个糊涂的决定，直接导致后面的惊天灾祸。

原来，监军边令诚仗着自己是代表皇上的，在军队中指手画脚，还向高仙芝索要好处，但高仙芝不搭理他。边令诚恼火极了，就跑到玄宗那儿诬陷高仙芝，说他盗窃军粮和物资，还说他的部将封常清打了败仗，动摇了军心。玄宗听信了边令诚的一面之词，斩杀了高仙芝和封常清，全军将士悲愤不已。

前线需要新主帅，玄宗想到告病在家的名将哥舒翰，便让他率领二十万大军驻守潼关。哥舒翰身体不好，就把军政大事都委托给部将田良丘处理。田良丘又不敢一个人决定，便让部将王思礼统领骑兵、李承光统领步兵。结果，王、李二人相互不服气，以致军令无法统一，再加上哥舒翰在军中执法严厉，所以士气低迷不振。

这时，有人对玄宗说叛军在陕郡^①的兵力不到四千，而且都是老弱残兵，没有什么防备，玄宗就让哥舒翰前去收复陕郡和洛阳。哥舒翰上书说："安禄山远道而来，希望速战速决，所以故意示弱以引诱我们。我们最好的应对办法是据守险要，长期坚持。叛军久攻不下，一定会军心涣散，到时再攻打他们就容易了。"

玄宗于是犹豫起来，但他身边的杨国忠急坏了。因为当时的人

---

① 治所在今河南三门峡市陕州区。

都认为安禄山叛乱是杨国忠逼的，对杨国忠极为痛恨，不少部将就劝哥舒翰趁手中握有重兵，先杀掉杨国忠。杨国忠听说后很恐惧，他见哥舒翰不愿出战，以为哥舒翰想要谋害自己，就在玄宗面前说哥舒翰的坏话。

此时，又传来朔方节度使郭子仪、河北节度使李光弼等接连打败史思明等叛军将领，收复河北、山西大片土地的好消息，这让玄宗重新燃起了必胜的信心，加上杨国忠不断在耳边煽风点火，他就觉得只要哥舒翰出战，就能马上将安禄山碎尸万段，于是不停地催促哥舒翰出兵，被派去宣旨的宦官可谓项背相望。

哥舒翰没办法，他不想重蹈高仙芝与封常清的覆辙，便在痛哭一场后亲自率军出关，果然在灵宝①中了叛军的埋伏。哥舒翰被俘投降，最后逃回关内的只剩八千多人。叛军乘胜追击，很快攻陷潼关。

消息传到长安，玄宗恐惧不已，急召宰相们商议对策。杨国忠当时兼任剑南节度使，安禄山反叛后，他立即让剑南方面暗中准备物资，以备急用。所以，这时他就向玄宗提出到蜀中避难。玄宗见没有别的办法，只好同意。

第二天一早，玄宗下制书说要亲自率兵征讨安禄山，但天黑后，他悄悄命令龙武大将军陈玄礼集合禁军，又挑选了九百多匹骏马。天还没亮，玄宗就带着杨贵妃姐妹和杨国忠等几位大臣，还有一些亲信宦官，以及在宫里的皇子公主们，在禁军的护送下，逃离可能马上会被叛军攻克的长安城。

路过国库时，杨国忠建议放火焚烧，说："不能把这些钱财留给叛贼。"

————————

① 今属河南。

玄宗无比凄凉地说："叛军来了没有钱财，一定会向老百姓征收，还不如留给他们，减轻百姓的苦难。"

天刚蒙蒙亮，文武官员入朝，到了宫门口，还能听到漏壶滴水的声音，仪仗队的卫士们仍然整齐地站在那里，但等到宫门打开后，却看到宫人到处乱窜，一片混乱，大家都不知道皇上在哪里。于是，王公贵族、文武官员也都四散逃命。

这时，玄宗一行刚过渭水上的便桥，杨国忠便放火烧桥，以防叛军追来。玄宗又阻止他说："老百姓也要逃命，怎么能断了他们的活路呢？"于是让高力士留下，扑灭大火后再赶来。

玄宗一行抵达咸阳县时，县令已经跑了，连通知各地官员准备接驾的宦官也不见了。因为一大早就出发了，来不及吃早饭，大家都饥肠辘辘。杨国忠四处奔走，好不容易买来几个胡饼给玄宗吃。

当地百姓听说皇帝来了，都争着献上自己家里的食物，虽然粗糙，皇孙们都抢着用手抓着吃。众人泣不成声，玄宗也忍不住流泪。

这时，有一位叫郭从谨的老人进言说："安禄山包藏祸心，图谋叛乱已经很久了，有人告发他的阴谋，陛下却把这些人杀掉，使得安禄山奸计得逞，以致陛下出逃。我还记得宋璟做宰相的时候，敢于犯颜直谏，所以天下得以平安无事。但从那以后，朝中大臣只是一味地阿谀奉承，取悦陛下，所以对于宫门之外发生的事，陛下一无所知。"

玄宗惭愧地说："这都是朕的过错，可后悔已经来不及了。"

又走了一日，玄宗一行来到马嵬（wéi）驿，随从的禁军将士又饿又累，开始抱怨起来。陈玄礼也认为天下大乱是杨国忠一手造成的，就和将士们商量，想杀掉杨国忠，结果所有人都赞同。

有一个准备前往长安的吐蕃使团，刚好在这个时候来到马嵬驿，他们因为找不到食物，就拦住杨国忠的马诉苦。杨国忠还没来得及回答，士兵们就喊道："杨国忠和吐蕃人谋反！"话音刚落，一支箭就射向杨国忠。杨国忠吓得掉转马头逃命，结果被追上去的士兵砍落马下。众人一拥而上，肢解了他的尸体，把他的头颅挂在矛上，插在西门外示众，然后又杀了他的妻子、儿子以及杨贵妃的几个姐姐。

御史大夫魏方进大喝道："你们胆大妄为，竟敢谋害宰相！"士兵们又把他杀了，接着包围了驿站。

玄宗听见外面的喧哗声，忙问发生什么事，左右侍从回答说是杨国忠谋反，将士们把他诛杀了。玄宗心里一惊，过了一会儿，他走出驿站，慰劳士兵们，然后命令他们撤走，但士兵们不走。

陈玄礼说："杨国忠谋反被诛，杨贵妃不应该再侍奉陛下，希望陛下割爱，把杨贵妃处死。"

玄宗愣住了，半天说不出话来，过了好久，他默默地转身进了驿站，拄着拐杖站在庭中，一动不动。一位大臣韦谔上前说道："众怒难犯，希望陛下赶快做出决断！"说着跪在地上，不断地磕头。

玄宗说："贵妃住在深宫，不与外人结交，怎么能知道杨国忠谋反呢？"他的声音嘶哑疲惫。

高力士劝道："贵妃确实没罪，但将士们已经杀了杨国忠，贵妃若还在陛下身边侍奉，他们怎么能安心呢？将士心安，陛下才会安全啊。"

玄宗还是一动不动，又过了很久，他才点了点头，命令高力士把杨贵妃带到佛堂里，用绳子勒死了她，然后把尸体抬到庭中，召陈玄礼等人进来验证。

陈玄礼等人脱去甲胄，叩头谢罪，然后出去整顿军队，准备继续行进。等到出发时，当地的父老乡亲拦在路中，请求玄宗留下。玄宗很伤感，就让太子李亨留在后面安慰这些父老乡亲。父老们便对太子说:"我们愿意跟随殿下前去讨伐叛军,收复长安。如果殿下与皇上都逃向蜀中,那么谁为中原的百姓做主呢?"

太子不答应,哭着说:"父皇远出避难,我怎么忍心早晚都不在他身边呢?"这时,太子的儿子、建宁王李倓(tán)与东宫宦官李辅国拉着太子的马笼头进谏说:"如果叛军焚烧、断绝了通向蜀中的栈道,那么中原大地就拱手送给叛军了。人心如果离散,就很难再聚合,不如现在收聚西北边防与河北地区的兵力,共同讨伐叛贼,收复两京,挽救国家于危难之中,使大唐的帝业得以继续,然后再打扫宫殿,迎接皇上返回京师,这难道不是最好的孝顺吗?"

父老们都拦住太子的马,不让他走。玄宗在前面等了很久,不见太子来,就派人去打听。派去的人回来报告了太子那边的情况,玄宗就从后军中分出两千人,再加上一批最好的飞龙厩马给太子,然后让人对太子说:"朕现在将帝位传给你,希望你好自为之。西北地区的各族胡人,朕一直待他们不错,你一定能用得上。"然后继续赶路。

一路上,不少士兵跑了,剩下的对玄宗也不那么恭敬了,甚至常常出言不逊,连陈玄礼也没有办法。走到扶风郡时,正好成都进献给朝廷的十几万匹丝绸到了扶风,玄宗便让人把这些丝绸都陈放在庭中。他把将士们都召来,流着泪对他们说:"朕近年来由于衰老糊涂,用人失当,造成安禄山举兵反叛,朕不得不远行避难。朕知道你们仓促之间跟随出来,来不及与自己的父母妻儿告别,艰难跋涉到了这里,非常辛苦,朕感到十分惭愧。去蜀中的道路艰险长远,现在允许你们各自回家。你们把这些丝绸分掉作为资费。回去后,见到自己的父母与长安城中的父老们,请代朕向他们问好,让他们多多保重!"

将士们听了都很感动,哭着说:"我们生死在所不惜,愿意永远跟随陛下，不敢有二心！"

玄宗等了一会儿，见他们都没动，就说："去或留，都随你们自愿，朕绝不勉强。"将士们高喊"万岁"，没有人离开。

安禄山没想到玄宗会那么快就逃离长安，所以攻陷潼关十天后，他才派人率兵进入长安。他下令搜捕朝臣、宦官和宫女，每抓到数百人，就派兵护送到洛阳。对于跟随玄宗西去避难，而家还留在长安的王侯将相，连他们的婴儿也杀死。不少臣子投降了叛军，叛军的势力于是大盛，但叛军的将领都勇猛有余，智谋不足，攻陷长安后，开始志骄意满，日夜纵酒取乐，沉湎于声色珍宝财物，再也没有向西进攻的意图，所以玄宗一行得以安全地到达蜀中。

项背相望

项，颈项；背，脊背。原指前后相顾。后形容来往之人连续不断。

造　句：	又到春暖花开时，来公园踏青的人项背相望，络绎不绝。
近义词：	摩肩接踵
反义词：	寥寥无几

【 罗雀掘鼠 】

四十七

《资治通鉴·唐纪三十六》

尹子奇久围睢阳，城中食尽，议弃城东走，张巡、许远谋，以为："睢阳，江、淮之保障，若弃之去，贼必乘胜长驱，是无江、淮也。且我众饥赢，走必不达。古者战国诸侯，尚相救恤，况密迩群帅乎！不如坚守以待之。"茶纸既尽，遂食马；马尽，罗雀掘鼠（……）

译文

叛军将领尹子奇率兵久围睢阳，城中粮食已经吃尽，有人建议放弃睢阳把军队撤向东面，张巡与许远商议，认为："睢阳是江淮地区的屏障，如果放弃睢阳城，那么叛军就可以长驱南下，侵占江淮地区。再说我们的将士都因饥饿劳累病弱，撤退也一定走不掉。战国时代的各国诸侯交战时，同盟国还互相救援，何况我们周围不远还有许多朝廷的驻军将帅！不如固守等待救援。"于是，茶纸吃完后，就杀马吃；马吃完了，又捕鸟雀、挖老鼠吃（……）

守一城捍天下

当时，大唐局势危如累卵，北方的重镇几乎都被安禄山的叛军攻占，财政税收枯竭，仅靠长江、淮河流域的赋税支撑着，而睢阳是江淮流域的门户，如果失守，朝廷将失去抗击叛军最需要的财赋和兵源，后果不堪设想。

显然，叛军也意识到这一点，派大将尹子奇领兵十三万杀气腾腾地扑向睢阳。睢阳太守许远得知后大惊，他手上只有区区三千多人，完全无法抵挡叛军，于是派人骑快马向在雍丘大败叛军的真源县令张巡求救。张巡立刻率领三千将士连夜行军，赶到睢阳。

许远虽然官职比张巡高，但为人低调谦逊，一见面，就诚恳地对张巡说道："我是一个文官，不懂军事，而将军您智勇双全，睢阳的指挥作战就全靠将军了，我将全力配合将军，死守睢阳城。"

张巡点了点头，当即下令清点城中的士兵，他每见一人就问对方的名字，并牢牢记住。几天下来，没有他不认识的士兵。随后，他又安排手下部将按自己的作战方略来训练士兵。有人问张巡为什么这样做，他耐心地解释说："胡人一向狡猾，一会儿聚一会儿合，变化多端，有时候在数步之内，军势都会发生变化，所以将领们需要在短时间内处理突发事件。如果大事小事都要请示，那就来不及了。我让将领与士兵相互了解，熟悉对方，这样打起仗来就如同使用自己的手指一样灵活自如。"

这天早上，侦察兵来报，说叛军大部队即将来攻。张巡召集将士，对他们说："国难当头，我张巡决心死守此城。可是一想到兄弟们为国家浴血奋战，得到的赏赐却配不上你们建立的功勋，就心痛万分。"

将士们早就知道，在来睢阳之前，张巡曾经向上级要金银珠宝以赏赐将士，却遭到拒绝。这时听到他这么说，大家都很感动，纷纷挥动手臂，奋勇请战："我们愿与此城共存亡。"

于是，张巡下令杀牛宰羊，犒劳士卒。吃饱喝足后，张巡和许远来到城楼，只见远处的天际线上尘土飞扬，隐约传来人的呐喊声和马的嘶叫声。渐渐地，人与马的声音越来越近，城中将士都紧张得大气不敢出，紧紧地握住手中的兵器，空气仿佛凝结了一般。

不一会儿，叛军就来到城下，并立刻发起猛攻。张巡手执战旗，率领众将直冲叛军阵中，经过一番苦战，最终将叛军击溃，斩杀三千多人。

第二天，叛军聚集了更多的兵马逼临城下，张巡再次率兵出战，双方直杀得天昏地暗。但是，人都有软弱的时候，何况面对数倍于自己的敌人，因此一些胆小的将士就稍稍往后退。张巡见了，也不责骂，而是站在阵地上，对他们说："我站在这里，绝不离开前线一步，请你们为我回去继续与叛军决战。"将士们听了，没敢再后退，又纷纷向前，奋力作战，屡次打退叛军的进攻。

经过十六天的苦战，唐军俘虏叛军将领六十多人，杀死叛军士卒两万多，士气因此大振。叛军见久攻不下，只好撤退。

然而，一个多月后，尹子奇又率大军前来，把睢阳城围了个水泄不通。一开始，叛军的攻势很猛，后来在张巡和城中将士的顽强抗击下，才慢慢和缓下来，却始终没有停止。

到了晚上，张巡在城中鸣鼓整理队伍，像要出击的样子，叛军探知后，整夜提防。天亮后，张巡却停鼓息兵，叛军在楼上瞭望，什么也看不见，于是放松休息。这时，张巡与南霁云等十多名将领各率五十名骑兵，悄悄打开城门，杀向叛军营地。叛军猝不及防，顿时大乱，死伤不少。

所谓擒贼先擒王，张巡想射杀尹子奇，但是唐军中没有人认识他，而尹子奇为了自保，总是穿着与士兵一样的衣服。张巡就想了一个办法，命人削蒿草做箭头，向叛军射去。被射中的叛军十分高兴，纷纷叫嚷道："睢阳城中的箭已经用完啦，开始用蒿草当箭头了。"他们拿着箭，争先恐后跑去向尹子奇报告。

张巡一直盯着他们跑的方向，突然他指着一个人，对南霁云喝道："南八①，给我射那个小子！"南霁云立即拉弓搭箭，瞄准尹子奇。只听"嗖"的一声，那支箭不偏不倚正中尹子奇的左眼。尹子奇惨叫一声，倒在地上。叛军见主帅受伤，一个个惊慌失措，连拉带拽地护着尹子奇溃散而去。

睢阳城由此获得了可贵的喘息机会，但这并不能改变睢阳成为一座孤城的命运：太子李亨在马嵬驿与玄宗分别之后，往北到达灵武②，在那里即皇帝位，而唐将郭子仪与李光弼随后也率军前往灵武。各地军民得到消息，抗击安禄山叛军的信心更加坚定了。可是，此时朝廷的重心在收复东、西两京上，根本无暇顾及睢阳。

张巡明白这一点，丝毫不敢放松戒备。果然，过了几个月，养好伤的尹子奇再次率领几万人围攻睢阳。而此时睢阳城中的粮食快吃完了，将士们每人每天只有一勺米，饿了只能吃树皮和纸，因此战斗力大减。张巡于是转而在守城器械上花心思。叛军先后使用云梯、钩车、木驴等器械来攻城，都被张巡一一破解。

然而，又经过无数次大小战斗，睢阳城内只剩下六百士卒了，

① 南霁云在家里排行第八。
② 治所在今宁夏吴忠市北。

形势越来越艰难。张巡决定派南霁云率领三十名骑兵突围出城，前往临淮①去求援兵。

临行前，张巡语重心长地对南霁云说："如果他们不愿前来援救，你也不要再回来送死了。保重！"

南霁云大声说道："我死也要死在睢阳城！"说完就率领骑兵往城外冲去。叛军蜂拥上来，试图阻击他们。南霁云左右射击，经过一番苦战，终于冲了出去。

坐镇临淮的是御史大夫贺兰进明，南霁云见到他后，把睢阳城的情况说了，请求他发兵支援。

贺兰进明一方面忌妒张巡的威望，另一方面害怕自己的军队遭到不测，不愿出兵救援，他说："估计睢阳城已经被叛军攻陷了，现在派援兵去又有什么用呢？"

南霁云斩钉截铁说道："我以性命担保，睢阳城还没有被攻陷。再说了，如果睢阳城被叛军攻占，叛军下一个目标就是临淮，这两座城就像毛和皮，相互依存，怎么能见死不救呢？"

贺兰进明不为所动，但他颇为赏识南霁云的骁勇，想把南霁云留下来为己所用，便安排了宴会歌舞款待南霁云。

南霁云一言不发地端坐着，贺兰进明劝道："睢阳城危在旦夕，回去也是送死，不如留下来，以你的智勇，必定前途无量。"

南霁云一下子被激怒了，他悲愤地说道："我突围出来时，睢阳城中的将士已经一个多月没吃到粮食了！我怎么咽得下这些美酒佳肴？您手握强兵，却见死不救，难道是忠臣义士应该有的行为吗？"说完硬生生咬掉自己的一截手指头，并说："我南霁云既然不能完成主将交给我的任务，请求留下一根指头，好让主将知道我来过这里

---

① 治所在今江苏盱眙西北。

了。"说完大步向外走。在座的人大惊，无不感动落泪。

让南霁云稍感欣慰的是，经过宁陵①时，宁陵武官廉坦率领三千步骑兵随他前来援救睢阳。来到睢阳城下，南霁云和廉坦带着将士们突入叛军的包围圈，边战边进，伤亡很大，最后只有一千人进入城中。

城中将士得知救援无望，都放声痛哭。叛军知道他们没有援兵，粮草又尽，围攻得更加急迫。有人建议放弃睢阳，张巡说："睢阳是江淮地区的屏障，如果放弃，那么叛军就可以长驱南下，我大唐就危险了。再说我们的将士饥饿病弱，根本无法突围，除了固守，没有别的出路。"

于是，树皮吃光了，就把战马杀了，战马吃完了，就罗雀掘鼠。城中的人都知道必死，所以没有叛变的。

就这样又苦熬了几个月，最后剩下的四百将士全都病弱无力，完全丧失了战斗力。叛军趁机架起云梯，翻墙入城。

张巡知道已无回天之力，他向西拜了两拜说："我已经竭尽全力，但没有守住睢阳城，生时既然不能报答陛下的恩德，死后作为没有归宿的鬼魂也要英勇杀敌！"最终，他和许远、南霁云都被叛军生擒，睢阳终于陷落。

一见张巡，尹子奇就好奇地问："听说将军您每次作战时，眼角都会睁裂，牙也咬碎，不知道这是为什么？"

张巡回答道："我恨不得把你们这伙叛贼吞进我的肚子里，只是力不从心罢了。"

尹子奇就用刀撬开张巡的嘴，发现只剩三四颗牙齿，敬佩之情油然而生，便不想杀他。尹子奇的部下却说："像张巡这样的人，都

---

① 今属河南。

是忠义守节之士，终究不会为我们所用。再说他深得军心，如果不杀掉他，一定会成为后患。"

沉思片刻后，尹子奇点了点头，下令把张巡、南霁云等人全部杀掉。张巡等人临刑前，神色自若，面不改色。

张巡、许远等人坚守睢阳城达十个月之久，前后历经四百余战，歼灭叛军十二万。在这十个月里，朝廷不断得到来自江淮地区的财赋接济，完成了反攻的准备。大将郭子仪在睢阳陷落前十天收复了长安，睢阳陷落后十天又收复了洛阳。从此，战局扭转，唐军开始掌握战场主控权。

罗雀掘鼠

　　原指张网捉麻雀、挖洞捉老鼠来充饥的窘困情况，后比喻想尽办法筹措财物。

造　句：	旧中国的老百姓，生活困顿到
	罗雀掘鼠的地步，常常是吃了
	上顿没下顿。
近义词：	煮弩为粮

---

① 这个故事的原文里还有成语"出奇无穷"（比喻变化多端，使人难以捉摸）。

【 易如反掌 】

《资治通鉴·唐纪三十六》

裨将乌承亦说思明曰:"今唐室再造,庆绪叶上露耳。大夫奈何与之俱亡!若归款朝廷,以自湔洗,易于反掌耳。"

译 文

裨将乌承也劝史思明说:"现在唐朝复兴,安庆绪就好似树叶上的露水,难以长久。大夫你为何要与他一起灭亡呢!如果归顺朝廷,就可以洗刷掉以前背叛过错,真是太容易做到了。"

史思明火并安庆绪

　　自从起兵反叛，安禄山的视力就开始逐渐下降，最后发展到看不清东西，后来身上又长了毒疮，导致他的性情变得越来越暴躁，稍不如意，就用鞭子抽打身边的人，有时干脆杀掉。

　　严庄是安禄山手下首席谋士，当初就是他力劝安禄山谋反，并积极出谋划策，后来官拜中书侍郎，将领们有事都得通过他向安禄山汇报，可谓有权有势。然而就算是他，也免不了被安禄山鞭打。宦官李猪儿因为日夜都在安禄山身边侍候，挨打的次数尤其多。一段时间下来，大家都感到自身难保，害怕哪一天突然就被杀掉了。

　　安禄山起兵后，唐玄宗把他留在长安的大儿子安庆宗杀了。安禄山的次子安庆绪便成了太子的第一人选，但安禄山的爱妾段氏希望自己的儿子安庆恩当太子，安庆绪听说后很恐惧，不知道怎么办才好。

　　严庄就暗示安庆绪："迫不得已的时候，该出手就出手，迟了就来不及了。"

　　安庆绪听出严庄话里的意思，就说："一切听从您的安排。"

　　严庄又去找李猪儿，对他说："你前前后后挨的毒打还不够吗？再这样下去，恐怕离死不远了！"心怀怨恨的李猪儿便答应一块行动。

　　这天夜里，等安禄山睡下后，严庄和安庆绪手持武器，站在安禄山的大帐外，李猪儿拿着一把大刀，直接闯进帐中，朝安禄山的肚子一阵乱砍。安禄山惨叫了一声，一只手捂住肚子，另一只手摸索枕旁的刀。结果没等他拿到刀，就翻倒在地死了，肠子流出一大堆。

严庄等人在安禄山的床下挖了个深坑，埋了他的尸体，然后对外宣布说安禄山病重，立安庆绪为太子。几天后，安禄山"驾崩"，安庆绪即大燕皇帝位。

安庆绪昏庸懦弱，说话时语无伦次，严庄怕群臣不服，所以不让他出来见人。安庆绪每天以饮酒为乐，大小事情都由严庄决定。

至德二年（公元757年），洛阳被唐军收复后，安庆绪率领部下向北逃去，败退到邺郡[①]。唐肃宗李亨派郭子仪、李光弼等九道节度使，率领二十万大军讨伐安庆绪。因为郭子仪与李光弼二人都是元勋功臣，谁也不好指挥谁，所以没有设置元帅。

安庆绪刚到邺郡时，虽然势力分崩，党羽离析，但还占据着七郡六十余城，兵器粮草充足，但他不理政事，热衷于大兴土木，修建宫殿庭台、楼船沼池。大臣们又争权不和，忙着排挤有才略的将领，因此士兵们都不肯卖力。

所以，当朝廷大军打来时，安庆绪屡战屡败，最后只好死守不出，从冬天一直守到春天，城中粮食也吃尽了，以致一只老鼠都值四千钱。安庆绪无奈，派人向史思明求救，声称只要史思明能来，就把帝位让给他。

史思明是安禄山的发小，也是他手下的一员骁将。安禄山造反，史思明打先锋，攻陷了不少城池。安庆绪弑父即位后，任命史思明为范阳节度使，封妫川王。之前安禄山攻陷长安和洛阳，把两京中的珍宝财物全部运往大后方——范阳，史思明因此既手握重兵，又

---

① 治所在今河南安阳市。

拥有大量财物，渐渐地，就不再听从安庆绪的命令。安庆绪很不爽，在北逃途中，曾经派人前往范阳征调史思明的军队，并让他们暗中杀死史思明。

这时，有人就对史思明说："唐朝已经复兴，安庆绪好似树叶上的露水，长久不了的，您为何要与他一起灭亡呢？如果归顺朝廷，就可以洗刷掉以前背叛的罪过，可谓易如反掌。"史思明动心了，便囚禁了安庆绪派去的使者，然后向朝廷上表说自己愿意归降。

肃宗非常高兴，任命史思明为范阳节度使，封归义王，并给他的七个儿子也封了高官。李光弼却认为史思明凶恶阴险，终究还会反叛，便说服肃宗，派人暗算史思明，结果被史思明察觉。于是，史思明再次背叛唐朝。

接到安庆绪的求救信后，史思明虽然率领十三万范阳兵前去救援，但看到朝廷的军队声势浩大，便停止不前，远远地观望。后来由于朝廷大军没有最高元帅，各路军队进退缺乏统一指挥，士气低落，史思明才率兵进军邺城，并最终逼退朝廷军队。

史思明虽然解了邺城之围，安庆绪却非常警惕，紧闭城门，抗拒史思明。将领们都劝道："史王远道而来，救我们于水火之中，我们怎么可以这样对待他呢？"安庆绪不理，只是每天在军中宴请士卒。

过了两天，将领张通儒、高尚又劝安庆绪："我们应当去迎接、感谢史王。"安庆绪不耐烦地说："随你们吧。"

史思明见到张通儒、高尚，握住他们的手痛哭流涕，他们走时又送了许多财物。

过了三天，见安庆绪还是没有动静，史思明就暗中把安庆绪的儿子安太清找去，让他诱骗安庆绪。安庆绪无计可施，只好派安太清向史思明上表称臣，并说等史思明入城后，就奉上皇帝印玺。

史思明回信安慰安庆绪："我愿与您作为兄弟邻国，互相援助。我们之间地位平等，鼎足而立，这还差不多。如果您向我称臣，万万不敢接受。"

安庆绪十分高兴，请求与史思明歃血结盟。史思明同意了。于是，安庆绪带领三百名骑兵来到城外史思明的军营中。

史思明把安庆绪迎进帐中，安庆绪向他叩头拜谢："我治军无方，丢失长安和洛阳，又陷于重兵包围之中，没想到大王看在太上皇的情分上，远来救危，使我得以复生，恩深如海，终生难以报答。"

史思明淡淡地安慰他说："区区二京，丢了就丢了，没什么大不了的。"安庆绪闻言，刚松了一口气，谁知史思明马上换了一副面孔，大喝道："可你身为人子，弑父篡位，为天地所不容。今天我要为太上皇讨伐你这个逆贼！"

安庆绪大惊，起身往外跑，却被史思明事先安排好的人冲上来一刀结果了，他带来的人也全部被杀掉。

接着，史思明率领自己的军队进入邺城，把府库中的财物分赏给将士，安庆绪原先占据的州县以及兵马全都归了他。

实力大增后，史思明原想立刻率兵向西发展，但考虑到后方还不稳固，就把他的儿子史朝义留下镇守，自己返回了范阳。

不久，史思明就自称大燕皇帝，让他的儿子史朝清守卫范阳，自己带兵进攻河南地区。李光弼得知史思明南下，立即调度军队迎战，结果被史思明打败。

史思明残忍好杀，部下稍不如他的意，就被灭族，因此人人都战战兢兢。史朝义是史思明的长子，经常跟随史思明作战，为人恭谦谨慎，爱惜士兵，将士们都拥戴他。但史思明不喜欢史朝义，他偏爱小儿子史朝清，时常想杀掉史朝义，立史朝清为太子。

史思明打败李光弼后，想乘胜西进入关，就派史朝义率兵作为前锋攻打陕城，不料大败而归。

史思明以为史朝义临阵胆怯，对身边人说："史朝义终究不能成就我的大事！"便想按军法斩杀史朝义及其部将，在众人的劝阻下才作罢。

后来史思明又命史朝义筑城贮粮，限期一天修完。史朝义刚筑好，但还没有抹泥，史思明就来检验，大骂史朝义："没用的东西，等攻克了陕城，我就宰了你。"

史朝义十分恐惧，不知如何是好。部将骆悦等人便劝他："我们已经死到临头了，自古以来，就有废立君王的事。"史朝义知道他们什么意思，低着头，没有回答。

骆悦等人又说："假如您不允许，我们今天就去投降唐军，那您也就完了。"

史朝义哭着说："诸位好好处理这件事，不要惊吓我父亲！"

当天傍晚，骆悦等人率领三百名士兵，全副武装闯入史思明的卧室。史思明听到动静，跳墙来到马厩，想骑马逃跑，被骆悦的人射落马下。

史思明问骆悦："谁在作乱？"

骆悦冷冷回答道："奉怀王史朝义的命令。"

史思明长叹了口气，说道："是我说话不当，应该得到这样的下场。但是为什么不等到攻克长安后再杀我呢？哎，看来大业难成了。"

骆悦等人将史思明勒死，史朝义即位，想召集各节度使前去商议西进的事。这些人都是安禄山的旧部，与史思明同辈，瞧不起史朝义，都不肯去。因此，之后与朝廷军队交战，史朝义大多不能胜。

公元763年，在回纥军队的助攻下，朝廷对史朝义发起最后的进攻。史朝义屡战屡败，走投无路，便在树林中上吊自杀了。长达八年的"安史之乱"至此终于结束。这场叛乱严重削弱了唐朝国力，成为大唐由盛而衰的转折点。

成语学习 ①

易 如 反 掌

原文为"易于反掌"。比喻事情非常容易做。

造　句：	这个事对他来说易如反掌，简单得很。
近义词：	轻而易举
反义词：	难如登天

---

① 这个故事的原文里还有成语"摩顶至踵"（从头顶到脚跟都磨伤。形容不辞辛苦，舍己为人）。

〖 防微杜渐 〗

《资治通鉴·唐纪三十七》

是日，辅国与六军大将素服见上，请罪。上又迫于诸将，乃劳之曰："南宫、西内，亦复何殊！卿等恐小人荧惑，防微杜渐，以安社稷，何所惧也！"

译文

当天，李辅国即与六军将领身穿白衣去见肃宗请罪。肃宗迫于诸位将领的压力，就慰劳说："上皇居住在兴庆宫或太极宫，又有什么区别呢！你们担心那些小人蛊惑人心，在其萌芽时就加以制止，是为了安定国家，又有什么可害怕的呢！"

一个被"吓死"的皇帝

当初，唐肃宗在灵武即位后，有人建议他，向东北攻取安史叛军的老巢——范阳，阻断叛军的退路，然后再收复长安和洛阳二京。但是，肃宗急于迎回在蜀中避难的玄宗，所以先收复了二京。

收复长安的捷报传来时，肃宗泪流满面，立即派人前往蜀中迎接玄宗回京。一见到玄宗，肃宗就脱下黄袍，换上紫袍，用小步快速前行，伏身跪拜，捧着玄宗的双脚，呜咽不已。玄宗也潸然落泪，他接过黄袍，亲自为肃宗穿上。肃宗伏地叩头，坚决不接受，请求让自己做回太子。

玄宗说："天命与人心都已经归于你，你能够让我安度晚年，就是你的忠孝了！"肃宗推辞不过，只好接受了黄袍。尚食官进献食物时，肃宗每样都亲自品尝后，再让玄宗吃。

第二天，玄宗前往自己做王爷时住的兴庆宫，肃宗亲自为他拉住马笼头。等玄宗上马后，肃宗又亲自为他牵马。这样走了几步后，被玄宗制止，肃宗才骑上马在前面引导。

玄宗见儿子如此仁孝，欣慰地说："我做了近五十年的天子，都没有感到高贵过；现在做了天子的父亲，才高贵了啊！"左右的人听后，都高呼"万岁"。

玄宗喜欢兴庆宫，从蜀中返回长安后，就一直居住在那里，肃宗经常前去请安。玄宗有时也到大明宫来看望肃宗。考虑到玄宗年事已高，喜欢热闹，肃宗就让姑姑玉真公主等人，以及梨园弟子经常陪在玄宗左右，让他开心。

表面上看，肃宗与玄宗之间父慈子孝，其实，肃宗内心总是不安宁。当年在灵武即位本是非常之举，他常常担心天下人说三道四。现在玄宗回来了，虽然已是风烛残年，但威望仍在，加上高力士、陈玄礼等心腹一直围绕在他身边，保不准就发生非常之事。

肃宗的心思，宦官李辅国一清二楚。李辅国原本是飞龙马厩的一名养马小子，外表恭顺谨慎、寡言少语，内心却狡诈阴险。肃宗为太子时，他因为尽心侍奉，深受肃宗的信任，做了太子詹事。在灵武时，他担任元帅府行军司马，侍奉在肃宗左右，负责宣布诏令。收复京师后，他又掌管禁军，肃宗下达的命令，必须经过他签署后才能施行，文武百官要见肃宗，也要通过他安排。国家政事，无论大小，都由他口头交代，写好后交给外面去执行，等事情完结了才上奏给肃宗。

依靠肃宗的宠信才飞黄腾达的李辅国，当然不希望出现什么变故。所以，他派人一刻不停地盯着玄宗，要求一有什么风吹草动就向他汇报。

玄宗经常登临长庆楼，眺望长安街，经过的老百姓看见他，总是下拜，并高呼"万岁"。玄宗就会在楼下设置酒宴，赏赐他们。有一次，一个从外地来京师奏事的官吏经过，在楼下向玄宗行拜舞礼，玄宗就命令玉真公主等人设宴招待他。

李辅国打探到这些情况，就添油加醋地对肃宗说："太上皇居住在兴庆宫，每天都与外面的人结交，还曾经把将军郭英等人召去，设宴款待他们。特别是陈玄礼和高力士，日夜谋划着想让太上皇复位。现在禁军的六军将士都是在灵武拥立陛下即位的元勋功臣，他们都议论纷纷，心中不安，害怕太上皇复位后，会杀害他们。我费尽口舌跟他们解释，但他们不听。"

肃宗听后，痛哭流涕地说："父皇仁慈，怎么会做那种事呢？而且朕之前一再请求回东宫当太子，父皇都不答应。"

李辅国眼珠一转，又说："太上皇固然不会做那种事，但他周围的那些小人就难说了！再说兴庆宫与民间坊市相混杂，宫墙低矮，不是太上皇应该住的地方。皇宫内戒备森严，如果把太上皇迎进来居住，与兴庆宫没有什么不同，而且还能够杜绝那些小人蛊惑太上皇，也方便陛下一日三次去请安问好！"

肃宗虽然内心忧虑，却怕惊扰到自己的父皇，所以没有同意。李辅国便打起了别的主意：兴庆宫原先有三百匹骏马，他就假传诏令，让人取走了这些马，仅留下十匹供太上皇日常使用。玄宗黯然地对高力士说："我的儿子听信了李辅国的谗言，不能对我始终尽孝了。"

过了一段时间，李辅国不死心，又唆使禁军将士在肃宗面前磕头号哭，请求将玄宗移居到太极宫，说一旦太上皇被小人鼓动，重新做回皇帝，他们这些人就会死无葬身之地。肃宗听了，还是哭泣，但不答应。

不久，肃宗生病，李辅国就假传肃宗的话，迎接玄宗到太极宫游玩。等玄宗到了睿武门，李辅国率领五百骑兵，手持出鞘的刀，拦在道路上，并说："皇上说兴庆宫低矮狭小，让我们来迎接太上皇迁居到皇宫内。"

玄宗十分惊恐，差一点儿从马上掉下来。高力士眼疾手快，一把扶住玄宗，大声怒喝道："大胆李辅国！竟敢对太上皇如此无礼！给我下马！"

李辅国向玄宗望去。此时玄宗也镇定下来，毕竟当了近五十年的天子，虽然垂垂老矣，可是余威仍在。李辅国不禁一惊，只好从马上下来。

高力士转而又对骑兵们说："诸位将士不得无礼！收起刀枪！"

骑兵们立刻收起刀枪，向玄宗拜了两拜，高呼"万岁"。

高力士又命令李辅国："李辅国，你过来给太上皇牵马！"李辅国不敢违抗，一路拉着玄宗的马绳，来到太极宫。

之后，李辅国才领着五百骑兵离开，只留下几十个老弱病残的

侍卫，陈玄礼、高力士以及过去的宫人都被赶走，不能再留在玄宗身边。

玄宗内心无比凄凉，却故作轻松地说："兴庆宫本是我封王时居住的地方，我曾经多次要求让给皇帝，但皇帝不接受。现在迁出去也是我的心愿。"

做完这一切，李辅国又身穿白衣，与六军将领一起去向肃宗请罪。肃宗迫于诸位将领的压力，不敢责备他们，反而安慰说："太上皇住在兴庆宫还是太极宫，有什么区别呢？你们担心那些小人蛊惑太上皇，才这样做的，防微杜渐，是为了安定国家，又有什么可害怕的呢？"

不久，高力士被流放到外地去了，陈玄礼则被勒令退休回家，其他人或被流放，或被罢官，玄宗身边的人就这样一个接一个地被李辅国陷害而去。肃宗另外挑选了一百多名宫人侍候玄宗，各国各地进献的美味佳肴，肃宗都先送给玄宗品尝，但是玄宗的心情越来越不好，再加上他不吃荤肉，修炼辟谷^①方术，渐渐地就生起病来。肃宗开始时还去请安，不久他自己也病了，就只派人去问候。

公元762年，太上皇唐玄宗驾崩。一直卧床不起的肃宗得知后，哀伤不已，病情因此加重，便命令太子李豫监理国政，并大赦天下。高力士也被赦免，在赶回京城的路上，他听说太上皇已经驾崩，悲痛万分，放声大哭，最后吐血而死。

眼见肃宗的病情一日比一日重，张皇后忧心如焚。张皇后性情乖巧聪明，善于讨肃宗的欢心。李辅国之所以能掌握大权，也是因为早先依附了张皇后。而张皇后也有私心，希望借助李辅国，说动肃宗废掉太子李豫，改立自己的儿子。可是，李辅国的权势是越来

---

① 即不吃五谷杂粮，而以药食充饥，或在一定时间内断食，是古人常用的一种养生方式。

越显赫了，她的心愿却始终没达成，于是二人就有了矛盾。

张皇后担心肃宗死后，自己没了靠山，李辅国会更加专横，就想趁机杀掉李辅国。结果，她的计划被李辅国的心腹党羽程元振知道了。程元振悄悄地告诉了李辅国。李辅国立即调集禁军，冲入肃宗养病的长生殿，逮捕了张皇后的党羽，并把张皇后幽禁了起来。

经此一吓，肃宗第二天就一命归西了。李辅国趁机杀了张皇后，与程元振一起拥立太子李豫登基，他就是唐代宗。

李辅国自认为拥戴代宗即位有功，更加胆大妄为，公然对代宗说："陛下住在宫中就可以了，外面的事让老奴处理。"

代宗听了，内心愤愤不平。代宗做太子时，就看不惯李辅国的专横跋扈，即位后，就想除掉他。但因为李辅国掌握着禁军，所以代宗表面上对他还是十分尊敬，事无大小都征询他的意见。

宦官程元振渐渐地也厌恶起权势滔天的李辅国，想取而代之，就悄悄地在代宗面前说李辅国的罪行。代宗便找机会解除了李辅国的兵权，还让他迁出皇宫，到外面居住。朝廷内外的人知道后，都互相庆贺。李辅国这才害怕起来，上表请求退休。代宗于是趁机又免掉了李辅国的其他职务，但为了稳住他，加封他为博陆王。

这天，李辅国入宫谢恩，哽咽着对代宗说道："老奴侍候不了陛下了，请让老奴到九泉之下去侍候先帝吧！"代宗仍然安慰了他一番，然后让他回去。

考虑到李辅国有杀掉张皇后的功劳，代宗不想公开杀掉他。一天夜里，盗贼进入李辅国的家中，杀死了李辅国，把他的头和一条胳膊带走了。代宗敕令有关部门捕捉盗贼，却始终没有抓到。

成语学习 ①

防 微 杜 渐

微，微小；杜，堵住；渐，指事物的开端。比喻在坏事情坏思想萌芽的时候就加以制止，不让它发展。

造　句：别以为小毛病不要紧，必须防微杜渐，否则很可能酿成大祸。	
近义词：防患未然	
反义词：临渴掘井	

① 这个故事的原文里还有成语"处之晏然"（形容毫不在意，沉着镇定）。

【 日引月长 】

《资治通鉴·唐纪三十九》

犬戎犯关度陇，不血刃而入京师，劫宫闱，焚陵寝，武士无一人力战者，此将帅叛陛下也。陛下疏元功，委近习，日引月长，以成大祸，群臣在廷，无一人犯颜回虑者，此公卿叛陛下也。

译 文

吐蕃人侵犯关陇地区，兵不血刃地进入京师，抢劫皇宫，焚烧陵寝，而士兵没有一人拼死抵抗，这是将帅背叛陛下。陛下亲小人而远君子，天长日久，酿成大祸，可大臣们身居朝廷，却没有一人敢触犯龙颜，劝谏陛下回心转意，这是公卿大臣背叛陛下。

郭子仪再造大唐

广德元年（公元763年）冬季的一天，大明宫内，唐代宗李豫正靠在御座上，思索着如何拨乱反正，让刚从安史浩劫中走出来的大唐王朝恢复生气。

"启禀皇上，有紧急军情。"一名侍从匆匆走进来，打断了他的思绪。

"念！"侍奉在代宗身边的宦官程元振命令道。

"吐蕃大军已经攻陷汾州，向京都逼近！"

"什么？"代宗差点儿从龙椅上跌下来。汾州距离长安只有几百里地！

代宗立刻转向程元振，又惊又怒地问道："之前怎么一点儿消息都没有？边镇将领都是干什么吃的？你这个骠骑大将军，竟然也不知情？"

大宦官李辅国一死，程元振就被提拔为骠骑大将军，统领全部禁军，权势远超李辅国。这会儿，他见代宗发怒，马上搪塞道："陛下息怒，待老奴去查实。"

其实根本不用查，程元振对军情了如指掌。这次吐蕃进犯，一路上来势汹汹，他们最先攻克泾州，刺史高晖举城投降，并为吐蕃军队做向导，引导他们向内地深入。雪片般的告急文书接连不断地送到长安，程元振却都压下不报。

"都火烧眉毛了，还查什么呀？赶快想办法才是正经。"代宗说完，烦躁地在殿中来回踱步。

原来石堡城之战后，吐蕃意识到自己不是盛唐的对手，便派使求和，归附了唐朝。然而，安史之乱爆发后，由于朝廷抽调了大量原本防范吐蕃的精锐部队救援，导致西北地区防务空虚，吐蕃趁机发动进攻，攻陷数十州。吐蕃人仍不满足，又得知玄宗、肃宗同月去世，于是发起了新一轮的攻势。

程元振见代宗双眉打结，脸色铁青，便讪讪地立在一边，不敢吭声。

"快，传朕诏令，征调各道军队进京护卫，抵抗吐蕃军！"过了许久，代宗才仿佛惊醒过来，命令道。

"老奴这就去办！"程元振奉旨退出。然而，他太清楚了，那些能够带兵打仗的节度使全都被自己得罪了个遍，恐怕这次不会有一个人响应征召。

原来，自从受到代宗宠信，程元振就把控朝政，排除异己，手段相当毒辣，被他陷害的官员数不胜数，就连那些在战场上冲锋陷阵、杀敌不眨眼的将领，在他面前都不免心惊胆战。宰相来瑱在做地方节度使时，程元振曾经拜托他办事。来瑱没有答应。程元振怀恨在心，就诬陷来瑱对代宗不恭敬，甚至与叛军串通，谋害将领。来瑱因此被削去官爵，流放外地，走到半路就被赐死。同华节度使李怀让也遭到程元振构陷，吓得自杀身亡。

事情果然如程元振所料，没有一个节度使率军前来，就连对朝廷忠心耿耿、一向有诏必奉的名将李光弼也没来，他对程元振也深恶痛绝。

程元振只得硬着头皮复命，为了免遭代宗的训斥，他恶人先告状，说："这些节度使个个心怀不轨，现在国家有难，全都见死不救！"

"怎么会这样？"代宗倍感惊愕，接着焦急万分，问道，"现在还有谁可以带兵抵挡吐蕃大军？"

"皇上，有……一个人，或许可以任用……"程元振吞吞吐吐地说。

"快说，是谁？"

"郭子仪。"程元振说完，悄悄地看了代宗一眼，心里一阵发虚。郭子仪曾经担任兵马副元帅，是平定安史之乱的第一功臣，程元振掌权后，忌妒他的功劳和威望，多次在代宗面前说他的坏话。郭子仪感到不安，上表请求解除自己的职务与兵权。当时代宗刚登基，忌惮郭子仪的军功，便留他在京城。

"对对对，我们还有郭子仪！"代宗就像抓住一根救命稻草，当即任命郭子仪为兵马副元帅，火速前往咸阳抵挡吐蕃大军。

谁知，郭子仪闲居京城已久，原来的部下早就离散，但他一接到代宗的征召，就立刻招募骑兵，无奈费了半天劲，才二十个人应征。

代宗一见郭子仪身后稀稀拉拉的队伍，心都凉了半截：当年威震华夏的郭元帅，竟然成了一个光杆司令。这区区二十名骑兵，如何能抵挡吐蕃大军？

"唉，都怪我当初收了他的兵权，现在国难当头，却无兵可用了，真是自作孽啊……"代宗懊悔得肠子都青了。

郭子仪也知道没什么用，但他还是辞别代宗，毅然带兵赶赴咸阳。到了那里，郭子仪发现漫山遍野都是吐蕃的军队，估计有二十万之多，他心急如焚，连夜派人回长安奏报军情，请求增兵支援，不料在程元振的阻拦下，派去的人竟然没有被代宗召见。但另一道加急军情送达长安："吐蕃大军势如破竹，已经到达武功。"

完了！武功距离长安咫尺之遥！代宗急得搓手顿脚。

程元振脑子一转，献计道："陛下，不如暂时前往陕州避一避。"形势危急，别无他计，代宗决定逃往陕州。宫人、官吏见皇上跑了，也跟着四处逃窜，禁军则一哄而散。长安城陷入一片混乱。

郭子仪得到消息，急忙赶回长安护驾。他刚进城，就看到已经投降吐蕃的唐将王献忠带着四百名骑兵，胁迫十位李氏王爷前去迎接吐蕃军队。

郭子仪大怒，上前呵斥王献忠："无耻叛贼，你想干什么！"

王献忠吓了一跳，跳下马来，对郭子仪说："这不是郭令公^①吗？吐蕃人马上要攻进城了，天子已经吓跑了。现在国家无主，您身为军中元帅，天子的废立还不是凭您一句话吗？"

郭子仪怒斥了他一番，派人将十位王爷护送到天子所在的地方，自己则带着三十名骑兵往商州等地收拢逃散的禁兵。

此时，代宗仓皇到达华州，当地的官员早已逃散。代宗一行饥寒交迫，幸亏碰上宦官鱼朝恩率领神策军^②从陕州前来迎驾，才顺利抵达陕州。

吐蕃军队很快攻入长安，还立了一个李姓宗室当皇帝，随后他们大肆抢劫府库财物，焚毁民宅，长安城中一片萧条。老百姓纷纷逃入山谷，躲避战乱。

好在郭子仪已经在商州收拢了四五千禁军将士，军队的力量稍有振作。他哭着对众人说："我们要共雪国耻，不收复京城，决不收兵！"将士们颇受感动，纷纷说道："我们誓死追随郭元帅！"

考虑到敌我兵力悬殊，郭子仪决定来个疑兵之计，他让一名将领带队到城北，白天击鼓呐喊，尘土飞扬，夜里连营数里，遍布篝（gōu）火。见唐军声势浩大，火光冲天，吐蕃人果然十分疑惧。

① "令公"是中书令的尊称。郭子仪曾经担任中书令一职。
② 原为西北的戍边军队，后进入京师，成为禁军主力。

然后郭子仪假装从东边进攻，暗中却率主力杀向西边。吐蕃人向东增兵却扑了个空，等灰溜溜地转回去时，西边又受到伏击，他们以为唐朝援军来了，不禁害怕起来。

趁着吐蕃军搞不清状况，郭子仪又派人潜入城中，让老百姓故意散布消息说："郭令公率领大军来了！军队多得数不清！"吐蕃将士信以为真，开始撤退。郭子仪的一名部将还派人潜入长安城内，秘密纠集了几百名少年，夜里在朱雀街上击鼓呐喊。吐蕃将士更加惶恐，连夜全跑了。陷落十二天的长安就这样被智勇双全的郭子仪收复了。

代宗欣喜万分，吩咐程元振准备回长安的车驾。太常博士柳伉（kàng）却给他泼了一瓢冷水，上奏说："吐蕃入侵，兵不血刃进入京师，烧杀抢掠，而士兵没有一人拼死抵抗，这是将帅背叛陛下。陛下亲小人而远君子，日引月长，酿成大祸，大臣们身居朝廷，却没有一人敢冒死相谏，这是公卿大臣背叛陛下。陛下刚出京都，老百姓便大声鼓噪，争夺府库里的物资，这是三辅地区背叛陛下。陛下征召各道军队赴难，至今已有四十天，但是没有一兵一卒入关，这是地方背叛陛下。

"事到如今，陛下想过没有，造成这一切的罪魁祸首是谁？陛下如果想让宗庙社稷绵延下去，就应当马上诛杀程元振以谢天下！从今往后，限制宦官的权力，将神策军交给大臣统领。然后自削尊号，颁发诏书，引咎自责。"

这话说得很重，如石头般敲打在代宗的心坎上。他即位才一年多，就成为唐朝第二位逃跑皇帝，真是颜面尽失。如今长安虽然收复，可这种奇耻大辱已经深深地烙在天下人心中！只有杀掉程元振才能平息众怒。可他转念一想，逃亡路上，程元振有保驾之功……最终，代宗只是削去他的官爵，遣回封地。不过，在回乡途中，程元振还是被仇家杀死了。

　　一个多月之后，代宗回到长安，郭子仪率领城中百官和军队前去迎接，并伏在地上谢罪。代宗扶起郭子仪，惭愧地说："都怪朕没有早点儿重用您，才落到这种地步，真是自作自受哇！"

成语学习

日 引 月 长

指事物随时光流逝而日渐增长。

造　句：孔子逝世后，他的学生子夏继
承先师遗志，走上教书育人的
道路。子夏主张学生应当从洒
扫、应对、进退，即卫生习
惯、语言表达、人格养成等方
面入手学习，在日引月长中渐
渐领悟君子之道。
近义词：天长日久

【 不痴不聋，不做家翁 】

《资治通鉴·唐纪四十》

　　郭暧尝与升平公主争言，暧曰："汝倚乃父为天子邪！我父薄天子不为！"公主恚（huì），奔车奏之。上曰："此非汝所知。彼诚如是，使彼欲为天子，天下岂汝家所有邪！"慰谕令归。子仪闻之，囚暧，入待罪。上曰："鄙谚有之：'不痴不聋，不作家翁。'儿女子闺房之言，何足听也！"子仪归，杖暧数十。

译 文

　　郭暧曾经与升平公主拌嘴，郭暧说："你仗着你父亲是天子吗？我父亲是不屑于做天子的！"公主怨恨极了，乘车飞奔入宫奏报此事。代宗说："这事你不懂。他们真是这样，假使他们想要做天子，天下怎么会是你家的呢！"代宗安慰劝说一番，让公主回去。郭子仪听说后，吓得将郭暧囚禁起来，自己入朝等待代宗的惩处。代宗却说："俗话说：'不痴不聋，当不了一家之主。'儿女闺房中的话，哪值得去听呢！"郭子仪只好回家，痛打了郭暧几十大棍。

公主驸马吵架了

终于回到失而复得的长安，踏进日思夜想的大明宫，代宗伫足良久，才缓缓地登上御座。他摩挲着扶手上金漆的龙纹，感受着金丝楠木那独特而冰冷的质地，回想起仓皇出逃的日子，真是恍如隔世。好在劫波渡尽，他仍踌躇满志，准备精心治理天下，带领大唐王朝重回正轨。然而，没等代宗大展拳脚，现实又一次无情地嘲讽了他：仅仅两年之后，他就再次面临要不要逃跑的选择。

永泰元年（公元 765 年），吐蕃纠集回纥、吐谷浑、党项等数十万兵马共同进犯唐朝，主导这次入侵的正是刚刚背叛唐朝的朔方节度使仆固怀恩。

仆固怀恩是铁勒族人，其族人二十年前就归降了唐朝[①]。仆固怀恩早年加入朔方军，安史之乱爆发后，他随当时的朔方节度使郭子仪入关征战，每次战斗必定跃马横枪最先杀入敌阵。后来，他又奉命前往回纥，成功搬来救兵，推动唐朝扭转安史叛乱以来的颓势。在平定安史之乱的过程中，仆固怀恩一家死难达四十六人，称得上满门忠烈。

可就是这样一个忠心耿耿的功臣，却先后遭到宦官骆奉先、鱼朝恩等人的陷害，被诬告勾结回纥，图谋叛乱。仆固怀恩无法自明，又担心被杀，干脆扯起了反叛的大旗，他还骗回纥、吐蕃、吐谷浑、

[①] 唐太宗贞观二十年（公元 646 年），名将李世勣攻灭薛延陀汗国，横扫漠北地区，铁勒九姓遂率部降唐。

党项的首领说："天可汗①驾崩，郭子仪也被鱼朝恩害死了！中原无主，正是攻打唐朝的好时机。"首领们欣然应允。

永泰元年（公元765年），仆固怀恩让吐蕃人从北道进攻奉天②，回纥跟在吐蕃后面，党项攻打东道的同州，吐谷浑的部队负责西道，他自己则率朔方军随行。仆固怀恩的母亲得知儿子造反后，气得发昏，她随手操起一把刀，一边追杀仆固怀恩，一边骂道："我要为国家杀掉这个逆贼，剖他的心向三军谢罪。"仆固怀恩吓得夺门而逃，跑出几里地，心还在狂跳。

谁知仆固怀恩逃过了母亲的追杀，却没逃过命运的捉弄。大军刚走到半路，他竟然得了暴病，没过几天就死了。群龙无首，朔方军大乱。吐谷浑、党项无心再战，大肆抢劫一番便撤退了。吐蕃却不甘心就此罢休，十万大军进抵奉天，日夜攻城。幸亏守将浑瑊（jiān）率军拼死抵抗，吐蕃的攻势才放缓。

奉天距离长安不到两百里。代宗一收到战报，就在长安四周部署重兵拱卫，又命郭子仪驻兵泾阳，自己则统率六军准备亲征。

"鱼朝恩，马下发布制令，朕要亲征。"从陕州回到长安之后，代宗对救驾有功的鱼朝恩十分宠信，让他专门负责禁军。

"陛下，胡人都是骑兵，我们要赶紧训练一支骑兵队伍，才能抵抗他们。"

"仓促之间，哪来的马和兵呢？"代宗犯起了愁。

"京城拥有马匹的人家不少，可以全部征用。再命城中男子都穿黑衣，编排入伍，每日训练。"见代宗默许，鱼朝恩又补充道，"再把各城门的门洞关闭两个，只留一个进出，以防有人逃跑。"

消息传开，百姓纷纷往城外逃，城门关了，他们就翻城墙或凿

---

① 这里指代宗。
② 在今陕西乾县。

地洞逃跑，官吏根本无法禁止。代宗听说城里混乱不堪，不由得慌了神，鱼朝恩就想让他到河中去躲避，但又害怕大臣们不答应，便动起了歪脑筋。

这天早晨，大臣们鱼贯入朝，按班次站立，但等了很久，都不见东西两门打开。就在众人疑惑时，鱼朝恩突然带着十多名禁军将士，手操兵器冲了出来，宣称："吐蕃多次侵犯京畿地区，皇上想去河中避难，你们觉得怎么样？"

事发突然，公卿大臣们都十分惊愕，不知说什么好。

"鱼朝恩，你想谋反吗？如今守军云集，六军待发，你不勠力同心抵御敌寇，却想趁乱胁迫天子放弃宗庙社稷，再次逃亡！"一位职位低微的官员独自从朝班中站出来，大声指责道。

鱼朝恩吓一跳，嚣张气焰顿时全无，他惶惶地退到一边。出逃一事便搁置下来。

由于连日大雨，吐蕃军无法继续进攻，便撤到邠（bīn）州，在那里遇上回纥军，双方商定联兵再次进犯。

五天之后，吐蕃和回纥联军包围了泾阳。郭子仪知道敌强我弱，不能硬拼，就命令诸将加强守备，不准出战，暗中却派探子前往敌营刺探情报。

"回纥人和吐蕃人闹起了矛盾，现在回纥人跑到城西扎营去了。"很快，探子来报。

郭子仪一喜，决定来个化敌为友，当即派牙将李光瓒等人去游说回纥，要他们与唐军一起对付吐蕃。

回纥人根本不相信李光瓒，还说："郭子仪真在这里吗？别蒙我了！要是他真的在，就让他出来见个面！"

李光瓒垂头丧气地回到泾阳城内复命。郭子仪听完，命人牵来一匹马，说："我要亲自去劝回纥人。"众将领纷纷劝阻，郭子仪却

执意前往。

"您一个人去太危险了！即使要去，也应当选出五百铁骑兵，作为贴身警卫。"将领们建议道。

"这么做恰恰会害死我。"郭子仪拒绝了。

"他们是虎狼，父亲您是一国元帅，怎么能让自己成为敌人口中之食呢！"郭子仪的儿子郭晞见父亲翻身上马，急得冲上去拉住缰绳，苦劝道。

郭子仪平静地看着儿子，说："要是双方打起来，不仅我们父子会牺牲，国家也将有危险。我此去打算以诚相劝，如果他们听得进，那就是国家的福分了！如若不然，我虽身死，郭家却可以保全。"

"父亲，您不能去！"郭晞一听，将缰绳抓得更紧了。郭子仪扬起鞭子，狠狠地抽打他的手，吼道："走开！"拍马就往城西飞驰。

"郭令公来了！"回纥统帅药葛罗听到有人高喊，立即出营张望，果见一人一骑飞驰而来。他怕有诈，马上执弓上箭，立在军阵前列。

郭子仪远远地看见回纥人严阵以待，便脱掉盔甲，放下长枪，缓缓前来。

回纥各部酋长曾经与郭子仪并肩作战，对他非常熟悉，便相互说道："真是郭令公来了！"说着都跳下马，围着郭子仪跪拜。

郭子仪下了马，走到药葛罗面前，拉着他的手，责备道："过去你们回纥对我们唐朝有大功，唐朝也重重回报了你们，现在你们为什么要背信弃义，帮助仆固怀恩那个叛贼？您不是要见我吗？现在我已经在您面前了，要杀要剐，悉听尊便。我一死，相信我的部下必定与你们血战到底！"

"哎呀，都怪仆固怀恩那个坏家伙！他骗我说天可汗已经驾崩，还说您也遇害，所以我才敢与他同来。现在我知道天子安好，您也无恙，仆固怀恩则被上苍收拾，我们怎么可能和您交战呢！"药葛罗自知理亏，干脆将过错全都推到仆固怀恩身上，反正死人不会说话。

郭子仪见他态度还好，又以利劝诱："吐蕃人残暴无情，趁我国有乱，不顾舅甥之国①的关系，吞噬我国边疆，在京畿地区大肆劫掠，所得财物用车装都装不完，抢去的马、牛、羊等牲畜前后绵延数百里，现在正散布在荒野上。依我看，这是苍天赏赐给你们的，就看你们想不想从吐蕃人手里拿回来了。"

药葛罗心中一动：如果与唐军联手对付吐蕃，既能和唐朝重归于好，又能得到财物，这笔买卖很划算。主意打定，他对郭子仪说："我上了仆固怀恩的当，深深地辜负了您。请您允许我率军攻击吐蕃，以功赎罪！"

"好！"郭子仪命人取酒，与药葛罗共饮，双方指天发誓，共结盟好。

吐蕃得到情报，吓得当天夜里便撤军。药葛罗果然信守盟约，率部与唐军共同追击吐蕃，直杀得对方大败而逃。

捷报传到长安，代宗那绷紧的神经一下子就松弛下来，喃喃地说："终于不要再逃了！"

由于郭子仪多次使唐王朝转危为安，代宗十分感激与器重他，还将女儿升平公主嫁给他的另一个儿子郭暧。

有一次，不知什么原因，郭暧与公主拌起了嘴，说了句气话："你脾气这么大，还不是仗着你爹是天子？我爹是不屑于做天子的！"公主死死地盯着他，目光里的怒火几乎要将他烤焦。郭暧也意识到自己闯下了大祸，便耷拉着脑袋杵在那里，眼睁睁地看着公主摔门而去，乘车入宫。

---

① 唐朝的文成公主、金城公主先后入藏和亲，两国有婚配关系，故称为甥舅之国。

代宗见宝贝女儿怒气冲冲的，就关切地询问，待公主将郭暖那句大逆不道的话复述后，他竟笑着说："你夫君说得没错呀。假如他们郭家想做天子，天下怎么会是你家的呢！"说完，又耐心劝慰一番，让公主回去。

郭子仪知道此事后，马上把郭暖囚禁起来，自己则入朝等待惩处。哪知代宗见了他，竟莞（wǎn）尔一笑，意味深长地说："俗话说：'不痴不聋，不做家翁。'儿女闺房中的话，哪里值得去听呢！"郭子仪没想到代宗如此宽宏大量，十分感恩。可是，天子不怪罪，不代表儿子不要好好管教，他回到家，痛打了郭暖几十大棍。

从那以后，代宗更加厚待郭子仪了，郭子仪也竭诚为朝廷效力，一直到死。这对君臣成就了中国历史上"功高主不疑"的佳话。

成语学习

不痴不聋，
不做家翁

　　家翁，公公婆婆，一家之主。意思是不故作痴呆，不装聋作哑，就不能当一家之主。形容长辈要宽宏大量。

造　句：我的外婆对晚辈和善宽容，就
是一个"不痴不聋，不做家
翁"的典范。
近义词：不痴不聋，不成姑公

【 才兼文武 】

《资治通鉴·唐纪四十》

朝恩既贵显，乃学讲经为文，仅能执笔辨章句，遽自谓才兼文武，人莫敢与之抗。

译 文

鱼朝恩的地位已经尊贵显赫，便学习讲演经典，撰述文章。他仅能执笔识读章句，就马上自称是文武全才，别人都不敢与他争辩。

都是紫衣惹的祸

"出大事啦，汾阳王郭子仪家的坟被人挖了！"

"啊？汾阳王可是国家的功臣，天子的亲家，对人又极其宽容，什么人胆子这么大，连他家的祖坟也敢动？"

"谁说不是呢！官府一大早就派人去搜捕了，到现在也没抓到人。"

"要我说呀，普通盗贼也没这个胆，背后肯定有人指使。"

"是呢，好多人都怀疑是鱼朝恩干的。"

"鱼朝恩？为什么呀？"

"忌妒呗！当年攻打安庆绪，官军在相州城吃了败仗，鱼朝恩当时是监军，他把责任都推到汾阳王身上，在先帝面前诋毁汾阳王，害得汾阳王丢了兵权。后来，先帝多次要起用汾阳王，都被鱼朝恩阻挠。好在当今天子英明，让汾阳王重掌兵权，这才几次救国家于水火。可是，汾阳王功劳越大，鱼朝恩心里就越不踏实！"

"嘻，别说是鱼朝恩，就是天子，也未必全然放心哪！这事真要是鱼朝恩干的，天子能不知道？"

大历二年（公元767年）腊月初四的中午，郭子仪父亲的坟墓被挖，长安城里的百姓议论纷纷。

风声传到宫里，代宗和大臣们都很担忧。古人一向讲究家族传承、祖先崇拜，无故挖掘别人的祖坟既让故去的祖先们不安宁，也是对活着的人的极大侮辱。而郭子仪作为手握重兵的武将，肯定咽不下这口气，万一他失去理智，以"清君侧"的名义起兵造反，天下必定大乱。

第二天，郭子仪从奉天入朝，众臣见他面色凝重，都惴惴不安。郭子仪行过礼后，代宗就主动说起外边的议论。谁知，郭子仪痛哭流涕地说："臣以前在军中没有好好管束手下将士，导致他们经常挖掘别人的坟墓，盗取财物。没想到今天挖到臣的头上了，这是上天对臣的惩罚，与其他人无关！"

代宗听了，一颗悬着的心总算踏实了。鱼朝恩也有所触动，隔了一段时间，他就找了个机会邀请郭子仪去章敬寺①游玩。

宰相元载不怀好意，派人对郭子仪说："不能去！鱼朝恩在寺内布下陷阱，要对你动手。"郭子仪不听，他的心腹却很担心，准备派三百甲士随行。

"我是国家的大臣，鱼朝恩没有天子的命令，哪里敢暗害我！如果他奉皇命而来，那你们想干什么呢！"郭子仪撂下这句话，带着几名家僮前往章敬寺。

鱼朝恩老远就出门迎接，见郭子仪带的人那么少，十分诧异。郭子仪就将所听到的事告诉他，还调侃道："人少点儿好呀，免得您动起手来费劲。"

"如果不是您这样的宽厚长者，能不怀疑我吗！"鱼朝恩忍不住拍了拍自己的胸，又拱了拱手，流着泪说。

权倾朝野的鱼朝恩从此不再与郭子仪为敌，不过他对宰相元载和王缙（jìn），可就没这么客气了。

鱼朝恩虽不学无术，但也装模作样地讲解经典，撰述文章，甚至恬不知耻地宣称自己才兼文武，经常肆无忌惮地谈论时政，别人

---

① 在今陕西西安市东。原为鱼朝恩的庄园，后鱼朝恩请求改为章敬寺，为章敬太后祈求冥福，借机耗巨资重新装修。

都不敢与他争辩。

有一次，鱼朝恩来到国子监，手捧着《易经》，坐在高座上，宣讲起来："鼎折断了一足，鼎中美食就会倾覆。"鼎是国之重器，而鼎的三足通常代指宰相。鱼朝恩这是指桑骂槐，说宰相们不干正事。

王缙气得说不出话来，只有嘴唇微微颤动着。元载虽然能言善辩，也只能拱手沉默，不敢应对。

渐渐地，鱼朝恩越来越猖狂，竟连天子也不放在眼里。每次奏事，他心里总是假定代宗一定会同意，偶尔朝廷政事没和他商量，他就会瞪大双眼，愤怒地说："天下大事有不经过我手的吗？"这话传到代宗耳中，他开始对鱼朝恩心生厌恶。

鱼朝恩的养子鱼令徽年纪还小，当了一名低级别的官，穿着绿色的朝服[①]。有一次，鱼令徽与同班朝臣因为位次发生激烈的争执，回家后向鱼朝恩哭诉。鱼朝恩气不过，第二天就带着养子去面见代宗，说："我儿子官职卑微，被同辈欺负，乞求陛下赐给他紫衣。"

按唐朝的制度，三品以上的高官才能穿紫衣，而鱼令徽只是个十四五岁的孩子，代宗担心坏了规矩，正犹豫间，有关官员已经拿着紫色的朝服上前。鱼令徽穿上紫衣，向代宗拜谢。代宗强作欢颜，说："小孩子穿紫衣，也很好看嘛。"鱼朝恩这才带着养子退下。

望着他们趾高气扬的背影，代宗的眼中流露出一股杀机。元载敏锐地捕捉到了这一眼神，几天后，他上密奏说："鱼朝恩独断专行，图谋不轨，请皇上除掉他。"代宗正有此意，可是忌惮鱼朝恩手里的禁军，就让元载想办法。

鱼朝恩也知道自己得罪的人太多，生怕遭到暗算，每次入朝，都派心腹大将周皓率领一百人护卫，并安排自己的同党、陕州节度

---

① 唐代三品以上官员的朝服是紫色，四品是绯色，五品是浅绯色，六品是深绿色，七品是浅绿色，八品是深青色，九品是浅青色，九品以下则是土黄色。

使皇甫温在朝廷外掌握重兵。元载就用重金收买他们，从此对鱼朝恩的一举一动了如指掌，而鱼朝恩丝毫没有察觉。

为了不打草惊蛇，元载又向代宗献计，把几个地方划归神策军管辖。果然，白得几块地盘的鱼朝恩很高兴，对元载毫无戒备，他的心腹刘希暹却认为事情反常，就跑去提醒他。鱼朝恩这才开始怀疑，可代宗见了他，礼遇一次比一次隆重，他也就渐渐释怀了。

大历五年（公元770年）的寒食节，代宗在宫中设宴，款待亲近的大臣。宴席散后，微醺的鱼朝恩正准备回去，代宗却说："你留下来，有要事相商。"

"皇上，老奴在呢。"鱼朝恩不知是计，还沾沾自喜，以为代宗离不开他，就大摇大摆地走上前去。

不料，刚才还满脸笑意的代宗立马换了副面孔，大声斥责道："鱼朝恩，你知罪吗？"

"皇上，老奴一向忠心耿耿，当年陕州护驾……"鱼朝恩脸红脖子粗地为自己辩解，言辞十分傲慢。没等他说完，周皓就率领部下冲进来，先把他绑成一只粽子，再将他活活地勒死了。

接着，代宗颁下诏书，罢免鱼朝恩的职务，对外谎称："鱼朝恩接到诏书便自杀了。"为了安抚禁军，代宗晋升刘希暹等人的官职，过了几天，又释放了鱼朝恩的所有党羽，还下诏说："禁军将士都是朕的亲信，以后要像从前一样跟随朕。从今天起，朕要亲自统御禁军。"

元载诛杀鱼朝恩有功，受到代宗的宠信，便日益骄纵起来，常常当众吹嘘自己有文才武略，从古至今没有人比得上他。他玩弄权术，广结党羽，对不顺从自己的人则打压报复。

吏部侍郎杨绾负责官吏的选拔，他性格耿直，办事公正，从不依附元载。而岭南节度使徐浩贪婪狡诈，善于阿谀奉承，他搜罗南方的各种珍贵物品来贿赂元载。元载就将杨绾调离岗位，改派徐浩做了吏部侍郎。

一次，元载的一位长辈来找他，希望他能帮自己安排一个官职。元载估计这个人不足以重用，只给了他一封推荐信，让他捎给河北节度使。长辈很不高兴，走到幽州时，偷偷拆开信看，只见信中一句话也没有，只有元载的一个签名。长辈十分生气，但也没有办法，只好试着去拜见河北节度使。节度使的下属得知他带来元载的书信，暗暗吃惊，立即上报。节度使不敢怠慢，毕恭毕敬地接过元载的书信，安排长辈住上等馆舍，好吃好喝招待了几天，临走的时候，还送给他一千匹绢。元载的权势之吓人就到了这个地步。

代宗听说了元载种种擅权的作为后，勃然大怒，考虑到元载当了多年的宰相，又在诛杀鱼朝恩一事上立下大功，就单独召见他，语重心长地告诫道："最近有不少关于你的风言风语，希望你有所收敛。"

然而，元载依然如故。他任命官吏多不合法规，担心遭到有关部门的反驳，就上奏说，凡是授予六品以下的文武官员，吏部和兵部都不得检查核正。代宗觉得他实在令人厌恶，就找了些刚正不阿的人做御史大夫。元载这才稍稍有所收敛。

后来，有人举报元载在夜里举行祈神的祭礼，图谋不轨。代宗便命自己的舅舅、左金吾大将军吴凑逮捕元载及其党羽，交由吏部尚书刘晏和御史大夫李涵共同审讯。当天，元载及其党羽就服罪了，并被赐死。

临刑前，元载恳求执刑官："能不能让我死得快一点儿？"

执刑官说："你应该受些小小的侮辱，不要见怪哦！"说完脱下臭袜子，塞进元载嘴里，然后才将他杀掉。

几天后，代宗又下令查抄元载的家产，发现仅胡椒就有八百石。

要知道，当时唐朝没有人种植胡椒，这些东西都是从西域进口的，是普通人一辈子也用不上的奢侈品，价格甚至比黄金还要高，可见元载贪腐到何等程度！

代宗勃然大怒，又命人挖掘元载祖辈的坟墓，拆毁他的家庙，焚烧里面的祖宗牌位。

成语学习 ①

才 兼 文 武

指人具有文武两方面的才能。

造　句:	颜真卿书法精妙，创"颜体"楷书，又能领兵抵抗安禄山，可谓才兼文武。
近义词:	文武双全
反义词:	不文不武

---

① 这个故事的原文里还有成语"政以贿成"（形容政治腐败，官场黑暗，不行贿就办不成事）。